Anstiftung zum Lachen

in Literatur und Wissenschaft

Zehn Jahre
Kasseler Literaturpreis
für grotesken Humor

Herausgegeben von
Maria Rehborn
und Friedrich W. Block

VERLAG
JENIOR & PRESSLER

Anstiftung zum Lachen
in Literatur und Wissenschaft.
Zehn Jahre Kasseler Literaturpreis
für grotesken Humor.
Herausgegeben von
Maria Rehborn und Friedrich W. Block
Kassel: Jenior und Preßler 1995

Redaktion, Layout: die Herausgeber
Umschlag unter Verwendung einer Zeichnung von E. R. Nele
Gesamtherstellung: Grafische Werkstatt von 1980, Kassel

ISBN 3-928172-52-2

Inhalt

STIFTUNG BRÜCKNER-KÜHNER

ANHANG

Zum Geleit

Hans Eichel

GRUSSWORT DES HESSISCHEN MINISTERPRÄSIDENTEN

Anläßlich des 10jährigen Bestehens der Stiftung Kasseler Literaturpreis für grotesken Humor

Lachen schafft Distanz. Wer lacht, zieht sich zurück, betrachtet eine Situation aus der Entfernung. Wer lacht, versteht sich nicht mehr nur als Teil eines Ereignisses, sondern auch als unbeteiligter Betrachter. Eine tragische Situation – wie sie zum Beispiel Charlie Chaplin als Tramp, der seinen Schuh aufißt, dargestellt hat – verliert damit viel von ihrem Schrecken. Das Lachen, das den anderen Menschen nicht verletzt, klärt den Blick auf die Welt, auf ihre Widersprüche und ihre Nöte.

Das Lachen und der Humor als die Eigenschaft, die zum Lachen befähigt, tragen dazu bei, die Welt zu verstehen und zu ertragen. Der humorvolle Blick auf die Wirklichkeit ist deshalb ein Grundbedürfnis der Menschen. Wie ausgeprägt dieses Bedürfnis ist, zeigt der große Erfolg der Kunstwerke, die sich der Komik bedienen. Eine literarische oder bildnerische Darstellung der Wirklichkeit, über die man lachen kann, ist nicht nur eine Kritik und eine Aufforderung, die dargestellte Wirklichkeit zu verändern, sondern auch ein Angebot zur Versöhnung.

Obwohl humorvolle Werke der Literatur oft erfolgreich sind, müssen auch sie gefördert werden. Allzu leicht könnten sonst wichtige, aber noch unbekannte Werke einem größeren Leserkreis, den sie verdienen, verschlossen bleiben. Allzu leicht auch bliebe einem humorvollen Werk der Literatur die ernstgemeinte Anerkennung versagt, die es verdient. Der Kasseler Literaturpreis für grotesken Humor fördert die Literatur in diesem Sinne. Er hat sich in den vergangenen zehn Jahren zu einem wichtigen und äußerst renommierten Preis entwickelt.

Hans Eichel

Georg Lewandowski

GRUSSWORT DES OBERBÜRGERMEISTERS DER STADT KASSEL

„Auch eine Reise von 1000 Meilen muß mit einem Schritt beginnen". Dieses aus dem fernen China stammende Zitat des großen Weisen Laotse hat auch heute in unserer modernen Welt des ausgehenden 20. Jahrhunderts nichts von seiner Gültigkeit verloren. Vor 10 Jahren wurde dieser „erste Schritt" mit der Gründung der Stiftung Brückner-Kühner unternommen. Ziel der Stiftung ist es, den Kasseler Literaturpreis für grotesken Humor abwechselnd an einen Schriftsteller dieses Genres oder an einen Germanisten für eine wissenschaftliche Arbeit über den grotesken Humor zu vergeben.

Das diesjährige Jubiläum ist ein guter Anlaß, um einmal Rückschau zu halten auf die vergangene 10jährige interessante Geschichte der Stiftung Brückner-Kühner. Das vorliegende Buch illustriert dies in anschaulicher Weise: es enthält u. a. Textproben der Preisträger, Laudationes und Dankreden. Die geschriebenen Worte zeigen in eindrucksvoller Weise, wie die Widersprüche in unserer modernen Welt grotesk verzerrt dargestellt und mit Humor beantwortet werden.

Der Kasseler Literaturpreis für grotesken Humor trägt wesentlich dazu bei, Kassel weit über die Stadtgrenzen hinaus positiv bekannt zu machen. Dies beweisen die vielfältigen Echos in der Presselandschaft, im Fernsehen und im Rundfunk. Damit ist der Kasseler Literaturpreis für grotesken Humor längst den Kinderschuhen entwachsen und zu einem festen Bestandteil nicht nur in unserer Stadt, sondern im gesamten Bundesgebiet, ja unter den weltweiten Freunden des grotesken Humors schlechthin geworden.

Mein besonderer Dank gilt den Stiftern, Frau Christine Brückner und Herrn Otto Heinrich Kühner, die durch ihr unermüdliches Engagement mit zu dem Erfolg und dem großen Ansehen des Kasseler Literaturpreises für grotesken Humor beigetragen haben. Für die weitere Zukunft wünsche ich der Stiftung Brückner-Kühner viel Erfolg und alles Gute.

Georg Lewandowski

Christine Brückner

DAS IST JA GROTESK! DAS IST JA ZUM LACHEN!

Zehnmal grotesker Humor. Zehnmal ein Festakt im Rathaus. Die Entscheidungen des neunköpfigen Stiftungsrates lassen sich nun überprüfen. Der Anstifter dieses Preises legt in diesem Band ausführlich dar, was *er* unter groteskem Humor versteht. Anläßlich der kleinen, aber festlich-heiteren Gründung dieses Kasseler Literaturpreises im Schloß Bellevue, unter dem Schutz des damaligen Oberbürgermeisters und späteren Patrons der Stiftung, Hans Eichel, hat die Stifterin die Hoffnung geäußert, daß man es der Stadt Kassel einmal anmerken möge, daß hier der groteske Humor gepriesen wird, und daß ein Lachen, ein Lächeln zumindest, über die Gesichter gehen möge, wenn man den Namen Kassel hört. Daß man nicht nur an ‚ab nach Kassel' und an die ‚documenta' denkt, sondern auch an diesen vernachlässigten Zweig der deutschsprachigen Literatur. Kleine und größere Artikel im Kulturteil der Zeitungen, Bildausschnitte im Fernsehen; es wurde gefördert, es gab Stipendien. Friedrich W. Block hat den grotesken Humor aus sechs Jahrhunderten in ein umfangreiches Buch gepackt, da steckt er nun wohlverwahrt. Zehn Bronzestatuetten, von der Bildhauerin E. R. Nele geschaffen und die *beflügelte Schnecke* genannt, befinden sich im Besitz der Preisträger. Was sonst? Was ist geblieben? Wo ist das vielzitierte Lächeln des Pummerer, das er am frühen Morgen ausschickt, das bis 18 Uhr unterwegs ist, Tag für Tag, auf Menschengesichtern zu sehen, haben es etwa Touristen mitgenommen und es fehlt dieser Stadt weiterhin an Leichtigkeit, an Heiterkeit? Und wenn wir nun, nach zehn Jahren, die mehr oder weniger launigen Lobreden und Dankreden vorlegen, wieder wohlverpackt und wieder hoffend, daß dieses Buch aufgeschlagen und das befreiende Lachen herausgelassen wird – ist es das, was wir gemeint haben: das befreiende Lachen, mit dem sich viele Probleme lösen ließen, wenn wir nicht alles so ernst nähmen. Ich habe oft gesagt und natürlich auch geschrieben: so ernst wie nötig und so heiter wie möglich. Das ist leichter gesagt und geschrieben als getan.

Dem Festakt im November gehen die Sitzungen des Stiftungsrates im Sommer voraus. Man kam von Amherst (USA), von Aachen, von Köln, von Berlin und auch aus Kassel zusammen. Professoren, Lektoren, Verleger, Autoren. Man hat sich keineswegs immer rasch auf einen Preisträger einigen können, aber in diesen Finde-Stunden wurde nie gestritten, es wurde oft gelacht, man war auf Einhaltung der Stiftungs-Verfassung bedacht.

Der aufmerksame Leser des Buches wird fragen: Wo sind die Frauen? Haben sie nichts zu lachen? Machen sie nicht lachen? Der Stiftungsrat hat den grotesken Humor der schreibenden Frauen nicht entdeckt, es aber jedesmal bedauert. Als man endlich eine Kandidatin gefunden hatte, war es eine Todeskandidatin: Irmtraud Morgner. Am 9. November 1989, am Tag als die Mauer durchbrochen wurde, haben wir dieser DDR-Autorin in Abwesenheit den Preis verliehen.

In Klammern heißt es *Stiftung Brückner-Kühner*. Stifter sollten nach einer Zeit der Einflußnahme kleiner werden. Ihre Stimme hatte auch in den ersten zehn Jahren nicht mehr Gewicht als die der anderen Stiftungsräte. Sie werden sich mehr und mehr zurückziehen, sobald abzusehen ist, daß es mit dem grotesken Humor weitergeht, weitergehen muß. Wenn sich ein Stiftungsvermögen angesammelt hat, das die Weiterführung garantiert, müssen sie überflüssig werden. Mag dann ein Lächeln freundlichen Erinnerns über die Gesichter gehen, wenn man hört *Kasseler Literaturpreis für grotesken Humor.* Dann wird keine Klammer mehr nötig sein.

Kassel, Sommer 1995

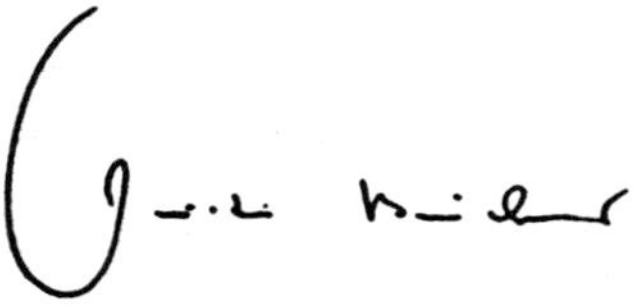

Christine Brückner

Otto Heinrich Kühner

Friedrich W. Block und Maria Rehborn

U. A. w. g. – ZU INHALT UND ANLASS DIESES BUCHES

wo bleibb da / hummoooa?
Kann man Humor verstehen? Und wenn ja – warum nicht?
Ist das Komische eine Spätform der Menschengeschichte?
Hat Gott Humor?
Und was ist eine Laudatio?

Wen Antworten auf dergleichen Fragen interessieren, der wird sie auf den folgenden xxx Seiten in vielfältiger Weise finden. Den Rahmen gibt ein Rückblick auf die nunmehr zehnjährige Vergabe des Kasseler Literaturpreises für grotesken Humor. Aus diesem Anlaß werden die Preisträger sowie die Institution, die für die Auszeichnung verantwortlich ist, in Reden, einschlägigen literarischen Beispielen und Essays vorgestellt.

Ausgangspunkt für die Stiftung des Kasseler Literaturpreises aber war eine Frage, die auch diesem Buch zugrunde liegt: wie es hierzulande um den literarischen Humor bestellt ist. Traditionell fällt die Antwort nicht gerade positiv aus – auch aus den Reihen der Literaten selbst, wie das Beispiel von Bertolt Brecht zeigt: In einem 1920 verfaßten Artikel geht er unter dem Titel *Über die deutsche Literatur* kritisch mit derselben ins Gericht, wenn er den „echtdeutschen" Autor wie folgt charakterisiert: „Dieser Spießer sitzt da und zweifelt nicht an der Göttlichkeit seiner In- und Transpiration und knallt jeden mit der linken Hand nieder, der es wagt, leicht zu grinsen über das, was seine rechte Hand schreibt...".

Bereits Goethe hatte – ganz anders freilich als seine romantischen Kollegen – das Philistertum in der deutschen

Literatur gegeißelt als Ursache für die auch heute noch beklagte, so Ernst Jandl, „Humorlosigkeit, jene deutsche Krankheit, die auch Österreicher mitunter befällt." Ernste Diagnosen, die die Stifter des Preises sich sehr zu Herzen genommen, wenn auch keineswegs akzeptiert haben – schon allein auf Grund ihrer eigenen Schriftstellerei: So hat Otto Heinrich Kühner als hervorragender Vertreter des literarischen Humors – in der Linie von Morgenstern, Ringelnatz, Althaus – zu gelten, und auch im Werk von Christine Brückner muß man Humor und Witz nicht mit der Lupe suchen.

Aus der Literatur selbst wiederum kommen also die ideellen und materiellen Mittel, die 1984 zur Gründung der Stiftung Brückner-Kühner und zur Einrichtung des im darauffolgenden Jahr erstmals verliehenen Kasseler Literaturpreises für grotesken Humor geführt haben. Die Auszeichnung, dotiert mit 15 000 DM, wird im jährlichen Wechsel an Schriftsteller und Literaturwissenschaftler verliehen, deren Arbeit sich gestaltend bzw. analytisch mit dem Humor befaßt. Damit ist unterstrichen, daß die Literatur und ihre Wissenschaft wechselseitig aufeinander angewiesen sind und in ihrem Zusammenwirken unsere literarische Kultur bestimmen, daß der literarische Humor, um sich zu entfalten, einerseits erzeugt, andererseits auch wahrgenommen und kritisch gewürdigt werden muß.

Was nun der groteske Humor sei, den es im besonderen zu fördern gilt, so sagt es die Stiftungsverfassung, – diese Frage können wir hier offen lassen und auf die Beiträge in diesem Buch verweisen. Seitens der Wissenschaft jedenfalls ist er Protagonisten wie Christian Morgenstern oder Wilhelm Busch zugeschrieben worden, deren Werke – neben etlichen anderen – orientierend sind für die Auswahl der Preisträger.

Der Stiftungszweck erstreckt sich über die Preisvergabe hinaus auch auf die Förderung wissenschaftlicher Arbeiten oder von Buchprojekten aus dem thematischen Feld sowie einer kritischen Gesamtausgabe der Werke von Christine Brückner und Otto Heinrich Kühner. So kam 1988 ein Anthologie mit exemplarischen Texten heraus: „Die beflügelte Schnecke. Grotesker Humor aus sechs Jahrhunderten", herausgegeben im Ullstein-Verlag von Friedrich W. Block. In der Gesamtausgabe der Werke Christine Brückners sind bislang acht Bände erschienen. Entscheidungen über Preisvergabe und Förderungen trifft ein zur Zeit neunköpfiger Stiftungsrat, dem neben den Stiftern Vertreter aus Literaturwissenschaft, Verlagswesen und Kulturvermittlung angehören – sie sind humorig (also eher feucht) im Beitrag von Walter Pape, trockener und kürzer noch einmal am Schluß des Buches vorgestellt. Die Stiftung wird verwaltet und rechtlich vertreten vom Magistrat der Stadt Kassel. Symbol der Stiftung ist eine von der Bildhauerin E. R. Nele geschaffene Bronzestatuette, die jedem Preisträger überreicht wird. Die Titelgrafik zeigt einen Entwurf zu dieser Skulptur, deren einander widersprüchliche Elemente in ein gleichwohl humoristisches Ganzes gegossen sind.

Was erwartet Sie aber nun auf den folgenden Seiten? Zehn Kapitel sind, in chronologischer Reihenfolge, den Preisträgern seit 1985 gewidmet: Loriot, Eike Christian Hirsch, Ernst Jandl, Wolfgang Preisendanz, Irmtraud Morgner, Ernst Kretschmer, Robert Gernhardt, Walter Hinck, Christoph Meckel und Volker Klotz. Jedes Kapitel gibt zunächst einige bio- und bibliographische Angaben zur Person des Preisträgers. Es folgen sodann die Laudatio, schließlich einige Textproben der ausgezeichneten Schriftsteller bzw. die Dankrede der ebenso ausgezeichneten Wissenschaftler. Den interessierten Leserinnen und Lesern eröffnen sich hier – und damit sind wir beim eigentlichen Thema des Buches – auf unterschiedliche Weise Einblicke in das Feld des literarischen Humors und seiner Beziehung zum Grotesken. Zu gewinnen sind sie natürlich zu allererst anhand der literarischen Beispiele, die variantenreich Facetten unserer Wirklichkeit(en) in ein gebrochenes, meist paradoxes Verhältnis setzen oder ein solches auch nur aufzeigen. Dabei wird offenbar so verfahren, daß die Texte der Einbildungskraft beim Lesen Vermittlungen erlauben, und daß sie zum entspannenden Lachen anstiften – auch wenn es mitunter nicht weit kommt und im Halse stecken bleibt.

Daneben zeigen nun die Redebeiträge, die – mit zwei Ausnahmen – hier zum erstenmal in schriftlicher Form vorliegen, wie in den letzten zehn Jahren über den Humor gedacht worden ist. Wir können durchaus davon ausgehen, daß eine entsprechende Sammlung bislang eine Rarität darstellt, deren Beiträge gleichwohl hochaktuell sind. So sind sie nicht nur im besonderen Kontext des Werkes eines jeweiligen Preisträgers zu sehen. Darüber hinaus stehen sie im Zusammenhang eines wieder gesteigerten Interesses an der Erforschung und auch theoretischen Erörterung des humoristischen Mediums. Und sie setzen sich damit ins Verhältnis zur gegenwärtigen kulturellen Entwicklung, die durch sich überstürzende Wenden markiert ist. Jedem ist abverlangt, sich diesen zu stellen und die mitunter grotesken Spannungen zwischen dem Nichtmehr und dem Nochnicht zu bewältigen – bestenfalls eben mit Phantasie und Humor und der Reflektion ihrer Möglichkeiten.

Wenn nun unser Thema hier in je eigensinniger Weise ausgefüllt wird, so betrifft dies auch die Form der Beiträge: Zwar hat Wolfgang Preisendanz in seiner Rede davor gewarnt, vom Wissenschaftler des Humors zu erwarten, daß er komisch sein müsse – auch ein Sexualforscher müsse ja nicht unbedingt im Rang eines Casanova stehen. Dennoch erlaubt die Gattung der Rede, und so führen es auch viele ihrer hier versammelten Beispiele vor, daß Ernst und Strenge von Witz und Komik überlagert werden, und daß sie so – ganz im Sinne des alten Horaz – nicht nur nützlich, sondern auch überaus vergnüglich wirken mögen. Ähnliches gilt für den kleinen Anhang des Buches, in dem die Stiftung, d. h. ihr Zweck, ihr Gegenstand und ihre Mitglieder – von diesen selbst – vorgestellt sind.

Wer sich also für den literarischen Humor interessiert, wer sich das Geschehen um den grotesken Humor in Kassel vergegenwärtigen möchte, um ihm auch weiterhin – oder nun erst recht – seine Aufmerksamkeit zu schenken, wer vielleicht bei den Preisverleihungen nicht zugegen sein konnte, wer dies auch in Zukunft nicht kann oder gar möchte: wer lieber liest, denn daß ihm vorgetragen werde, der oder dem sei dieses Buch empfohlen – durchaus auch, doch nicht nur im Sinne von Otto Heinrich Kühners Pummerer:

U.A.w.g.

Auf die Frage, gestellt, damit die Plätze reichen,
Ob ja oder nein (‚Entsprechendes zu streichen')
Und, falls ja, mit wieviel Personen
Es ihm möglich sei, der Dichterlesung beizuwohnen,
Antwortete Pummerer, er nehme, weil
Leider verhindert, mit 2 Personen nicht teil,
Hinzufügend, es könnten auch 3 oder 4 Personen sein,
Nette und literarisch Beflissene obendrein.

Preisträger 1985 – 1994

LORIOT
1985

mit wirklichem Namen Bernhard-Viktor von Bülow, wurde am 12.11.1923 in der Stadt Brandenburg geboren. Er studierte Malerei und Graphik an der Landeskunstschule in Hamburg von 1947 bis 1949. Seit 1950 arbeitet er als Graphiker und Cartoonist unter dem Pseudonym „Loriot", dem französischen Wort für den Vogel Pirol, welcher das Wappentier der Familie von Bülow ist. 1953 wurde er freier Mitarbeiter der Zeitschriften *Stern* und *Quick*. Loriot wirkt als Autor, Karikaturist, Fernseh-, Film- und Theaterregisseur und nicht zuletzt als Schauspieler, wie z. B. in seiner Fernsehserie *Cartoon*, die sich von einer Dokumentation über internationale Karikatur zu einer humoristischen Satiresendung entwickelte. Loriot wohnt am Starnberger See.

Auszeichnungen u. a.:
Goldene Kamera (1969, 1977); Adolf-Grimme-Preis (1973); Karl-Valentin-Orden (1974); Großes Bundesverdienstkreuz (1974); Deutscher Schallplattenpreis (1976, 1982); Bayerischer Verdienstorden (1980); Erich-Kästner-Preis (1984); Telestar-Preis WDR (1986); Ernst-Lubitsch-Preis (1988); Bayerischer Filmpreis (1989).

Veröffentlichungen u. a. (soweit nicht anders verzeichnet, sind die Bücher im Diogenes-Verlag, Zürich, erschienen):
Auf den Hund gekommen. 44 lieblose Zeichnungen. 1954; Der gute Ton. Das Handbuch der feinen Lebensart in Wort und Bild. 1957; Der Weg zum Erfolg. Ein erschöpfender Ratgeber in Wort und Bild. 1958; Wahre Geschichten. Erlogen von Loriot. 1959; Für den Fall... Der unzeitliche Helfer in schwierigen Lebenslagen. Wort und Bild. 1960; Nimm's leicht! Eine ebenso ernsthafte wie nützliche Betrachtung in Wort und Bild. 1962; Umgang mit Tieren. Das einzige Nachschlagewerk seiner Art in Wort und Bild. 1962; Der gute Geschmack. Erlesene Rezepte für Küche und Karriere. 1964; Neue Lebenskunst in Wort und Bild. 1966; Reinhold das Nashorn. Mit Versen von Basil. 1968; Grosser Ratgeber. 1970; Tagebuch. 1970; Kleine Prosa. Mit vielen Illustrationen des Verfassers. 1971; Loriots kleiner Ratgeber. Deutscher Taschenbuchverlag, München 1971; Loriots Daumenkino. Bewegte Botschaften. 1972; Loriots heile Welt. 1973; Herzliche Glückwünsche. Ein umweltfreundliches Erzeugnis. 1975; Loriots praktische Winke. Eulenspiegel-Verlag, Ost-Berlin 1975; Loriots Wum und Wendelin. 1977; Loriots Kommentare. 1978; Loriots dramatische Werke. 1981; Möpse & Menschen. Eine Art Biographie. 1983; Liebesbriefe für Anfänger. 1990; Menschen, Tiere und Katastrophen. Reclam-Verlag, Stuttgart 1992; „Sehr verehrte Damen und Herren". Reden und Ähnliches. 1994.
Operninszenierungen: „Martha" an der Staatsoper Stuttgart 1985/86; „Freischütz" bei den Ludwigsburger Schloßfestspielen 1988.
Fernsehsendungen: Cartoon (1967–1972); Telecabinet (1974); Loriot I–VI (1976).
Filme: Ödipussi. 1988; Pappa ante portas. 1991.

Odo Marquard

LORIOT LAURÉAT

Frau Staatsministerin, Herr Oberbürgermeister, sehr zu verehrende offizielle Respektspersonen! Sehr verehrte Damen, werte Herren!

Vor allem aber: Sehr verehrter zu Lobender, lieber Herr – ich stocke: Jeder kennt Sie als Loriot, jeder weiß, daß Sie von Bülow heißen; mit welchem dieser beiden Namen soll ich Sie anreden? Ich helfe mir aus dieser Anredeverlegenheit durch eine naheliegende Legierung: Sehr verehrter und lieber Herr von Loriot!

Die Stadt Kassel verleiht Ihnen heute ihren Literaturpreis für grotesken Humor 1985. Sie werden dadurch – ich verwende eine Formulierung meiner Frau – aus dem einfachen Loriot zum Loriot lauréat: also zum lorbeerbekränzten Spottvogel Bülow. Man hat mich gebeten, bei diesem Vorgang die Laudatio auf Sie zu halten: leichtsinnigerweise also einen weltfremden, trockenen, schwerfälligen (weil gebürtig hinterpommerschen) Philosophen, bei dem im übrigen vorauszusehen war, daß er diese Laudationsaufgabe – einmal gefragt – skrupellos übernehmen würde, obwohl er Sie und Ihr Werk mag; denn er lobt es – ob er das nun gut tut oder schlecht – jedenfalls gern. Dabei gilt: Wer – als männliche Person jüngeren Alters, sagen wir: unter 60, mithin als Bub – eine Laudatio, eine Lobrede hält und also Lob spendet, lateinisch *laus*, ist demnach offenkundig und zwingend verpflichtet, als Laus-Bub zu agieren. Dieser lausbübischen Rolle versuche ich hier zu entsprechen zunächst durch drei Verzichte.

Erstens: Ich verzichte – und das ist ein indirektes Lob – auf die in Lobreden sonst übliche Angabe biographischer

Daten des zu Lobenden. Daß Loriot, Jahrgang 1923, Geburtsbrandenburger, nach den obligatorischen Wechselfällen des Lebens jetzt mit Weib und Möpsen in der Nähe von München lebt: das weiß sowieso jeder, und also brauche ich es hier nicht eigens zu sagen. Und wer es noch nicht weiß, der lese Loriots *Möpse und Menschen:* Da steht es drin.

Zweitens: Ich verzichte – und auch das ist ein indirektes Lob – auf die in Lobreden sonst übliche Aufzählung der wichtigsten Werke des zu Lobenden. Denn wiederum: Bei Loriot kennt fast jedermann fast alle Werke: die ungesammelten und die *gesammelten Werke,* dabei die prosaischen, die illustrierten, die dramatischen, die circensischen, die gefilmten und medialen (oder sagt man mediävistischen? – wohl nicht), vor allem die ausschließlich gemalten und gezeichneten: die Cartoons mit Menschen und Tieren und Hunden und Nashörnern und Möpsen und Wum und dem Drumherum. Man kennt sie wie Volkslieder. Das Volkslied ist das Volkslied des Volkes; das Bonmot ist das Volkslied des Intellektuellen; der Cartoon ist die ins Bild gesetzte Identität von Volkslied und Bonmot. Ich denke, fast jeder von uns führt Schöpfungen von Loriot als eiserne Schmunzelration in seiner Erinnerung mit sich: Also brauche ich auch an sie hier nicht eigens zu erinnern.

Drittens: Ich verzichte – und auch das ist schließlich ganz und gar ein indirektes Lob – hier auf den Versuch, mit Loriot in einen Festredenwitzigkeitswettbewerb zu treten. Auch das wissen viele, daß Loriot die Kunst der witzigen Festrede fast unüberbietbar meisterhaft beherrscht. Ich bin – und ich sage dies mit dem zweitaufrichtigsten aller möglichen Komplimente, dem Ausdruck meines blanken Neides – nicht so verwegen, mich hier dem Vergleich auszusetzen, eben wegen der Gewißheit der sicheren Niederlage.

Dieser Konkurrenzverzicht hat eine zwingende Konsequenz: Ich stehe hier im folgenden unter dem harten Zwang zur Ernsthaftigkeit; und ich rede jetzt ganz und gar und unbarmherzig ernst, indem ich für einen kurzen Augenblick das Lob des Besonderen und ganz Besonderen – das Lob Loriots – zum Lob eines Allgemeinen ausweite, das hierzulande – in Deutschland – häufig verachtet und dann stets zu Unrecht verachtet wird: zum Lob des grotesken Humors durch jenes bescheidene Mittel, das mir professionell zu Gebote steht, nämlich – bevor ich wieder auf Loriot als Besonderen und ganz Besonderen zurückkomme – durch eine kurze Philosophie des grotesken Humors.

Dabei geraten Humor und Philosophie aneinander. Humor – nach einem bekannten Wort, das leider nicht von mir stammt – Humor ist, wenn man trotzdem lacht. Philosophie – nach einem betrüblicherweise immer noch nicht zureichend bekannten Wort, das nun allerdings gerade von mir stammt – Philosophie ist, wenn man trotzdem denkt. Lachen und Denken haben – diesemnach – irgendwie miteinander zu tun, aber wie? Nicht, meine ich – und widerspreche damit einer verbreiteten Traditionsmeinung – nicht so, daß das Lachen als ein dem Denken gegenüber Anderes und Minderes das Denken stört; sondern ganz im Gegenteil: Das Lachen ist ein Denken; und Denken – merkende Vernunft und also auch Philosophie – ist die Fortsetzung des Lachens unter Verwendung des Lachmuskels Gehirn als Mittel. Das gilt nicht vom rohen Auslachen, denn dadurch – durch Wegspotten – vertreibt man Wirklichkeiten aus unserem Leben. Wohl aber gilt es vom humoristischen Lachen, denn dadurch bittet man – liebevoll spöttisch – zusätzliche Wirklichkeit, die offiziell geleugnet wird, wenigstens inoffiziell in unser Leben hinein; denn man lacht sie nicht aus, sondern man lacht ihr zu, lacht sie an und lacht sie sich an. Der Humor macht – denkend weil lachend – dasjenige geltend, das wir – obwohl wir es offiziell nicht sein dürfen oder nicht sein wollen – gleichwohl auch noch sind: Er läßt im offiziell Nichtigen das Geltende und dadurch im offiziell Geltenden das Nichtige sichtbar werden; er zeigt das Menschliche als Allzumenschliches und das Allzumenschliche als Menschliches. Wer also humoristisch lacht, der sieht – just wie der, der denkt – mehr Wirklichkeit. Lachen – das humoristische, also auch das parodistische und karikaturistische – und Denken: beide sind Steigerungen des Merkens und insofern dasselbe. Nur darum – zum Beispiel – konnte Reinhart Koselleck, ein führender Historiker meiner Generation, über das Verhältnis von Geschichtsschreibung und Karikatur sagen: Beide tun dasselbe, genau hinsehen, weglassen, übertreiben. Und auch Humor und Philosophie tun dasselbe: Beide riskieren die Narrenfreiheit, das zu merken und zu sagen, was man sonst nicht merken und sagen darf oder mag. Drum auch sind Lachen und Denken wirkungsähnlich; denn beide leben davon, daß Merkverbote plötzlich zusammenbrechen. Beide befreien von der Anstrengung, diese Merkverbote aufrechtzuerhalten. Kurzum: Lachen und Denken – beide sind der Verzicht auf die Anstrengung, dumm zu bleiben.

Dabei ist der groteske Humor die Kunst, das Eigene auch noch im Fremdesten zu bemerken. Das ist wichtig gerade in unserer modernen Welt, in der – durch ihre wachsende Veraltungsgeschwindigkeit – immer schneller immer mehr fremd wird, also zu solchem, was wir offiziell nicht mehr sind oder sein mögen, obwohl wir es inoffiziell bleiben. Darum brauchen wir immer mehr Denken und Lachen und vor allem grotesken Humor, um in diesem Fremden uns selber wiederzuentdecken; und es ist, meine ich, dankenswert, wenn die Erfüllung dieses Bedürfnisses durch Stiftung eines einschlägigen Preises unterstützt wird. Je moderner die moderne Welt wird, desto nötiger wird der groteske Humorist, und umso lobenswerter wird der, der dessen Aufgabe überzeugend erfüllt. Damit bin ich wieder beim Besonderen und ganz Besonderen, bei Loriot. Wie macht er das eigentlich? Einer seiner Kunstgriffe – scheint mir – ist, daß er zeigt: Je moderner – je individueller und souveräner – die Menschen zu sein scheinen, desto unerschütterlicher bleiben sie zugleich das, was sie schon immer waren: nämlich allzumenschlich. Ich belege das kurz durch Beispiele, aus Zeitnot nur durch zwei, die ich (der Literat und der darstellende Künstler Loriot mögen es mir verzeihen) vor allem aus dem zeichnerischen Werk nehme.

Beispiel 1: Auch wir modernen Menschen bleiben stets mehr Tier als uns lieb ist; doch glücklicherweise: Gerade das Tier ist menschlich. Präzis das sieht man auf Loriots Cartoons, die häufig so verfahren, wie schon die antike Tierfabel und die mittelalterliche und neuzeitliche Tierdichtung verfuhren: Die Tiere leben – als Vizemenschen – stellvertretend für die Menschen jene allzumenschlichen und menschlichen Züge, die die Menschen selber – durch religiöse und politische Verbote oder durch metaphysischen Stolz – nicht leben dürfen oder mögen. Darum treten sie (wie einst die mythischen Fabeltiere: etwa der Kentaur) auch noch bei Loriot – fast in der Form eines demokratisierten Totemismus – als Mischungen von Mensch und Tier auf, z. B. als sprechender Hund: Wum – sozusagen – ist der Kentaur des kleinen Mannes, ein mythisches Fabeltier wie du und ich, bei dem wir – wie bei allen Tieren Loriots – lachend sagen dürfen: Das sind ja wir und zuweilen bessere Wirs als wir selber. Das gilt – so denke ich, daß so Loriot denkt – vor allem auch bei den Möpsen; denn der Mops heißt ja Mops, weil die Menschen ihre Menschlichkeit zuweilen vom Mops mopsen müssen.

Beispiel 2: Gerade wir modernen Menschen – hochindividuell und eigennäsig – sind und bleiben stets, mehr (und anders) als uns lieb ist, einer wie der andere, also gleich: denn wir alle haben Knollennasen. Aber wir können das zugleich – lachend – akzeptieren, denn erst die Knollennasen machen uns menschlich. Die Spezies des heutigen Menschen heißt, biologisch korrekt, homo sapiens sapiens. Dieses „sapiens", offiziell „weise", kommt vom lateinischen sapere: schnüffelndes Schmecken, also Gaumen und – großzügig übersetzt – Nase haben. Der Mensch – homo sapiens – ist also das Wesen mit Nase, das, nicht selten naseweis und hochnäsig, ebendarum häufig auf die Nase fällt: Just dadurch werden natürlich die menschlichen Nasen – alle – auf die Dauer platt und dick, also zur Knollennase. Auch das ist auf Loriots Cartoons und auf einer Reihe seiner Gemälde deutlich zu sehen. Und es ist so sehr menschlich, daß selbst noch im Wahlspruch der Aufklärung „sapere aude!" implizit auch dieses steckt: mehr Knollennase wagen! D. h. mehr auf die menschliche Endlichkeit achten. Denn die Knollennase ist das Resultat menschlicher Hinfälligkeit und ist – gerade in der modernen Welt der scheinbaren menschlichen Souveränitäten – ein Attribut menschlicher Endlichkeit.

So ist Loriots „heile Welt" eine Welt mit doppeltem Boden und mit Falltür; doch wenn sie sich öffnet, stürzt man nicht ins Bodenlose, sondern gerade ins Menschliche. Darüber zu lachen: Das ist grotesker Humor à la Loriot. Mit diesem grotesken Humor – heißt es – wie mit dem Leichten überhaupt haben wir Deutschen es schwer. Aber warum findet dann Loriot hierzulande so viel Zustimmung? Im übrigen ist natürlich das Leichte niemals nur das Leichte; der Scherz – gerade der groteske – ist nicht das Gegenteil, sondern ein Aggregatzustand des Ernstes: Wer den Scherz nicht riskiert, nimmt das Ernste nicht ernst genug. Das Lachen – gerade das des grotesken Humors – ist die kleine Subversion, die uns die große Subversion erspart: den absoluten alternativen Gestus, bei dem man nichts mehr zu lachen hat. Darum ist der groteske Humor wichtig und der, der – als meisterhafter Lachenmacher – Mut zu ihm macht, lobenswert: eben Loriot. Es ehrt ihn die Stadt Kassel, die sich dadurch selber ehrt, indem sie Vicco von Bülow ihren Literaturpreis für grotesken Humor verleiht. Auch ich möchte ihm dazu herzlich gratulieren, ihm: dem Loriot lauréat.

Dr. Odo Marquard, geb. 1928, Professor für Philosophie an der Universität Gießen und Präsident der Allgemeinen Gesellschaft für Philosophie in Deutschland. Bekannteste Publikationen u. a.: Transzendentaler Idealismus, 1962; Schwierigkeiten mit der Geschichtsphilosophie, 1973; Abschied vom Prinzipiellen, 1981; Apologie des Zufälligen, 1986; Aesthetica und Anaesthetica. Philosophische Überlegungen, 1989; Skepsis und Zustimmung. Philosophische Studien, 1994.

Loriot

FARBFERNSEHEN

Mit der Ausstrahlung farbiger Programme hat ein neuer Abschnitt in der Geschichte des Fernsehens begonnen. Anläßlich der Eröffnungsfeierlichkeiten der Berliner Funkausstellung hielt der künstlerische Farbberater der ARD, Herr Dietmar Pohle, vor einem kleinen ausgewählten Kreis von Fachleuten ein beachtenswertes Referat. Um auch Ihnen eine intimere Kenntnis der Materie zu vermitteln, haben wir diese Ansprache mitgeschnitten.

Meine Damen und Herren,
vorweg ein Wort an die Hausfrau. An der Unterseite des Fernsehgerätes heraustretende Farbreste sind für Mensch und Tier völlig unschädlich und lassen sich aus Haargarn und Bettwäsche mit etwas Zitrone mühelos entfernen.

Als künstlerischer Farbberater des Deutschen Fernsehens erlaube ich mir, Sie in unsere Programmgestaltung einzuführen. Um erst gar keine Eintönigkeit aufkommen zu lassen, senden wir jeweils am Montag in einem ganz, ganz zarten Himmelblau; für Dienstag haben wir uns ein wunderhübsches blasses Grün ausgedacht; für Mittwoch ein aufregendes Beige mit entzückendem Streifen in Aubergine, passend zu jedem Gerät; der Donnerstag ist in einem tollen, also wirklich ganz, ganz tollen Rosé gehalten; am Freitag gibt es ein sehr, sehr schickes Lila in störungsfreiem Changeant; am Sonnabend senden wir gebrochenes Weiß und am Sonntag empfangen Sie ab 11 Uhr vormittags ein festliches warmes Schwarz mit dezentem Nadelstreifen, etwas für vollschlanke Fernsehfreunde.

Natürlich kann man es trotz subtilstem farbpsychologischem Einfühlungsvermögen nicht jedem recht machen. Für alle diejenigen Farbfernsehteilnehmer, deren Geschmack sich nicht mit dem unsrigen deckt, senden wir Dienstag von 14 Uhr 30 bis 15 Uhr 45 und Freitag von 16 Uhr 15 bis 17 Uhr aus einem Seitenkanal ein ganz, ganz scheußliches Braun. Guten Abend.

KANINCHEN

Der Frauenüberschuß ist in den letzten 10 Jahren zu einem bedrückenden Problem geworden. Es ist zwar verschiedentlich gelungen, Frauen in Männer umzuwandeln. Aber auch hierdurch ist man der Lösung der Frage nicht entscheidend näher gekommen. Professor Mutzenberger, dessen Name in diesem Zusammenhang ein Begriff geworden ist, hat ein Verfahren entwickelt, das es auch in Zukunft gestattet, die Anzahl der Frauen in vernünftigen Grenzen zu halten. Es befriedigt uns, daß das Lebenswerk Mutzenbergers jetzt durch die Verleihung des Nobelpreises in angemessener Form gewürdigt wurde. Die sensationellen Einzelheiten seiner Methode erfuhr Chefreporter Kurt Rösner anläßlich der Verleihungsfeierlichkeiten in Stockholm.

Rösner: Herr Professor Mutzenberger. Sie sind mit dem Nobelpreis ausgezeichnet worden für die erste gelungene Umwandlung einer Frau in ein Kaninchen.

Mutzenberger: 1953 glückte es mir, den Kopf einer vierzigjährigen Postangestellten auf ein zweijähriges Kaninchen umzusetzen, nicht wahr. Die Dame verrichtete noch jahrelang Schalterdienst...

Rösner: Hm...

Mutzenberger: ... heiratete dann ein älteres Wildkaninchen und lebt heute nach ihrer Scheidung zurückgezogen in einer Heidelberger Kleintierhandlung.

Rösner: Ah-ja...

Mutzenberger: Herr ... äh ... Rösner. Die Frau als solche muß in ihrer derzeitigen Form seit langem als überholt betrachtet werden, nicht wahr...

Rösner: Natürlich...

Mutzenberger: Ganz abgesehen von dem bedrohlich anwachsenden Frauenüberschuß einerseits und einem spürbaren Mangel an hochwertigen Kaninchen andererseits, nicht wahr.

Rösner: Herr Professor, wenn...

Mutzenberger: Und nicht zuletzt ist es eine bekannte Tatsache, daß über 70 Prozent aller Ehemänner lieber mit einem Kaninchen zusammenleben würden, nicht wahr...

Rösner: Natürlich ... Ist das auf Ihrem Arm Ihre Gattin?

Mutzenberger: Nein. Das ist die Lebensgefährtin des Aufsichtsratsvorsitzenden der Duisburger Rohstahl AG.

Rösner: Ah-ja...

Mutzenberger: Ich empfinde sie als besonders geglückt, nicht wahr.

Rösner: Herr Professor, wie kann man eigentlich echte Kaninchen von künstlichen Frauen, oder nein, ich meine echte Frauen von künstlichen Kaninchen...

Mutzenberger: Sie meinen...

Rösner: Ich meine, ob man ein widernatürliches weibliches Kaninchen...

Mutzenberger: Sie meinen, ob man ein von einer Frau in ein Kaninchen verwandeltes Kaninchen...
Rösner: ... irgendwie von einer, von einem ganz normalen natürlichen Kaninchen...
Mutzenberger: ... und ein richtiges Kaninchen-Kaninchen...
Rösner: irgendwie an irgend etwas unterscheiden...
Mutzenberger: ... rein äußerlich auseinanderhalten kann, nicht wahr.
Rösner: So?! ... Herr Professor Mutzenberger, soviel ich weiß, stellte sich Ihre Frau Gemahlin für die ersten Versuche zur Verfügung. Hat sie, ich meine, ist sie...
Mutzenberger: Leider ist dieser Versuch unbefriedigend verlaufen, nicht wahr. Sie bekam kräftigere Schneidezähne, sehr lange Ohren und einen kleinen Puschel ... äh ... Puschelschwanz.
Rösner: Ah-ja!
Mutzenberger: Ja. Wir haben dann für ihren Puschelschwanz ein kleines Loch, nicht wahr...
Rösner: Vielen Dank für Ihre Ausführungen, Herr Professor. Guten Abend.

HASCH

Mein Gepäck wirkte wohl etwas plump, als ich die Grenze passierte. Der Zollbeamte im Zug Istanbul-München wünschte jedenfalls hineinzusehen. Nicht in den Handkoffer, der getragene Unterwäsche und mein Wäschezeug barg, sondern in den groben Leinensack, der die zwei freien Plätze meines Polsterklasseabteils einnahm (ich hatte den Sack seines Gewichtes und eines chronischen Bandscheibenschadens wegen beim besten Willen nicht in die Gepäckablage heben können).

„Was ist das", sagte der Beamte, nachdem er den Hanfstrick gelöst und hineingefaßt hatte. „Hasch", sagte ich, „anderthalb Zentner, hochfein." „Natürlich, natürlich", sagte er und kostete vorsichtig etwas mit der Zungenspitze. „Langen Sie nur tüchtig zu", sagte ich höflich und blätterte in der ‚Süddeutschen'. Er kostete vorsichtig von Salzburg bis Rosenheim. Er saß mir schräg gegenüber, sah sehr glücklich aus und begann sich zu entkleiden. „Ich bin eine Kohlmeise", sagte der Beamte deutlich und legte als letztes sein Hemd ab.

Dann machte er die ersten Flugbewegungen mit den Ellenbogen.

Kurz vor München öffnete ich das Fenster. Er erhob sich und flatterte hinaus. Ich sah, wie er in einem leichten Bogen nach Westen strich, jubilierend über die Wipfel eines Hochwaldes stieg und sich im Himmel verlor. Ohne jede Verspätung fuhr der Zug um 16 Uhr 31 in München Hauptbahnhof ein.

Advent

Es blaut die Nacht, die Sternlein blinken,
Schneeflöcklein leis herniedersinken.
Auf Edeltännleins grünem Wipfel
häuft sich ein kleiner weißer Zipfel.
Und dort vom Fenster her durchbricht
den dunklen Tann ein warmes Licht.
Im Forsthaus kniet bei Kerzenschimmer
die Försterin im Herrenzimmer.
In dieser wunderschönen Nacht
hat sie den Förster umgebracht.
Er war ihr bei des Heimes Pflege
seit langer Zeit schon sehr im Wege.
So kam sie mit sich überein:
am Niklasabend muß es sein.
Und als das Rehlein ging zur Ruh',
das Häslein tat die Augen zu,
erlegte sie direkt von vorn
den Gatten über Kimm und Korn.

Vom Knall geweckt rümpft nur der Hase
zwei-, drei-, viermal die Schnuppernase
und ruhet weiter süß im Dunkeln,
derweil die Sternlein traulich funkeln.
Und in der guten Stube drinnen
da läuft des Försters Blut von hinnen.
Nun muß die Försterin sich eilen,
den Gatten sauber zu zerteilen.
Schnell hat sie ihn bis auf die Knochen
nach Waidmanns Sitte aufgebrochen.
Voll Sorgfalt legt sie Glied auf Glied
(was der Gemahl bisher vermied) -,
behält ein Teil Filet zurück
als festtägliches Bratenstück
und packt zum Schluß, es geht auf vier,
die Reste in Geschenkpapier.
Da tönt's von fern wie Silberschellen,
im Dorfe hört man Hunde bellen.
Wer ist's, der in so tiefer Nacht
im Schnee noch seine Runde macht?
Knecht Ruprecht kommt mit goldnem Schlitten
auf einem Hirsch herangeritten!
„He, gute Frau, habt Ihr noch Sachen,
die armen Menschen Freude machen?"
Des Försters Haus ist tief verschneit,
doch seine Frau steht schon bereit:
„Die sechs Pakete, heil'ger Mann,
's ist alles, was ich geben kann."
Die Silberschellen klingen leise,
Knecht Ruprecht macht sich auf die Reise.
Im Försterhaus die Kerze brennt,
ein Sternlein blinkt – es ist Advent.

HUMOR UND WIRTSCHAFTSKRISE
Ein Kommentar von
Professor Klaus-Günther Weber

Meine Damen und Herren,
es muß in der Bundesrepublik bestürzen, daß der deutsche Humor, als Qualitätserzeugnis einst auf dem Weltmarkt führend, heute kaum 0,02 Prozent der Exportquote ausmacht – aber trägt hieran allein der Bandeskunz – Entschuldigung – der Bundeskanzler Schuld ...?
Wo liegt noch die Garantie für eine gesunde Wachstumsrate des Humorprodukts, wenn laut Statistik jede neunte norddeutsche Hausfrau mehrfach täglich über zweitklassige, teils anstößige Witze lacht? 18,6prozentige Steigerung des Humorkonsums in Baden-Württemberg, 21,2 Prozent in Rheinland-Pfalz gegenüber 1928 – – und in dieser Zahl sind Witze über sexuelle Dinge und die Berliner Mauer nicht mit einbegriffen.
Nicht zuletzt auch besteht die Regierung der Vereinigten Staaten im laufenden Wirtschaftsjahr auf der Abnahme von rund 3800 veralteten US-Witzen. Die Last trägt der Steuerzahler...
So – meine Damen und Herren – kann und darf es nicht weitergehen.
Nichts gegen ein gelegentliches Lächeln im engsten Kreise – aber wenn in einem führenden Unternehmen der Stuttgarter Damenoberbekleidung allein im Monat Januar nachweislich 286 Witze – von denen man nicht einmal weiß, ob und inwieweit – falls der Aufsichtsrat – der seinerseits ja zwischenzeitlich der Gewerkschaft – auch durch den Betriebsrat innerbetrieblich informiert – – – hätten – müssen – sollen – äh – könnten – wissen müssen –
Guten Abend – – –

Eike Christian Hirsch
1986

wurde 1937 in den Niederlanden von deutschen Eltern geboren. Sein Vater war Zoologe. Die Schulzeit bis zum Abitur verbrachte er in Göttingen. Anschließend studierte er evangelische Theologie und Philosophie in Heidelberg und Basel und promovierte zum Dr. theol. mit einer Arbeit über Immanuel Kant. Eike Christian Hirsch arbeitet seit 1969 als Redakteur beim NDR in der Abteilung „Religion und Gesellschaft", die ihren Sitz im Funkhaus Hannover hat. In dieser Stadt lebt er auch. Er ist verheiratet und hat vier Kinder.

Auszeichnung:
Niedersachsenpreis (1992)

Veröffentlichungen (soweit nicht anders verzeichnet, sind die Bücher im Verlag Hoffmann & Campe, Hamburg, erschienen):
Das Buch der Bücher. Altes Testament. (Zusammen mit Hanns-Martin Lutz und Hermann Timm). Piper-Verlag, München 1970; Das Ende aller Gottesbeweise? Naturwissenschaftler antworten auf die religiöse Frage. Furche-Verlag, Hamburg 1975; Deutsch für Besserwisser. 1976; Mehr Deutsch für Besserwisser. 1979; Expedition in die Glaubenswelt. 32 Proben auf das Christentum. 1981; Den Leuten aufs Maul. Ein- und Ausfälle vom Besserwisser. 1982; Der Witzableiter oder Schule des Gelächters. 1985; Vorsicht auf der Himmelsleiter. Auskünfte in Glaubensfragen. 1987; Kopfsalat. Spottreportagen für Besserwisser. 1988; Wort und Totschlag. Peinliche Pointen. 1991; Im Haus des Seidenspinners. Roman. 1993.

Anselm Maler

Herr Staatsminister, Herr Oberbürgermeister, verehrte Stifter, meine sehr verehrten Damen und Herren,

es ist mir die ehrenvolle, aber unverdiente Aufgabe zugefallen, an diesem Ort einiges Lobende und womöglich noch Zutreffende über den Mann zu sagen, der uns hier im Namen des vielleicht grotesken Humors versammelt hat. Es heißt, daß diese Stimmung – oder ist es eine Gabe? – in unseren Breiten selten vorkommt. Seltener freilich dürfte die Spezies begegnen, zu der der Lobwürdige gehört. Er, unter den anwesenden Amts-, Würden- und Bürdenträgern (also uns allen) der Ausgezeichnete, der Preis-Träger.

Lieber Herr Hirsch, es ist mir eine große Freude, Ihr Laudator sein zu dürfen, und ich bitte Sie, meinen Versuch, hier über Ihre privilegierten Beziehungen zum Humor zu berichten, nicht als geplante Groteske zu verstehen. Nicht ich, der Literaturverderber, sondern Sie, der lachende Weise – eigentlich: Frühweise – stehen dem Gegenstand der Stunde am nächsten. So wird es mir nur darum gehen, für eine kleine Weile dem Geheimnis Ihrer ernst-scherzhaften Spiele nachzuspüren.

Die Stadt Kassel verleiht heute zum zweiten Mal ihren Literaturpreis für grotesken Humor. Er ist, nach der Vergabe an Loriot im vergangenen Jahr, diesmal einem Werk zugedacht, das nicht in den Bereich komischer Dichtung fällt, sondern einem Werk der Analyse und theoretischen Vermittlung des Komischen. Er hat sich damit in einen Preis für fröhliche Wissenschaft verwandelt.

Es fällt nicht schwer, das zu begründen. Denn was bliebe von den Späßen Harlekins, wenn wir nur mechanisch darauf reagierten und lachten und basta? Wenn wir uns nicht auch das Vergnügen machten, ihren höheren Witz, den Witz am Witz zu durchschauen und zu genießen? Zum Glück gibt es Neugierige, die uns dabei auf die Sprünge helfen und die Hintergründigkeit unserer Erheiterungen erschließen. Unter ihnen ist Eike Christian Hirsch, der aus so vielen Kolumnen und nun auch Büchern bekannte Besserwisser und Witzableiter, einer der Ersten geworden. Also ehrt ihn die versammelte Öffentlichkeit – ich lege mir die Satzung des Kasseler Literaturpreises fröstelnd zurecht – wegen „hervorragender Verdienste um den grotesken Humor auf dem Gebiet der forschenden Vermittlung."

Was, verehrter Preisträger, haben Sie angestellt, um Gegenstand eines solchen Ansinnens zu werden? Ich trete, um es zu ergründen, aus meinem Selbst heraus und spiele erst einmal die Rolle des kritischen Interpreten.

Das Bedenkliche dieses Verfahrens brauche ich nicht zu erläutern. Es wird offenbar, sobald der Verbündete benannt ist, auf den dabei Verlaß sein soll, – die von den Musen oft gemiedene Kritik. Die hat eine spitze Nase, schnüffelt am Schönen herum und tadelt das Unzulängliche; sie sondert aus, spießt auf, was übrig bleibt, und präpariert es für den Sammelkasten, von dem sie später behauptet, die Überlieferung stecke darin. Kritik bleibt ernst, wenn sie unterscheidet, und unerbittlich, wenn sie offenlegt; sie entfernt die schmutzigen Unklarheiten aus unserem Geist und hat bei so viel Saubermannsarbeit nichts zu lachen.

Entsprechend bedrohlich muten die Instrumente an, mit denen sie ihre Arbeit am nackten literarischen Körper verrichtet, – die Metzgerbestecke des Prüfens, Zerlegens und Urteilens, man schaudert.

Schwerlich kann die Allianz mit einer solchen Person einen Lobredner beglücken. Aber sie wird, wie es bei ungleichen Paaren gelegentlich vorkommt, ihm dennoch helfen, seine Aufgabe zu erfüllen und die Verdienste unseres Laudanden zu ermitteln. Denen ist schon beim Tranchieren eines ersten Werks, der *Schule des Gelächters* beizukommen. Dieses Buch zum Stand und Zustand unserer Lachkultur, ein umfassender Katechismus der gesprochenen Komik, in Wahrheit aber eine Anleitung, das Leben durch Heiterkeit zu meistern, sagt, was wir auf dem Weg zu solcher Meisterschaft beachten müssen: den Witz an der Sache. Entsprechend folgerichtig führt uns Eike Christian Hirsch zu der von ihm überraschend gewonnenen Einsicht, Ziel des Witzes sei das Lachen.

Über den Witz ist viel geschrieben worden, bevor die Glossen und Traktate des Witzableiters erschienen. Auch die akademische Kritik – meine Alliierte – hat den Gegenstand besichtigt und Erhellendes herausgefunden. So wissen wir von ihr, daß die Zeitgenossen des Mittelalters bei dem Begriff Witz nur ungenau an eine der menschlichen Grundfähigkeiten, den Verstand, das Ingenium dachten. Im Zeitalter der Vernunft galt Witz, schon eingeengt und abgemagert, als die Gabe des vielseitigen Kombinierens in der Kunst, verborgene Zusammenhänge aufzudecken. Diese Irrlehren sind inzwischen korrigiert und durch wahres Verständnis ersetzt. Denn wir wissen, warum wir lachen, wenn uns der zuständige Experte erklärt:

„Zwischen s^1 und s^2 wird eine spezifische syntagmatische Relation dadurch etabliert, daß auf die während der Entfaltung der Witzfabel sukzessive entwickelte Struktur s^1 die Struktur s^2 projiziert wird, die von der Pointe aus rückwirkend etabliert wird. Diese Aufeinanderprojektion [...] stiftet eine sonst nicht übliche Äquivalenz zwischen b^1 und b^2."

Die Äußerungen der akademischen Witzforschung klingen nicht immer so entschieden. Auch Zweifel werden gemeldet. „Die Verhaltenseinheit ‚Witzerzählen'", schreibt eine junge Autorität, „erweist sich als zu komplex strukturiert, als daß sie sich darstellen ließe [...]. Die Voraussetzungen entziehen sich einer funktionalen Bestimmung." Und ein anderer Beiträger hat 1976 eine bis dahin unbekannte Sorte von Witzen entdeckt: die Sorte ‚tote Witze'. Er findet sie bei Wolfram von Eschenbach und berichtet ein ganzes Kapitel lang über den seither verschollenen Vorrat dieser Pointenkiller. Ich versage mir, aus dem einzigartigen Bestand zu zitieren, verlasse vielmehr die Mysterien der Philologie und komme auf ihren heiteren Widerredner Eike Christian Hirsch zurück. Denn das Verdienst seiner Vermittlerschaft tritt im Vergleich mit den akademischen Analysen ja erst richtig hervor. Das liegt wohl an seiner Methode, arbeitet er doch mit kundiger Hand am lebenden Material. Immerhin 67 Kapitel benötigt die *Schule des Gelächters,* um die vergnügliche Fülle von 700 Beispielen verarbeiten zu können. Dabei beschreibt sie 67 Arten von Witz. Man lernt, nebst vielen anderen, Wortwitze und Gedankenwitze, Situationswitze und Verlachwitze, ironische Witze und Verschiebungswitze kennen und wird, fleißige Lektüre vorausgesetzt, klüger entlassen.

Warum aber findet man hier nichts über tote Witze? Ich glaube, das hat einen ethischen Grund, und der liegt darin, daß Kassels Lob- und Preisempfänger sich an seine Einsicht hält, der Witz sei nun einmal zum Lachen da. Wer hätte in diesem Glauben nicht schon einmal vor einer umhersitzenden Festversammlung gestanden und sich über den Lustgewinn gewundert, den jenes hustende Ausstoßen geller Kehllaute dem Einzelexemplar dieser Spezies einbringt. Und wer hätte sich dabei nicht nach der Bedeutung solch arteigenen Keckerns gefragt, um dann, verwirrt von den zahllosen Meinungen und Erklärungen unserer Humanwissenschaften, in der Antwort unseres Laudanden Halt zu finden. Der beruhigt uns mit dem Hinweis auf unsere Gemeinschaft mit dem Schöpfungsganzen, wenn wir lesen: „Lachen entspricht dem Triumphgeschrei der Gänse."

Solche Einsichten sind vielleicht nicht üblich, aber sie sind zuverlässig. Eike Christian Hirsch hat sie auf fast alle Theorien des Witzes und der Komik gestützt, die wir kennen, auf die Schriften der alten und neuen Philosophen, Ästhetiker und Psychologen. Seine Vorgänger sind ihm vertraut, wenn auch wieder nicht so angenehm, daß er sie ohne eine Prise Skepsis konsultiert hätte. Über das Ergebnis seiner Befragungen lesen wir noch einmal und erfahren: „Die törichte Antwort enthält eine absurde Wahrheit."

Viele solcher Merksätze ließen sich anführen, um den Scharfsinn ihres Verfassers zu belegen. Wichtiger allerdings erscheint mir die Tatsache, daß ihnen der Ernst des Lebens eingeschrieben ist. Wer über sie lacht, der lacht trotz ihrer nicht immer erfreulichen Auskünfte. Wer aber trotzdem lacht, hat auch die Zone des Witzes verlassen, denn der legt – in jeder Pointe – nur fest, weswegen wir lachen. Trotzdem lachen, heißt humoristisch lachen, und damit bin ich beim zweiten Teil meiner Eloge.

Der Humor hat einen breiten Rücken, kann auch Unzulängliches ertragen, wenn er es sich nicht den Buckel herunterrutschen läßt. Er trennt nicht, sondern bringt zusammen und läßt beisammen, Dinge vor allem, über die er freundlich hinwegsieht, nachdem er sie erst einmal durchschaut hat. Dabei gesteht er dem Durchschauten einen Rest von Zweideutigkeit und Heimlichkeit zu, denn er will ja lachen, und dies macht ihn – noch einmal sei von ihr die Rede – zum Parteigänger der Philosophie und Verfechter ihrer These, das Lachen sei ambivalent. Das Lachen nämlich, so erklärt sie, erfülle die Aufgabe, sichtbar zu machen, was aus unserer Lebenswelt als das Andere ausgegrenzt ist. Es enthülle die geheime „Zugehörigkeit des Nichtigen zum Dasein". Das ambivalente Lachen versöhnt uns also mit dem Gegebenen, indem es eine Grenze zwischen dem Tabuisierten und dem Offiziellen unserer Lebenswelt aufzeigt. Wer aber so verfährt, legt zugleich das Unterschiedene offen, übt Kritik. Und so wird der lachende Humor zum Kritiker, zu einem ambivalenten Kritiker, weil er das kritische Metzgerbesteck bei Pflegemaßnahmen des Versöhnens, Erheiterns und Geltenlassens handhabt. Seine Verkörperung, der Humorist, ist folglich ein Zwitterwesen, eine Chimäre: ein Gemütsmensch mit Eierkopf.

Ob der Interpret mit diesen Folgerungen ein angemessenes Ergebnis erzielt hat? Den Chimärenglauben haben wir doch hinter uns und brauchen keine Götzen, um uns Wahrheiten einzuschärfen. Unsere Stärke ist das Denken, wir bedienen uns der Theorie, der Theorie des Komischen, die mit dem Witzableiter fragt: „Kann man Humor verstehen? Und wenn ja – warum nicht?"

Kühn gesprochen, und weitaus mehr. Diese abenteuerliche Formulierung ignoriert ja alle Regeln der humoristischen Ambivalenz. Sie hat sich weit über das Einheitsgelände von Spaß und Ernst erhoben und redet hoch aus dem Jenseits des Gelächters, das uns verborgen bleibt. Nur eine einzige kürzlich erschienene Studie zur Komik scheint Zugang zu diesen Höhen gefunden zu haben und läßt – mit einem letzten Zitat aus den Vorräten der Wissenschaft – ahnen, wen wir in Eike Christian Hirsch vor uns haben:

„Ein tendenziell postambivalenter Humor, dem man relativ selten begegnet, setzt eine weitgehend geglückte Aufhebung der narzißtischen Phase voraus."

Zum zweiten Mal stellen sich Bedenken ein. Denn während ich noch überlege, zeigt sich, daß der kritische Interpret den Verdiensten Eike Christian Hirschs nicht beikommen kann. Alles Spießen und Zerlegen wird ihm nichts nützen, weil er der Falsche ist. Nicht das Erklären, sondern das Loben ist das allein Angemessene. Ich lege daher die kritische Maske ab, trete auf die andere Seite meines Selbst und beginne, den Herold zu spielen.

Eine Lobrede, so besagen die Lehren der Redekunst, ist eine Prunkrede. Sie handelt von Göttern, Menschen und Städten, von Tugenden, Künsten, Berufen, von Tieren, Pflanzen und Jahreszeiten, wobei ich gestehe, daß dieses Programm mich bei weitem überfordert. Zum Prunken will es beim Angehörigen einer nordhessischen Hochschulgründung so recht nicht reichen. Zudem müssen Götter, Tiere und Pflanzen wohl aus dem Spiel bleiben, solange nicht erwiesen ist, daß sie Humor haben. Unter der Rubrik ‚Städte' wäre die Stadt Kassel in Betracht zu ziehen – aber wer könnte es wagen, ein so unerschöpfliches Thema zu behandeln. Und unter den Menschen die Stifter des heute vergebenen Preises – wenn es das Zeremoniell erlaubte.

Bleiben Tugenden, Künste, Berufe. Sie endlich betreffen direkt den Lobempfänger, aus dessen Schriften man so viel über sie erfährt, denn er liebt ja die Lebendigen. Er liebt die Komik der Verbiegungen und Verschrobenheiten der gesprochenen Sprache, der Sprache der Zeitgenossen. Dabei begegnen erst einmal die im panegyrischen Reglement vorgesehenen Berufe. Wir alle erkennen sie wieder, wenn wir uns lesend bei dem städtischen Beamten melden – „antwortlich einer Anfrage vom 3.5."; wenn wir mit Jungakademikern Erfahrungen tauschen – „unheimlich positiv und irgendwie wichtig"; oder wenn wir den Bonner Ministerialrat im Informationsgespräch erleben – „lassen wir das lieber außen vor". Solche Treffer spießen nicht nur Sprachmarotten auf. Sie zeigen Menschen, die Exponenten der Lebensgemeinschaften unserer Tage, sie zeichnen ein Gesinnungsprofil unserer Gesellschaft im Spiegel ihrer Redeweisen. Und in dem Maße, wie der Autor sie zu einer Form der scherzhaften Satire steigert, lehrt er uns die Kunst der Selbsterkenntnis.

Kommen wir nun zu den Künsten. Sie sind allein eindrucksvoll vertreten durch die Sprachkunst des Besserwissers. Ob er sie der Schule des Sprechmediums Hörfunk oder der Rücksicht auf die Konventionen der Sachliteratur verdankt? Mir ist es gleich, ich sehe darin nur den Beweis persönlicher Reife, denn: „Alle ausgereiften Sprachen sind einfach", sagt Eike Christian Hirsch und urteilt damit unversehens über seine eigene Formulierungskunst. Ihre Prägnanz begeistert, die *Schule des Gelächters* sagt es selbst: „Dieser Stil überzeugt. Oder besser gesagt, er verwundert. Je mehr er nachdenken läßt, desto stärker irritiert er." Und das – so möchte ich hinzufügen – erfreut: denn es bereichert.

Zu allerletzt, das überrascht nicht sehr, wird der Lobredner in der Spalte Tugend fündig. Er verdankt das dem großen Witztheoretiker Sigmund Freud. Die Lust am Witz, so lehrt dessen berühmte Studie, liegt im Sparen, weil der Witz uns psychischen Aufwand beim Bewältigen eines ambivalenten, und Mühe beim Begreifen eines widersprüchlichen Zusammenhangs erspart. Lust an der Tugend solcher Sparsamkeit aber übt in geradezu vorbildlicher

Weise der hier zu Preisende, er ist ein Spargenie:
Erspart er es uns doch, daß wir uns jemals über eine unnötige oder triviale Äußerung seiner Glossen ärgern müssen.
Erspart er uns doch lange Umwege auf dem Weg zum Kern eines Problems.
Erspart er es uns doch, den Humor ernst nehmen zu müssen, indem er uns vorführt, wie man das Ernste mit Humor nehmen kann.

Lobredner und Interpret haben manches über den Besserwisser und den Witzableiter herausgefunden – Zutreffendes aber über Eike Christian Hirsch, der gerade eben ein wenig sichtbar wurde? Ich fürchte, viel zu wenig, höre daher auf zu loben und fasse zur Person zusammen: Eike Christian Hirsch, bei Utrecht vor dem Krieg geboren, in Göttingen aufgewachsen, hat Theologie studiert und ohne sichtbare Beschädigung den Doktorgrad erworben. 1969 wurde er Kirchenfunkredakteur beim Norddeutschen Rundfunk, denn er pflegt nach der Devise zu handeln: „Richtig ist, was üblich ist." Durchs Medium gewitzt, widmet er sich seither der Übersetzung wichtiger Zusammenhänge ins Verständliche nach der Methode Martin Luthers: Den Leuten aufs Maul geschaut! Von seiner *Expedition in die Glaubenswelt* berichtet das so betitelte Buch von 1981. Ihm ist zu entnehmen, daß man die mittlerweile zu drei Bänden aufgelaufenen Sprachglossen des Besserwissers auch nachdenklich lesen kann. Denn es sind die in unseren Tagen geborenen Sprachgestalten des Komischen, die uns Hirsch mit eigener Sprachkunst nachschleift und als bescheidene Juwele aus dem Alltag unseres Umgangs miteinander neu zur Verfügung stellt. Er tut dies in wissenschaftlicher Selbstkontrolle, wie *Der Witzableiter oder die Schule des Gelächters* (1985) zeigt. Ich habe dieses Buch aber nicht der Wissenschaft halber gelesen, sondern als Erfahrungsbuch, in dem der Autor uns an fremden und eigenen Versuchen teilnehmen läßt, der Komik des Menschenwesens beizukommen.

Ist das die zutreffende Auskunft? Ein letztes Mal zweifle ich, lasse von allen weiteren Versuchen ab, den Humoristen zu fangen, und wünsche, der Betroffene werde sich heimlich eins lachen. Denn, lieber Herr Hirsch und verehrter Preisträger, – Sie haben ja Humor. Ich gratuliere Ihnen.

Angaben zur Person des Laudators finden sich auf S. 278.

Eike Christian Hirsch

HAT GOTT HUMOR?

Jeder glaubt, er habe Humor. Ich fürchte, viele werden sich täuschen, aber nicht alle. Nehmen wir ein Beispiel. Diese Verse schrieb man 1804 einem Totengräber in Partschins auf das Grabkreuz. Man schrieb sie so, als hätte der Totengräber, der in seiner Jugend Müller war, sie von sich selbst gesagt:

> Weg von der Mühle an der Platt,
> Trat ich in Dienst der Leichen.
> Ich fütterte den Tod nun satt
> In Hoffnung, durchzuschleichen.
> Er aber sprach: Nein, was nur lebt,
> Muss meine Beute sein:
> Wer andern eine Grube gräbt,
> Fällt endlich selbst hinein.

Wenn wir uns vorstellen, der Totengräber habe das selbst so gesagt, dann dürfen wir wohl behaupten: Der Mann hatte Humor. Ich wage hier eine Definition des Humors. Wir alle stehen ja seit der Psychoanalyse in dem Verdacht, nur zwei Möglichkeiten zu haben, auf eine Zumutung zu reagieren, nämlich entweder aggressiv oder depressiv. Sehen Sie, und der Humor ist eben die dritte Möglichkeit, behaupte ich. So kann man selbst über seinen Tod humorvoll spotten.

Aber könnten wir uns im Ernst denken, Gott der Herr habe diese Art von Humor, also die Gabe, den dritten Weg zu wählen? In der Bibel, das muß man zugeben, zeigt Gott sich meist ziemlich ernst. Denken wir an die bekannte Geschichte, wie er Abraham im Zelt besuchte und ihm und

Sara, diesem hochbetagten Ehepaar, die Geburt eines Sohnes ankündigte. Hinter der Tür des Zeltes hörte Sara das und lachte bei sich selbst und dachte: „Nun, da ich alt bin, soll ich noch der Liebe pflegen, und mein Herr ist auch alt!" Wirklich, die Ankündigung ist ja nicht ohne Komik.

„Gott sprach zu Abraham: ‚Warum lacht Sara?' Da leugnete Sara und sprach: ‚Ich habe nicht gelacht', denn sie fürchtete sich. Aber Gott sprach: ‚Es ist nicht so, du hast gelacht.'" Keine humorvolle Nachsicht, die Verständnis zeigte für die komische Lage. Eher aggressiv. Sara hatte doch wirklich Grund zu lachen.

Betrachten wir einen Augenblick Sara. Sie ist die erste, von der uns überliefert ist, daß sie auf die Zumutung des Heiligen mit Lachen reagierte. Offenbar eine natürliche, eine notwendige Art, sich vom Anspruch des Allmächtigen zu entlasten. Nirgends kursieren so viele Witze wie in der Kirche. Der katholische Denker Theodor Haecker stellte darum fest, daß der Humor „ein natürlicher Ausdruck des Menschen ist als ‚Kreatur' gegenüber der unendlichen Macht, die ihn erschaffen hat, in deren unentrinnbaren Händen er ist."

Das klingt fast beängstigend (mal davon abgesehen, daß mir die „unentrinnbaren Hände" auch grammatisch nicht ganz geheuer sind). Es ist wohl wahr: Der Mensch braucht Humor, um Gott ertragen zu können. Der Humor ist eine momentane Loslösung aus der schlechthinnigen Abhängigkeit. Und da wir gerade bei Gottes „unentrinnbaren Händen" sind, fällt uns natürlich die alte Geschichte vom baltischen Geistlichen ein:

Als Pastor Berkholz in Riga eingeladen wurde, an einer Segelpartie teilzunehmen, lehnte er ab. Und als man ihn mit Bedauern nach seinen Beweggründen fragte, meinte er:

„Ach, wissen Sie, so im Segelboot – da ist man doch allzusehr in Gottes Hand."

In solcher Lage und überhaupt hilft uns auch nicht der alte fromme Trost – ich habe ihn in tiefem Ernst gehört – : „Man kann nicht tiefer fallen als in Gottes Hand." Ja, ich sehe die tröstliche Seite dieser Worte wohl, aber der Satz gewinnt doch unversehens eine ganz andere Bedeutung. Tiefer kann man dann wirklich nicht mehr fallen... Nach dem Motto: „Steht es schon so schlimm um uns, daß wir beten müssen?"

Ich glaube nicht, daß Gott bei der Schöpfung einen logischen Irrgarten errichten wollte, aber das Paradox ist wohl doch immer da unvermeidbar gewesen, wo das Unendliche und das Endliche sich berühren. Als Gott dem ursprünglichen Menschenpaar die erste Anweisung gab, nämlich nicht von einem bestimmten Baum zu essen, da konnten die Menschen noch gar nicht zwischen gut und böse unterscheiden. Das lernten sie erst durch ihre erste Sünde. Irgendwie ist da die Reihenfolge vertauscht. So ist im Glauben manches die paradoxe Bedingung des eigentlich Erstrebten. Der Tod ist die Bedingung der Unsterblichkeit, das ist schon fast komisch umständlich (warum nicht gleich?). Oder: ohne vorheriges Leid keine Erfahrung des Glücks.

Und ohne vorangehende Sünde keine Erlösung, so sonderbar das auch klingt. Gerade dieser Umstand ist schon oft belächelt worden: Fragt der Lehrer in der Religionsstunde: „Was müssen wir tun, damit uns vergeben wird?" Langes Schweigen. Dann weiß ein Kind die Antwort: „Zuerst müssen wir sündigen." Das Kind hat recht. Daher ist in der Geschichte der Christenheit schon oft der Sündenfall Adams und Evas dankbar gerühmt worden, denn ohne Sündenfall keine Erlösung. O, süße Sünde! Der Glaube und die Theologie stecken eben voller Widersinn und Wunder.

Während sich oben das große Welttheater der Erlösung vollzieht, finden wir ein paar Stufen weiter unten eine ähnlich paradoxe Verquickung: ohne das Böse keinen Humor. Wirklich, in einer vollkommenen Schöpfung brauchten wir nichts mit Humor zu nehmen, da gäbe es keine menschlichen Schwächen und keine Widrigkeiten der Natur. Wir hätten, wäre diese Schöpfung nicht eine gefallene Schöpfung, im wahrsten Sinne des Wortes nichts zu lachen.

Sie sehen, ich bin immer noch nicht bei der Frage, ob Gott selbst denn Humor hat, aber ich nähere mich ihr. Immerhin sind wir jetzt schon bei dem Problem, ob es im Himmel etwas zu lachen gibt. Ja, kann man vor Freude lachen? Mark Twain, der es als Humorist wissen mußte, hat gesagt: „Die unsichtbare Quelle des Humors liegt nicht in der Freude, sondern in der Traurigkeit. Im Paradies gibt es keinen Humor." Das finde ich auch.

Lachen können wir nur über das, was uns eigentlich bedrückt und von dem uns das Lachen befreien soll. Humor bietet eine kleine Erlösung für den Augenblick. Vielleicht war das Lachen im Mittelalter gerade deshalb oft verpönt, wie wir zuletzt durch Umberto Eco eindringlich erfahren haben, weil es eben die Erlösung schon vorwegzunehmen scheint. Nein, man lachte damals in frommen Kreisen besser nicht. Klar schien hingegen immer, und biblisch belegt war es gut, daß die Frommen dereinst im Paradies selig lachen würden. „Selig seid ihr, die ihr jetzt weint, denn ihr werdet lachen," steht geschrieben.

Nur – worüber lachen die Seligen im Himmel? Sie tun das, heißt es, vor Glück, wenn sie an die überstandenen Leiden auf dieser Welt denken. Also, offen gestanden, das kann ich mir nicht vorstellen. Man kann nicht ewig nur darüber lachen, daß der Schmerz vorbei ist. Nein, im wahren Glück lacht man nicht, denn das wahre Glück kann man sowieso nicht steigern. Und es fehlt ja auch der Widerstand, an dem sich das Lachen entzünden könnte.

Das ist wie mit der Taube, die so leicht fliegen kann. Manche Menschen denken sich: Wieviel leichter würde sie erst fliegen können, wenn nicht der Luftwiderstand wäre.

Aber das ist natürlich ein kleiner Denkfehler. Im luftleeren Raum kann niemand fliegen. Und ohne die Widrigkeiten des Lebens kann man nicht lachen. Und darum kann man auch nicht sagen: Wieviel mehr hätten wir erst zu lachen in einer Welt, in der es keine Übel und keine Unvollkommenheiten mehr gibt. Nein, da hätten wir gar nichts zu lachen.

Aber zurück zu der Frage, auf die wir noch immer eine Antwort suchen:

Hat Gott Humor? Kann er eine echte Zumutung leicht nehmen? „Kleine Sünden straft der liebe Gott sogleich," sagt man. Nein, so stelle ich ihn mir gerade nicht vor. Auch nicht so, wie Gott in den vielen Witzen, die dieses Bild vom ständigen Richter immer weiterreichen, vorausgesetzt wird. Dies ist noch ein harmloses Beispiel:

Fast ist der Wanderbursche im Dorf, da bemerkt er, daß das Unwetter die Brücke fortgerissen hat. Er muß über den Mühlbach springen, und der ist jetzt so breit, daß er sich vorher zu einem kurzen Stoßgebet entschließt. Als er drüben ist, blickt er pfiffig zum Himmel und lacht: „Wär gar nicht nötig gewesen – war ganz einfach:" Aber da rutscht er auch schon wieder zurück, und beide Stiefel laufen voll Wasser. „Ach, lieber Gott", brummt er gekränkt, „kannst du denn gar keinen Spaß verstehen?"

Der Wanderbursche jedenfalls hatte Humor. Gott hat auch Humor, behaupte ich, aber beweisen kann ich es nicht.

Leider sehen ihn viele, allzuviele Menschen als einen strengen Moralisten, der uns hier unten auf der irdischen Bühne spielen sieht, dieses ganze Welttheater schlimm findet und sich alles merkt – für später. So aggressiv ist er uns aus den Geschichten von Sodom und Gomorrha oder vom Turmbau zu Babel in Erinnerung geblieben. Und später dann, nach der Sintflut, reagiert Gott nun wiederum fast depressiv, indem er feststellt: „Ich will hinfort nicht mehr die Erde verfluchen um der Menschen willen; denn das Dichten und Trachten des menschlichen Herzens ist böse von Jugend auf." Das heißt wohl wirklich, depressiv reagieren in dem Augenblick, wo einem sein Werk, in diesem Fall die Schöpfung, fehlgeschlagen ist.

Hat Gott also doch keinen Humor? Ich glaube, er hatte ihn nur in der Frühzeit nicht. Aber das änderte sich. Oder ich sollte besser sagen: In den biblischen Geschichten, die literarisch jünger sind, wird Gott schon weit liberaler, ja sagen wir es nur – als ein Wesen mit Humor geschildert. Im Buch Hiob etwa oder in der Jona-Geschichte. Es gibt ohne Zweifel eine Evolution der Gottesbilder.

Sie kennen die Geschichte von Jona, der im Walfisch war. Weniger bekannt ist das Ende dieser liebenswerten Novelle, die im Geist einer späten religiösen Aufklärung geschrieben worden ist. Jona hatte in der großen Stadt Ninive eifrig Buße gepredigt ohne viel Erfolg. Nun ist er enttäuscht, weil Gott kein Strafgericht über Ninive verhängt und die Stadt nicht auslöscht wie seinerzeit Sodom und Gomorrha.

Was Jona nicht wissen konnte: Gott hatte zugelernt und seinen neuen, großzügigen Humor entwickelt. Das zeigte Gott Jona durch eine fast komische Begebenheit. Er ließ nämlich eine Staude wachsen, damit Jona Schatten habe. Über Nacht ließ Gott aber die Staude durch einen Wurm wieder eingehen. Und die Sonne, heißt es im Buch Jona, „stach Jona auf den Kopf, daß er matt wurde," und er klagte laut.

„Da sprach der Herr: ‚Dich jammert die Staude, um die du dich nicht gemüht hast, hast sie auch nicht aufgezogen, die in einer Nacht ward und in einer Nacht verdarb, und mich sollte nicht jammern Ninive, eine so große Stadt, in der mehr als hundertzwanzigtausend Menschen sind, die nicht wissen, was rechts oder links ist, dazu auch viele Tiere?'"

Das ist, meine ich, doch ein Zeichen gütigen Humors, wenn erzählt wird, daß Gott eine Staude für den Schatten aufschießen und wieder eingehen läßt und mit solch einer komischen Gleichnishandlung zeigt, wieviel großzügiger er gegen die sündige Stadt sein will als Jona. Ich weiß gar nicht, warum das am meisten verbreitete Bild von Gott so ganz anders ist; meist sieht man ihn doch als kleinlichen Buchhalter der Sünden, der dafür sorgt, daß sich jedes böse Wort einmal rächen wird.

Man wird sich bei dieser Gelegenheit einmal selbstkritisch fragen müssen, warum das Christentum zu allen Zeiten gerade auch Fanatiker so sehr angezogen hat. Und warum wir alle heimlich davon überzeugt sind, daß diese Religion umso wahrer wird, je radikaler man sie vertritt. Das Wort „kreuzunglücklich" hatte eine Dichterin unserer Zeit in ihrem Elternhaus so oft gehört, daß sie sich als Kind fragte: „Gibt es auch ‚kreuzglücklich'?"

Da ist es schon besser, wir sehen uns einmal in der Tradition einer anderen, nämlich der jüdischen Gottesgelehrsamkeit um.

Ich habe natürlich bei Franz Rosenzweig, dem großen Sohn dieser Stadt, nachgelesen. In einem Brief an Martin

Buber vom Februar 1923 wendet er sich gegen die damals neue Bußgesinnung unter evangelischen Theologen. Er schreibt:

„Lieber, ist's nicht ein Jammer um das Wunder des ‚zerbrochenen, zerschlagenen Herzens' aus Psalm 51, Vers 19, das diese Theolunken jetzt drauf und dran sind zu einem Terminus zu machen? ‚Gebrochenheit'! Als ob's noch Gebrochenheit wäre, wenn sie ewig wäre und nicht nur immer wieder geschähe. Aber sie machen eine Forderung daraus – ‚Heilsweg'-Schematiker, echte Pfaffen. Ewig ist nicht meine Gebrochenheit, sondern seine Güte."

Ja, ewig ist nicht meine Gebrochenheit, sondern seine Güte. Das ist eine Auffassung von Gott, die unmittelbar an den weisen Herrn der Welt anzuknüpfen scheint, den wir im Buch Jona kennengelernt haben.

Ein heutiger jüdischer Theologe, Jakob Petuchowski, hat sogar behauptet: „Theologie ohne Humor ist Gotteslästerung." So wird es wohl sein, weil die Vorstellung von einem humorlosen Gott ihn, den Schöpfer, verkleinert. Meist sieht es unsereiner ja noch umgekehrt: daß es der Würde Gottes abträglich sei, ihn sich humorvoll vorzustellen. Die Juden sind da schon weiter – und nicht erst seit der gläubig-heiteren Erweckungsbewegung der Chassidim.

Zum Beweise seiner Behauptung, zur Theologie gehöre Humor, zitiert Petuchowski eine Geschichte aus dem Talmud, die schon tausendneunhundert Jahre alt ist und in der erzählt wird, wie sich große Rabbinen, darunter der berühmte Elieser, um eine Gesetzesauslegung streiten. Sollte man etwa Gott selbst fragen? Nein, die letzte Entscheidung, so bewiesen die Rabbinen einander haarscharf, indem sie ein anderes Bibelwort aufgriffen, hatte Gott ihnen, seinen Schriftgelehrten überlassen. Gott, so scheint es, ist damit als letzte Instanz einfach entmachtet worden. Eigentlich eine unerhörte Sache.

Die Geschichte hat aber noch eine entscheidende, wenn auch märchenhafte Fortsetzung: An diesem Tage traf einer der Rabbinen, Rabbi Nathan, den Propheten Elia, der bekanntlich im Himmel und auf Erden zu Hause ist. Der Rabbiner fragte ihn etwas besorgt: „Was hat Gott eigentlich in jener Stunde, als wir uns stritten, getan?" Da antwortete der Prophet: „Gott hat gelächelt und gesagt: Meine Kinder haben Mich besiegt! Meine Kinder haben Mich besiegt!" Gott findet sich also damit ab, daß er entmachtet ist.

Sehen wir uns gleich noch eine andere Probe dieser jüdischen Theologie an, die so viel Sinn für Gottes Humor zeigt. Wieder stammt sie aus dem ersten Jahrhundert unserer Zeitrechnung. Es geht um die richtige Auslegung jener Szene, als die Kinder Israel auf der Flucht aus Ägypten von den feindlichen Soldaten verfolgt wurden und hilflos vor dem Schilfmeer standen. Da betete Moses zu Gott. Und was antwortete Gott? Hören wir die Auslegung des großen Rabbi Elieser:

„Der Heilige, gelobt sei Er, sprach zu Moses: ‚Moses, Meine Kinder sind in Bedrängnis. Das Meer hält sie zurück, und der Feind rennt ihnen nach. Und du stehst da und machst lange Gebete. Was schreist du zu Mir?'"

Offenbar ist in dieser Theologie die Würde Gottes nicht das wichtigste. Gott hat Sinn fürs Praktische; so kann er im Augenblick der Gefahr sehr wohl zwischen Wichtigem und Unwichtigem unterscheiden. Und das darf man als Sinn für Humor bezeichnen. In diesem Fall war eben Handeln wichtiger als Beten.

Ich habe mich bemüht, Ihnen den Gedanken nahezubringen, daß Gott nicht nur Humor schenkt, sondern auch

Humor hat. Sicher eine Behauptung, die voraussetzt, daß Gott sich im Lauf seiner Erfahrung mit uns Menschen geändert hat – oder daß wir jedenfalls unsere Vorstellung von ihm mit Grund geläutert haben.

Wenn Ihnen diese These so oder so zu weit geht, sollten wir uns wenigstens darauf einigen, daß Gott Spaß genug versteht, uns zu erlauben, ihm Humor zuzuschreiben.

Ernst Jandl
1987

wurde am 1.8.1925 in Wien geboren. Nach Militärzeit und amerikanischer Kriegsgefangenschaft nahm er ein Studium der Germanistik und Anglistik an der Wiener Universität auf, das er 1949 mit der Lehramtsprüfung abschloß. Daraufhin war er zunächst als Gymnasiallehrer an Wiener Schulen tätig. 1950 promovierte er zum Dr. phil. mit einer Arbeit über die Novellen Arthur Schnitzlers. Anfang der fünfziger Jahre erschienen auch seine ersten Gedichte. Seit 1954 arbeitete Jandl zusammen mit seiner „Verbündeten" Friederike Mayröcker. 1982 trat er zum ersten Mal zusammen mit Jazzmusikern der NDR-Studio-Big-Band auf; später folgten Auftritte mit dem Vienna Art Orchestra. Im Jahr 1984 übernahm er die Stiftungsdozentur für Poetik an der Johann-Wolfgang-Goethe-Universität in Frankfurt/Main. Ernst Jandl lebt in Wien.

Auszeichnungen u. a.:
Hörspielpreis der Kriegsblinden, gemeinsam mit Friederike Mayröcker (1968); Georg-Trakl-Preis für Lyrik (1974); Mülheimer Dramatikerpreis (1980); Großer Österreichischer Staatspreis für Literatur (1984); Georg-Büchner-Preis (1984); Frankfurter Hörspielpreis (1989).

Veröffentlichungen u. a. (soweit nicht anders verzeichnet, sind die Bücher im Luchterhand-Verlag erschienen):
Andere Augen. Gedichte. Bergland-Verlag, Wien 1956; klare gerührt. Eugen Gomringer Press, Frauenfeld 1964; Laut und Luise. Walter-Verlag, Olten 1966; Sprechblasen. 1968; der künstliche baum. 1970; flöda und der schwan. Eremitenpresse, Stierstadt/Taunus 1971; Fünf Mann Menschen. Hörspiele. (Mit Friederike Mayröcker) 1971; dingfest. Gedichte. 1973; übung mit buben. Berliner Handpresse, Berlin 1973; die männer. ein film. Eremitenpresse, Düsseldorf 1973; serienfuss. 1974; wischen möchten. Literarisches Colloquium Berlin, Berlin 1974; für alle. 1974; der versteckte hirte. Eremitenpresse, Düsseldorf 1975; Alle freut, was alle freut. Ein Märchen in 28 Gedichten. Middelhauve-Verlag, Köln 1975; Drei Hörspiele. (Zusammen mit Friederike Mayröcker) Sessler-Verlag, Wien 1975; die schöne kunst des schreibens. 1976; Die Humanisten (in: manuskripte), 1976; die bearbeitung der mütze. Gedichte. 1978; Aus der Fremde. Sprechoper in 7 Szenen. 1980; der gelbe hund. gedichte. 1980; Augenspiel. Gedichte. (Hg. und Nachwort von Joachim Schreck). Verlag Volk und Welt, Berlin DDR 1981; selbstporträt des schachspielers als trinkende uhr. gedichte. 1983; falamaleikum. gedichte und bilder. (Mit Bildern von Jürgen Spohn). 1983; Das Öffnen und Schließen des Mundes. Frankfurter Poetik-Vorlesungen. 1985; Gesammelte Werke. Gedichte. Stücke. Prosa. 3 Bände. (Hg. von Klaus Siblewski). 1985; idyllen. gedichte. 1989; das röcheln der mona lisa. gedichte szenen prosa. ein hör- und lesebuch. Verlag Volk und Welt, Ost-Berlin 1990; Der beschriftete Sessel. Gedichte. (Hg. von Klaus Pankow). Reclam-Verlag, Leipzig 1991; stanzen. 1992.
Film: Traube. (Zusammen mit Friederike Mayröcker und Heinz von Cramer). Fernsehfilm, Westdeutscher Rundfunk 1971.
Produktion zahlreicher Schallplatten, CDs und Tonkassetten mit eigenen Texten.

Walter Pape

Sehr verehrter Herr Jandl,

die Stadt Kassel verleiht Ihnen heute den Kasseler Literaturpreis für grotesken Humor, offenbar weil Sie seit nunmehr dreißig Jahren gegen die „Humorlosigkeit, diese deutsche Krankheit, die auch Österreicher mitunter befällt" (so Ihre inzwischen oft zitierten Worte), mit Ihren experimentellen und grotesken Werken anreden und anschreiben. Etwas länger schon hat sich dieser ärztlichen Tätigkeit Loriot gewidmet, dem wohl deshalb auch vor zwei Jahren als erstem der Kasseler Preis verliehen wurde. Doch Ihre Kuren, verehrter Herr Jandl, sind radikaler, und Sie selbst können, wie Sie es anläßlich der Verleihung des Georg-Büchner-Preises vor drei Jahren gesagt haben, bei der lesenden Behandlung Ihrer Zuhörer nicht lachen, sondern lesen „mit gleichbleibend ernstem Gesicht". Sollte sich die Jury im diesjährigen Preisträger vielleicht geirrt haben? Otto Heinrich Kühner, einer der Preis-Stifter, hat in seiner programmatischen Preisbegründungsrede vom „getrosten Gelächter" gesprochen und gesagt: „Der Lachende hat hierzulande nicht den Rang des Ernstgestimmten." Und was tut die Jury diesjährig: Entgegen ihren Grundsätzen kürt sie nicht nur einen Preisträger, der Ernst heißt, sondern auch offenbar auf diesen Namen wie dieses Attribut größten Wert legt. Vor ein paar Jahren haben Sie, Herr Jandl, in einer autobiographischen Notiz Oscar Wildes Komödientitel *The Importance of Being Earnest* abgewandelt *Zur Wichtigkeit, Ernst und ernst zu sein* und ausgeführt:

„Mein Verhalten, ich erinnere mich genau, wurde in meiner Kindheit von Freunden meiner Eltern als mit meinem Vornamen übereinstimmend gelobt. Heute müßte ich mich, um solche Übereinstimmung zu erreichen, ‚Entsetzt Jandl' nennen. So hat sich meine Einsicht in Leben und Welt seither geändert."

Da fragen Sie, meine kritischen Damen und Herren, sicher zu Recht mit den Worten des Preisträgers: „wo bleibb da / hummoooa"? Ich würde einfach antworten: Das ist Humor, freilich ein Humor, wie er unserer Zeit entspricht und den wir verdient haben.

Ernst Jandls Werk, seit seinem sechzigsten Geburtstag im Jahre 1985 in drei stattlichen Bänden gesammelt vorliegend, lebt wie alle Literatur von der Sprache, aber auf jene radikale Weise, die erst die Moderne ermöglicht hat. Als Ihre Vorbilder nennen Sie, verehrter Sprachkünstler, ebenso wie Ihre Interpreten, denen oft nichts bleibt, als Ihre Selbstdeutungen in eine hochtrabende heruntergekommene Sprache zu übersetzen, als Ihre Vorbilder nennen Sie Gertrude Stein, James Joyce, August Stramm, Kurt Schwitters, Hans Arp. Deren Werke entstanden, als die Zeichen und Werke des menschlichen Fortschritts auch die Sprache verdorben hatten. Daß die Sprache den Ausdruck der Gefühle beschränke, glaubten bereits Schiller und die Romantiker, und der Vater der deutschen Bildung, Wilhelm von Humboldt, ist auch der Vater des Gedankens, daß unser Denken nur in unsrer Sprache geschieht, daß erst die Sprache der Welt ihre Ordnung gibt. Kein Wunder, daß bei solchem Glauben eine Zerstörung der Sprache auch eine Zerstörung der verhaßten Ordnung versprach. Unser Preisträger hat dazu, meine erstaunten Damen und Herren, wiederum etwas ausgeführt, was dem Humor geradezu entgegengesetzt zu sein scheint. Alle diese Autoren hätten, schreibt er,

„in ihrer Dichtung, den Sinn als absoluten Regenten entthront und dadurch den Bereich der Dichtung ins Unbeschränkte erweitert, weit wie das Leben selbst, das nirgends, soweit ich blicke, von Sinn eingesäumt ist."

Wenn die das Weltbild bestimmende Sprache spielerisch zerlegt und neu zusammengesetzt wird, wenn also der herrschende Sinn für abgesetzt erklärt ist, was bleibt dann übrig nach dem Auszug aus dem angeblichen Gefängnis der Sprache? Sicher nicht die überirdische Welt, die – nach Jean Paul – Bezugspunkt und Hoffnung des Humoristen ist, vielleicht aber die Freiheit angesichts einer Welt, die sinnvoll sein könnte, wenn die Regenten nicht nur behaupteten, sie hätte Sinn.

Von solchem durchaus tragischen Untergrund des Humors wußte natürlich schon Jean Paul, der den Humor gerade als Zeichen der modernen Dichtung sah: Der moderne Humor mache im Gegensatz zum alten Scherz ernst: er gebe sich zwar heiter,

„aber oft mit der tragischen Maske, wenigstens in der Hand. Darum waren – so fährt Jean Paul fort – nicht nur große Humoristen [...] sehr ernst, sondern gerade einem melancholischen Volke haben wir die besten zu danken."

Kein Zweifel also jetzt mehr, meine melancholischen Damen und Herren, die Jury hat sich in Ihnen, Herr *Ernst* Jandl, doch nicht geirrt, was ganz klar wird, wenn ich nun nach literaturwissenschaftlichem Brauch Sie selbst zitiere:

„Zweierlei ist es, was mich dem Dadaismus verband und verbindet: sein ausgeprägter Sinn für Humor, mit dem man der Tragik der menschlichen Situation, nämlich der Sterblichkeit des Menschen, seiner Aussicht auf Nichts, geistvoll begegnete, und sein Verzicht auf Theorie und System."

Nicht nur vor dem Hintergrund der Sterblichkeit des Menschen ist das Narrenspiel Dadas zu sehen, sondern auch vor dem Hintergrund der Zeit. Die Katastrophe des

Ersten Weltkrieges, auf welche die Dadaisten unmittelbar mit ihren sprachlich grotesken Werken antworteten, meine nachdenklichen Damen und Herren, hat unser Preisträger in diesem Zusammenhang "Wahnwitz„ genannt und damit bewußt ein Wort gewählt, von dem nicht nur die eingeweihten Germanisten wie der Preisträger wissen, daß es fast die gleiche Bedeutung hat wie Wahnsinn. Unsinn: Wahn bedeutet ‚ohne', ‚leer' – Witz Verstand, und auch Un-Sinn betont die Abwesenheit von Sinn und Verstand. Auf eine unsinnige Welt antwortete mit Dada eine Unsinns-Literatur. Worauf antworten Sie mit Ihrer Kunst, verehrter entsetzter Herr Jandl? „Ich vermuthe mit einigem Recht, das Komische müsse entweder unsrer edlen Zeit nicht würdig, oder unsre edle Zeit das Komische selbst sein." So erklärte vor anderthalb Jahrhunderten Clemens Brentano das prekäre Verhältnis von komisch-unsinniger Dichtung, der realen Welt und beider Wertschätzung.

Gewisse Kritiker werfen und warfen Ihnen vor, Sie verließen zu oft die zur Kommunikation so nötige Normalsprache, zerstörten, was Menschen verbindet. Ich denke, das Gegenteil ist der Fall. Nur einer fast grenzenlosen Liebe zur Sprache, einer intensiven kritischen Beobachtung der durch gewisse Medien, Menschen und Meinungsmacher fortschreitenden Räude einer Sprache, die Klassikern wie Unmenschen zum Öffnen und Schließen des Mundes gedient hat, entstammen Ihre Werke. Denn schon Morgenstern wußte: „Wer sich außerhalb der Sprache setzen will, findet keinen Stuhl mehr." Deshalb nisten Sie sich, Herr Jandl, in die Sprache ein und hüten sich vor dem, was ich als unverbesserlicher Germanist hier tue und was Morgenstern so formuliert hat: „Die meisten Menschen sprechen nicht, zitieren nur. Man könnte ruhig fast alles, was sie sagen in Anführungsstriche setzen". Wenn Sie aber zitieren, zitieren Sie gegen den Strich, verfremden Sie, öffnen Sie uns die Augen und Ohren für das Überhörte im täglich Gehörten, für das Übersehene im täglich Gesehenen der Sprache: So wird bereits im ersten Band Ihrer grotesken und komischen Lyrik *Laut und Luise* von 1966 aus der Allerweltsredensart „Eile mit Weile" durch die Verhärtung des weichen ‚W' zum flötenden ‚F' die *etüde in f* mit ihrem „eile mit feile". Durch alle Werke, die Gedichtbände vom erwähnten ersten über *sprechblasen, der künstliche Baum, dingfest, serienfuss,* den *versteckten hirten, die bearbeitung der mütze,* den *gelben hund,* das *selbstporträt des schachspielers als trinkende uhr,* aber natürlich auch durch die Hörspiele und die Sprechoper *Aus der Fremde* zieht sich die Kunst des verfremdenden Zitierens eines Wortes, eines literarischen oder Alltags-Textes. Die Auflösung des Zitierten in seine Bestandteile befreit aus den Fesseln der Tradition und des Alltags, indem es diese Fesseln sicht- und hörbar macht. Nicht Ihre obszöne Les- und Sprechart von Goethes *Ein Gleiches* ist anstößig, sondern die verklärende Verfestigung eines historischen Textes zur Zeitlosigkeit. Daß aber, meine anständigen Damen und Herren, dieses Spiel, dieser fremde Blick auf das Gewöhnliche, bei unserem ausgezeichneten Vielgepriesenen oft so lustvoll gerät, setzt uns Hörer, Leser und Betrachter in eine ähnliche Freiheit, die sich der Autor gegenüber den Wörtern genommen hat, mit den Worten des Autors:

erwarte
von Wörtern nichts
sie tun es nicht
für dich

sie kommen
gierig
überschwemmen dich
und dein papier
nicht was sie dir
antun
doch was du dem geringsten
von ihnen
angetan
kann
etwas sein

Diese Vers-Poetik des Sprachspiels und des grotesken Humors spielt nicht grund- oder pietätlos auf Worte des Matthäus-Evangeliums an, sondern offenbart einen Glauben an die Veränderung des Denkens durch Veränderung der traditionellen und der Alltagssprache: Lachen und Spiel als schöpferische Mittel der Veränderung, hier zeigt sich doch, daß das Leben von Sinn eingesäumt sein kann, wenn wir es uns in der Sprache nicht bequem machen, sondern – wie Karl Kraus es einmal gesagt hat – mit der „Auffrischung der Floskeln des täglichen Umgangs" die von der Journaille zur „Allerweltshure" gemachte Sprache „wieder zur Jungfrau" machen. Eine schwierige Prozedur, zugegeben, denn an das Gelingen einer solchen Operation kann nur glauben, wer – wie alle Poeten – sprachgläubig ist. Beispiele für seine Sprachoperationen wird unser Preisträger, meine gläubigen Damen und Herren, uns gleich vorführen, und ich brauche nicht mein analytisches Besteck hervorzuholen, um Ihnen jetzt umständlich zu sagen, worüber Sie nachher ohnehin lachen werden. Doch wenn Sie lachen – oder besser: wenn Sie gelacht haben werden -, denken Sie daran, daß Humor nicht nur ein Exil der Heiterkeit in einer ernsten Welt ist, sondern daß Lachen und auch und gerade der groteske Humor aktive und schöpferische Kräfte freisetzen. Zum Beweis dessen lassen sie mich ein letztes Mal zitieren und dieses Zitat auch gleich verfremden; in einem griechisch-ägyptischen Weltschöpfungs-Mythos kommt durch Lachen die Schöpfung zustande: „Siebenmal lachte Gott, und auf sein Lachen wurden die sieben weltumfassenden Götter geboren. Beim siebenten Male lachte er Freudentränen, und geboren ward Psyche." Solange es Autoren wie Sie, verehrter Herr Ernst Jandl, gibt, die sprachschöpferisch der grotesk-unheimlichen Welt ihr grotesk-humoristisches Sprach-Gegen-Bild zeigen, solange ist Hoffnung, daß die Welt nicht mit einem teuflischen Hohngelächter über uns endet. Die Stadt Kassel, die Stifter des Preises, die Ratgeber der Stifter lachen nun zum dritten Male Freudentränen, daß ein Preiswürdiger den Kasseler Literaturpreis für grotesken Humor erhält und so an der Verbesserung von Mitteleuropa mitarbeitet, wozu auch ich Sie beglückwünsche. Vielleicht können Sie, verehrter Herr Jandl, sich dann irgendwann auch wieder zu dem Vornamen bekennen, der die Ernst-Haftigkeit Ihres Humors garantiert – dazu würden wir Ihnen und uns gratulieren.

Angaben zur Person des Laudators finden sich auf S. 279.

wo bleibb da
hummoooa
wo bleibb da
hummmoooooa
wo bleibb darrr
hummmmmoooooooooa
darrr kööönich vonn
hummmmmmmmoooooooooooooooooa
rrrrr

epoche der zahlreichen veränderungen

eine veränderung
und wieder
eine veränderung
und wieder
eine veränderung
und wieder
eine veränderung
und wieder
eine veränderung
und wieder
eine veränderung
und schon wieder
eine veränderung
und schon wieder
eine veränderung
und schon wieder
eine veränderung
und schon wieder
und noch eine
und noch eine
und noch eine
und noch eine
und noch eine
und noch viele
und noch viele viele viele viele viele
geburtstage im kreise der familie

etüde in f

eile mit feile
eile mit feile
eile mit feile
durch den fald

durch die füste
durch die füste
durch die füste
bläst der find

falfischbauch
falfischbauch

eile mit feile
eile mit feile
auf den fellen
feiter meere

auf den fellen
feiter meere
eile mit feile
auf den fellen

falfischbauch
falfischbauch

eile mit feile
auf den fellen
feiter meere
feiter meere

falfischbauch
falfischbauch
fen ferd ich fiedersehn
falfischbauch
falfischbauch
fen ferd ich fiedersehn
fen ferd ich fiedersehn
falfischbauch
fen ferd ich fiedersehn
falfischbauch
falfischbauch

ach die heimat
ach die heimat
fen ferd ich fiedersehn
ist so feit

text, aufgefunden – a found poem – am 22. september 1972
in einer auslage des kaufhauses C&A in der
joachimstalerstraße

der jantel kommt

ein jantel   ist kein mantel –
sondern kürzer als ein mantel.
ein jantel ist aber auch keine
jacke – sondern länger und
weiter   als eine jacke.

der jantel ist also eine modische
kreuzung   zwischen jacke und
mantel – eben ein
jantel...

es gibt   in diesem winter
stadt-jantel   country-jantel
promenaden-jantel
pelz-jantel

der wahre vogel

fang eine liebe amsel ein
nimm eine schere zart und fein
schneid ab der amsel beide bein
amsel darf immer fliegend sein
steigt höher auf und höher
bis ich sie nicht mehr sehe
und fast vor lust vergehe
das müßt ein wahrer vogel sein
dem niemals fiel das landen ein

hans der geiger

am geigenbisse siecht
der johann blaß dahin

er hatte sie am kinn
die sanfte schlummerin

er kratzte ihren nerv
damit sie schnurre lind

da riß sie plötzlich auf
den zippverschluß des schlafs

wild wuchs daraus ein zahn
fuhr tief in johanns stirn

hut

ein apfel
legt seinen baum ab.
warum das?
fragt eine drossel.
mode.
die drossel zweifelt.
ohne hut?

ernst jandls weihnachtslied

machet auf den türel
machet auf den türel
dann kann herein das herrel
dann kann herein das herrel
froe weihnacht
froe weihnacht
und ich bin nur ein hund
froe weihnacht
froe weihnacht
und ich bin nur ein hund

der spaß

seltsam, daß mir aller spaß
schon beim ersten wort verfliegt.
beim zweiten kommt er wieder,
beim dritten verfliegt er mir wieder,
beim vierten kommt er wieder, usw.,
immer abwechselnd. das heißt hier:

seltsam aller spaß verfliegt
daß aller spaß kommt wieder
mir aller spaß verfliegt
aller aller spaß kommt wieder
spaß aller spaß verfliegt
schon aller spaß kommt wieder
beim aller spaß verfliegt
ersten aller spaß kommt wieder
wort aller spaß verfliegt
verfliegt aller spaß kommt wieder

(hier ist es gut ausgegangen
per zufall.)

die morgenfeier, 8. sept. 1977

für friederike mayröcker

einen fliegen finden ich in betten
ach, der morgen sein so schön erglüht
wollten sich zu menschens wärmen retten
sein aber kommen unter ein schlafwalzen
finden auf den linnen ich kein flecken
losgerissen nur ein zartes bein
und die andern beinen und die flügeln
fest an diesen schwarzen dings gepreßt
der sich nichts mehr um sich selbst bemüht
ach, der morgen sein so schön erglüht

spruch mit kurzem o

ssso

Wolfgang Preisendanz

1988

wurde am 28.4.1920 in Pforzheim geboren. Er studierte Germanistik, Geschichte, Romanistik und Philosophie in Heidelberg und promovierte 1951 mit einer Arbeit über die Lyrik des alten Goethe. 1957 wurde er Leiter der Deutschen Abteilung am Dolmetscher-Institut der Universität Heidelberg. 1959 wechselte er als wissenschaftlicher Assistent an das Germanistische Institut der Universität Köln, wo er sich mit einer Schrift über den *Humor als dichterische Einbildungskraft* habilitierte. 1962 wurde er ordentlicher Professor für Neuere deutsche Literatur an der Universität Münster. Von 1966 bis zu seiner Emeritierung 1988 lehrte er an der Reformuniversität Konstanz, zu deren Gründungsordinarien er gehört. Er hatte zahlreiche Gastprofessuren im Ausland inne. Wolfgang Preisendanz lebt in Konstanz.

Veröffentlichungen u. a.:
Die Spruchform in der Lyrik des alten Goethe und ihre Vorgeschichte seit Opitz. Winter-Verlag, Heidelberg 1952; Humor als dichterische Einbildungskraft. Studien zur Erzählkunst des poetischen Realismus. Fink-Verlag, München 1963; (Hg.) Formenwandel. Festschrift zum 65. Geburtstag von Paul Böckmann, Verlag Hoffmann und Campe, Hamburg 1964; Über den Witz. (Antrittsvorlesung an der Universität Konstanz) Druckerei und Verlagsanstalt Konstanz, Konstanz 1970; Heinrich Heine. Werkstrukturen und Epochenbezüge. Fink-Verlag, München 1973; (Hg.) Das Komische. (Bd. 7 der Reihe Poetik und Hermeneutik). Fink-Verlag, München 1976; Wege des Realismus. Zur Poetik und Erzählkunst im 19. Jahrhundert. Fink-Verlag, München 1977; Poetischer Realismus als Spielraum des Grotesken in Gottfried Kellers „Der Schmied seines Glückes". Universitäts-Verlag Konstanz, Konstanz 1989.

Hermann Kinder

Ausgezeichneter; lieber Herr Preisendanz; rühmenswerte Stifter; zu lobende Jury; meine Damen und Herren!

Komik ist eine Erfahrung von Kontingenz, Querschuß, von umgestülptem Sinn. Komische Geschichtsdarstellung zeigt, Herr Preisendanz hat es interpretiert, im offiziellen Sinn die Brüche. Und mit lustvoller Skepsis hat er die Zufälle in seinem eigenen Leben aufgespürt, Unerklärliches, mysteriöse Weichen. Wie auch zu verstehen, daß er nur deshalb Geisteswissenschaften studierte, weil die Zulasssung zur Universität knapp früher eintraf als die Zulassung zur Ausbildung am Marbacher Gestüt als Hippologe, der er sonst geworden wäre? Der gute Erforscher der Komik hat an dieser etwas unordentlichen Dame mehr als nur ein abstraktes Interesse. Und deshalb hat die Biographie von Preisendanz als Weg zum gekrönten Komik-Forscher doch ihren genauen Sinn. Als nur gelegentlich Busch lesenden Chef einer olympischen Dressur-Reiter-Equipe mag ich ihn mir nicht vorstellen.

Wolfgang Preisendanz wurde 1920 in Pforzheim geboren. Vom Abitur zur Kavallerie, der sozusagen widersinnigsten Gattung im Panzer- und Flak-Krieg. Danach studierte er nun doch statt der Pferdekunde in Heidelberg Romanistik und Germanistik, Geschichte und Philosophie, promovierte über den wenig komischen Goethe, schwankte zwischen schulischer und akademischer Lehre, Assistent in Köln, Professor in Münster, Gründungsordinarius an der Reformuniversität Konstanz; Rufe, Ehrenämter, weltweite Gastdozenturen, ein Schriftenverzeichnis von Barock bis Grass – alles da zu einem Großordinarius – bis auf eins: Aus Macht macht er sich nichts. Nun emeritiert, lehrt er zum

Glück weiter, in diesem Semester über den „ästhetischen Humor" bei Jean Paul, Gogol, Gadda, Arno Schmidt; germanistische Einengung hat diesem homme des lettres durch und durch nie genügt.

Meine Damen und Herren!

Lacht der Hund? Ist Lachen nur menschlich, gar humangenetisch programmiert? Das Baby lacht, aber hat es Sinn für Komik? Ist das Komische eine Spätform der Menschengeschichte? Lachte Jesus? Und wenn ja, hätte er es dürfen? Gibt es Lachen nur in Zeiten diffuser Werte? Und so weiter: Keine noch so ulkig anmutende Frage ist nicht schon von der Komik-Forschung gestellt und ernsthaft beantwortet worden. Wie Trauer und Wut gehört das Lachen zur Seele, die eben nicht mit Sätzen des Pythagoras definierbar ist. Viele Probleme also. Frauen finden Männerwitze oft gar nicht lustig; über den Jux der Aufklärung können wir, weil wir ihn überhaupt nicht bemerken, auch nicht einmal schmunzeln: Ist also das Lachen als Antwort auf komische Merkmale (Problem: objektiv beschreibbare?), also das Lachen als Antwort auf komische Merkmale an Äußerungen, an Verhalten (Problem: auch an Natur-Dingen?), das Lachen als Antwort auf Komisches im Objekt nicht in die völlige Beliebigkeit der Subjekte gestellt? Und gibt es nicht Lachen ohne Komisches? Das Lachen der Verzweiflung, das irre Lachen? Probleme im Großen, Probleme im literaturwissenschaftlichen Kleinen: An einer Definition der Ironie sind vermutlich nicht weniger Doktorandenköpfe zerbrochen als an der Relativitätstheorie.

Kurzum, wer sich der Komik weiht, muß mit schwarzer Galle rechnen: Nun weiß ich, daß ich nichts mehr weiß. Der gute Komik-Forscher ist ein Artist der Vorläufigkeit, er muß im Nebel sehen, das Unendliche verschnüren. Genau gefragt, und das ist Wissenschaft, macht so Lustiges wie Komik das Lachen leicht vergehen. Deshalb habe ich mich von diesem (er hat viele) Forschungsinteresse des Lehrers tunlich ferngehalten. Und lieber rühmte ich den uneinholbaren Literaturkenner Preisendanz; den Meister zwischen dem Komma des Textes und dem Kosmos der Humangeschichte; den Theoretiker, der Theorien so freundlich hinterfragt, daß sich dies erst beim zweiten Denken als präziser Garaus erweist. Lobte ich den uncäsarenhaften Chef, der schon als Rittmeister sein Fähnlein über den Weg abstimmen ließ. So erzählt er es selbst. Und also weiß man nicht, ob es so stimmt. Denn dieser Komik-Forscher hat sein Lachen über sich und andere nicht verloren. Lachend kehrt er in literaturwissenschaftlichen Diskussionen sein Eigentliches heraus, den Kenner von Fußball, Hunden, Boxweltmeistern, Universallexika, man lacht, um dann sehr klar zu machen, daß er von Literatur mehr versteht als alle, die gelacht haben. Er liebt die Ambivalenz, das relativierende Hin und Her, das kluge Sowohl-als-auch. Ambivalenz, damit sind wir beim Stichwort für seine Arbeit am Komischen, von der jetzt die Rede sein muß, denn dafür gibt es Preis, Dank und Honorar.

Mit der Reform der Reformuniversität Konstanz, sagt Wolfgang Preisendanz gern, ist es wie mit den Alpen am Bodensee: Man sieht sie meistens nur auf Ansichtskarten.

Was ist daran komisch? Was ruft an diesem, übrigens in mehreren Versionen überlieferten, Bonmot Lachen hervor? Wir werden zunächst auf die ehrwürdige Sache der Reform eingestellt, um dann plötzlich über einen bildlichen Vergleich vom Seriösen der Reform zur Sonntagslüge blauer Ansichtskarten gestoßen zu werden. Zum Komischen gehört demnach das Indirekte, nicht das Behauptende, gehört das

Spiel mit Vorstellungen, und diese Vorstellungen werden überraschend gegeneinander gesetzt, so daß die erste durch die zweite und die zweite durch die erste aufgehoben oder komplettiert wird. Indirektheit, Überraschung, Gegensinn. Aber das reicht nicht. Indem Leutnant von G. ausrief: Madame, ich liebe Sie, stach er ihr den Dolch ins Herz. Indirektheit, Plötzlichkeit, Gegensinn auch in diesem etwas kleistischen Satz. Was macht den Unterschied zwischen Komischem und Schrecklichem aus? Lesen wir weiter bei Preisendanz nach: im großen Buch *Der Humor als dichterische Einbildungskraft*, in den vielen Arbeiten zum Ironiker Heine, zu den Humoristen des 19. Jahrhunderts, zu Keller, Raabe, Fontane, Busch, zur Komik im Gegenwartsroman, lesen wir die Artikel *Humor* und *Komisches, Lachen* im *Historischen Wörterbuch der Philosophie.*

Danach wird im Komischen – und nun wird es ernst –, wird im Lachen über Komisches an einem Objekt zwar Gegensinn erfahren, aber der Widerspruch von Sinn und Gegensinn, Pathos und Lüge, wahr und falsch führt nicht zum Zusammenbruch jeglicher Orientierung. Das mit Lachen quittierte Komische bedroht nicht, es erleichtert. Im Schrecken stürzt das Subjekt aus den Seilen ins Haltlose. Lachend aber genießt das Subjekt, daß der Lebenspferch, in den es eingespannt bleibt, sehr wohl seine Grenzen hat. Um die Zerbrechlichkeit der Ordnungen wissen beide; wird im Schrecken das Haus zerstört, wackelt es im Lachen und zeigt Risse, durch die das Subjekt froh ins Chaos schaut. Im Schrecken wird Sinn vernichtet, im Lachen Sinn und Unsinn gleich verrechnet. Natürlich sind die Alpen tatsächlich da, und man sieht sie auch ohne Kodak hin und wieder. Und ein bißchen ihrer seltenen Majestät leihen sie dem blätternden Reformbemühen wieder. Ambivalenz-Erfahrung;

der Widersinn, das Falsche, die Kodaktünche wird dem scheinbar Richtigen um die Ohren gehauen – und schon haben wir etwas Mitleid mit dem so tief gepurzelten Richtigen, denn nun ist der Kaiser nackt und ein Tropf wie wir. Lachend töten wir nicht, sind wir kampfunfähig. Ambivalenz, halbwahr und halbverlogen werden Reformanspruch und Ansichtskarten. Die Ambivalenz hat Preisendanz mit dem Philosophen Ritter so bestimmt:

„Dieser Vereinbarkeit von Entgegenstehendem und Nichtigem mit der Positivität des Lebensgefühls muß der Begriff des Komischen gerecht werden; er tut es, wenn erfaßt wird, daß die Normen und Ordnungen, nach deren Maßgabe etwas als Nichtiges und Entgegenstehendes erscheint, vom Lachen selbst mitbetroffen sind. Denn das Lachen macht etwas von der je bestimmenden Lebensordnung Ausgegrenztes als solches bemerkbar, es macht aber umgekehrt zugleich die Beschränktheit eines ausgrenzenden, verdrängenden, reduzierenden Prinzips offenbar."

Daß über Komisches gelacht werden kann, setzt aber voraus, daß existentielles Betroffensein es nicht verhindert. Wer lacht, läßt sich auf ein Spiel ein, nimmt eine Rolle ein, macht sich lachbereit. So ist das labile Stelldichein von Komischem im Objekt und Lachen des Subjekts verständlich, weil es Umstände geben kann, in denen sich das Rollenspiel Lachen verbietet. Eben: Frauen und Männerwitze. Und der Reformrektor der Universität macht eher saure Miene zum Alpen-Witz. Preisendanz bestimmt das Komische als Kollaps der Moral, als plötzliche, befreiende Einsicht in die Ambivalenz der Normen als Schutz und Unterdrückung, die sich im Lachen, in einem nicht erzwingbaren Rollenspiel einlöst. Damit setzt er eine Struktur an (Ambivalenz und Rolle), die zwar generell gilt, aber nur im Verhältnis zu jeweils gegebenen Umständen real werden kann. So überwindet er zwei Mißlichkeiten der Komik-Theorie, nämlich einmal die mancher Psychologie, die Lachen über Komisches als universellen, enthistorisierten Reiz-Reaktions-Mechanismus erklärt. Zum andern die mancher Historisten, die Lachen ganz und gar von je historischen bis individuellen Bedingungen abhängig machen wollen. Für Preisendanz liegt im belachten Remis von Norm und Normdurchbrechung eine überzeitliche Struktur, die aber immer wieder variiert zur Geltung kommt, da sich für Subjekte je anders bestimmt, was an Werten und deren Widerpart Bedeutung hat und was von existentieller Betroffenheit freigestellt werden kann zum Lachen.

Nun gibt es ein Problem. Und das ist ausgerechnet der groteske Humor. Schätze ich die Melange des Komischen im Werk Otto Heinrich Kühners richtig ein, so meint der ‚Anstifter des Preises' mit groteskem Humor zweierlei: einmal das Groteske als Ambivalenz von Wahrscheinlichem und Phantastischem. Damit gibt es, da Ambivalenz, kein Problem. Dann aber auch das Satirische, das die Wirklichkeit zur Wahrheit verzerrt, entlarvt. Da liegt das Problem. Denn seit Schiller wird das Satirische gefaßt als Verurteilung des Falschen, das ist, nach dem eingeschlossenen Maßstab dessen, was richtig ist und sein sollte. Demnach ist Satire normativ. Und das paßt nicht zur Ambivalenz. Aber trotzdem wird über Satire gelacht. Daß dennoch in seinem Sinne komisch sein kann, was nach Schiller nicht komisch sein dürfte, erklärt Preisendanz damit, daß die normative Warte, von der herab geurteilt wird, in der Satire – anders als in der unkomischen Polemik – so unsichtbar bleibt, so beliebig vorstellbar ist, daß die Ambivalenz des Normativen überwiegt. Auch in der Satire ein Patt zwischen Richtig und

Falsch? Machen wir eine naheliegende Probe:

Meine Damen und Herren!
Im Namen, willkommen heißen, Ausdruck verleihen,
Echtes Bedürfnis, bedanken und Meilenstein.
Prioritäten setzen, sich aufdrängende Fragen,
Denkanstöße, wesentlich dazu beigetragen

Das war Pummerers, Kühners Geschoß. Die böse Zitierung des Redegeschwalls zielt auf die Hohlheit des Rituals. Rot wird der Redner. Aber die schnelle Flucht aus dem Saal tritt er nicht an. Denn der Spiegel, in den er errötend schaut, ist kein Buß- und Gebotskatalog. Die Floskeln werden aufgespießt, Phrasen als Phrasen erkennbar, doch wie Reden richtig zu halten seien, wird nicht gesagt. Das Falsche wird gerügt, ein Richtiges nicht eingeklagt. Das Ritual wankt, aber stürzt nicht zusammen. Gleich halbwahr und halbverlogen werden Redeanspruch und Redeausführung. Auch im Satirischen also noch jene Ambivalenz, die vielleicht die dunkle, geschundene, geniale Bemerkung Bierbaums über das Trotzdem des Lachens meint? Daß aber gelacht werden kann, hängt daran, daß die Satire durch ihre Kunstmittel, durch Aufreihung, durch den Reim, durch ihre Zuspitzung des Widersinns von Anspruch und Nichtigkeit das Spiel Satire ankündigt: Schlimm ist es, aber es darf gelacht werden.

Ambivalenz und Rollenspiel – ob selbst ohne meine Verkürzungen damit die Theorie des Komischen gelöst ist, werden andere bestreiten, die das Komische für pure Anarchie halten oder für ein immer normativ geleitetes Verlachen oder für die Rache des Subjekts in der Schadenfreude. Daß sich Wolfgang Preisendanz der Ambivalenz verschrieben hat, ist nicht nur mit der Nähe dieser Theorie zum historisch-hermeneutischen Denken zu erklären. Es gibt eine Affinität zwischen dieser Theorie und einer Lebenshaltung, die gemischt ist aus moderner Relativitätserfahrung, aus eingebranntem Abscheu gegen Dogmatismus und Lachfeindschaft, aus einem philosophischen Existentialismus – auf einer Bank hörten in Heidelberg bei Jaspers die Nachkriegsstudenten Kühner und Preisendanz –, aus einem Zweifel als ethischem Prinzip, aus einer Resthoffnung auf Aufklärung, daß dort, wo die Korsettierung des Menschen aufgebrochen wird, mehr Freiheit möglich sein könnte. Lachen als Therapie gegen den Glauben an Ordnungsmacht. Es ist, was ihre Haltbarkeit gar nicht berührt, die Theorie des Komischen, die der, es sei trotzdem gesagt, skeptischen Generation naheliegt. Da schließt sich ein Bogen zwischen dem Preisträger und beiden Preisstiftern, denn von der Frage nach dem richtigen Leben im Falschen erzählt auch Christine Brückner.

Und wo sich Bögen schließen, sind Reden am Ende. Da wäre nur noch der Schluß-Tusch zu erwarten. Aber wie bei einem Gekrönten, der zu solchen Anlässen gern bemerkt, der Preußenkönig Friedrich habe sich, als nach gewonnener Schlacht das Te Deum aufrauschte, zu seinen Hunden gestohlen. Also nichts Erhabenes, den Schlußpunkt entnehme ich der komischen, der verblümten Halbwahrheit Pummerers:

Meine Damen und Herren!
Unverzichtbar, weitgehend und beispielhaft,
Wichtige Impulse, Initiative, Errungenschaft,
Spielraum, dringende Bitte, der Sache dienen,
Gegenwärtige Situation. Ich danke Ihnen.

Dr. Hermann Kinder, geb. 1944, Schriftsteller und Literaturwissenschaftler; Akademischer Rat am Fachbereich Germanistik der Universität Konstanz. Zahlreiche literarische und wissenschaftiche Veröffentlichungen, u. a.: Der Mensch, ich Arsch. Prosa, 1983; Liebe und Tod. Geschichten, 1983; Ins Auge. Roman, 1987; Kina Kina. Eine Geschichte, 1988. Der Schleiftrog. Ein Erziehungsroman, 1989; Vom Schweinemut der Zeit. Ein Erziehungsroman, 1990/91; Alma. Phantasien der Zeit, 1994; Von gleicher Hand, 1994.

Wolfgang Preisendanz

Mein um die angemessenen Worte verlegener Dank geht in fünf Richtungen. Zuvörderst an die Stifter, die Anstifter eines Preises für grotesken Humor, an Christine Brückner und Otto Heinrich Kühner. Sie haben einen Preis ausgeheckt, der unter den deutschen Literaturpreisen seinesgleichen nicht hat: Sie haben einen weißen Fleck in der Topographie der Literaturpreise getilgt. – Mein Dank gilt sodann der Jury, soweit diese über die beiden Stifter hinausreicht; ich war nicht selbstbewußt und eitel genug, um nicht überrascht zu sein, daß man diesmal mich ‚ausgeguckt' hat. – Herzlichst danke ich dem Laudator, Hermann Kinder, mit dem mich ein Vierteljahrhundert Partnerschaft an zwei Universitäten verbindet und den ich nun meinerseits rühmen könnte als einen Autor, in dessen Werken man grotesken Humor weißgott nicht mit der Lupe suchen muß. Er ist viel zu kompetent, als daß ich mich sträuben dürfte gegen seine heutige Illumination meiner Forschung und Lehre, und so danke ich ihm für ein Porträt, in dem ich mich sowohl wiederfinden als auch in neuem Licht sehen kann. – Ich danke weiter der Stadt Kassel mit ihrem Oberbürgermeister, die den Preis mitträgt und die Verleihung ausgerichtet hat. Mein Name steht nun im Goldenen Buch dieser Stadt, und als Sohn der Goldstadt Pforzheim geht mir das Hochkarätige dieser Auszeichnung besonders nahe. – Und endlich danke ich allen, die mir die Ehre erweisen, der Stunde beizuwohnen, in der mir, als Emeritus, der erste Preis verliehen wird, der nicht, wie vor einen halben Jahrhundert, meinen sportlichen, reiterlichen Leistungen gilt, der mir aber ausgerechnet am Hubertustag verliehen wird, am Tag des Schutzpatrons der Reiterei. „Ehre, die uns hoch erhebt / Führt vielleicht aus Maß und Schranken", heißt es in Goethes *Faust*. Ich danke Ihnen allen, mich in diese Gefahr gebracht zu haben. Das andere Wort aus *Faust*, „die Erde hat mich wieder", wird sich früh genug erfüllen.

Ich habe bis zum heutigen Tag nur als Zuhörer Erfahrung mit Dankreden für prominente Preise. Diese Erfahrung sagt mir, daß 15 bis 20 Minuten das übliche Maß sind und daß sie also nicht zum Vortrag ausarten sollen. Erlauben Sie mir indessen, daß ich doch noch etwas zur Sache sage, um die es bei dem Preis geht.

Dazu eine Vorbemerkung. Wer über Poesie spricht, der wird dabei tunlichst nicht selber poetisch werden; wer über theologische Fragen redet, der braucht nicht unbedingt Frömmigkeit auszustrahlen; der Vortrag eines Sexualwissenschaftlers muß durchaus nicht vor Erotik knistern, ‚sexy' sein. Also darf man auch bei mir nicht mit einer humoristischen Darbietung rechnen. Noch jedem, der seit Platon philosophisch oder wissenschaftlich über das Komische, den Humor, das Lachen nachdachte, ist dabei das Lachen offenbar vergangen; viele herausragende Denker und Forscher haben das ausdrücklich gestanden. Das Komische an den unzähligen Theorien des Lachens und des Komischen ist, wenn Sie so wollen, ihr tiefer, angestrengter Ernst. Soviel also vorbeugend zum Rest dieser Dankrede.

„Humor ist, wenn man trotzdem lacht" – das ist die kürzeste und sicher allbekannte Definition. Aber sie ist auch die verschwommenste, vieldeutigste. Schon deshalb, weil ja alles Lachen, das nicht rein physiologischer Natur ist (wie etwa beim Gekitzeltwerden) ein Trotzdem-Lachen ist; vor allem das Lachen über Komisches. Denn was wir als komisch belachen, ist ja nie etwas Vollkommenes, Gehöriges, Stimmiges, durchaus Positives, sondern immer etwas, das einen an und für sich negativen Aspekt hat. Lachen über Komisches bedeutet immer die Positivierung von Negativität und mithin ein Trotzdem-Lachen. Aber auch wenn man von diesem Sachverhalt absieht, ist die beliebte Formel „Humor ist, wenn man trotzdem lacht" sehr abstrakt, weil die Frage nach dem, worauf das *trotzdem* zielt, die unterschiedlichsten Antworten erhalten hat. Die Humortheorie des philosophischen Idealismus hat das *trotzdem* völlig anders interpretiert als die Psychoanalyse, und deren Deutung ist wieder schwer in Einklang zu bringen mit den Auslegungen, welche die Ethnologie oder die Soziologie dem *trotzdem* gegeben haben.

Trotzdem – trotz dieser Sachlage – möchte ich hier das Problem, was sich hinter dem *trotzdem* verstecken könnte, vor dem Hintergrund der heutigen Laudatio wenigstens anschneiden, möchte ich *eine* mögliche Perspektive anbieten, in die man das humoristische Trotzdem-Lachen rücken kann, indem ich ein ganz alltägliches und scheinbar belangloses Phänomen zum Ausgangspunkt nehme, nämlich den öffentlichen Heiratsmarkt in der Presse.

„Mensch, 31, 1.85 (Raum Hannover-Braunschweig) sucht Menschin für noch nicht vorhandene Hütte. Sie soll Bücher, Barockmusik, Kunst, Theater, Tanz, aber auch Natur und Wandern lieben, Humor haben und phantasiebegabt sein. (Bild-)Zuschriften an ..." So wie hier findet sich in den Heiratsrubriken der deutschen Zeitungen allemal ein Fünftel bis ein Drittel, in denen Humor ausdrücklich verlangt oder angepriesen wird. Darüber hinaus soll in vielen Anzeigen durch die Formulierung des Textes offensichtlich suggeriert werden, daß der Inserent oder die Inserentin Humor als Morgengabe erwartet oder als Mitgift verheißt. Z. B.: „Giftschlange, heimtückisch, humorlos, häßlich (Lehrerin in

Hamburg), 38 Jahre, mit 7jähriger Brut sucht auf diesem Schleichweg Gartenzwerg zum Fressen". Einer offeriert sich als „der letzte Typ! Naßrasierer, Bierbauch! Leicht angegammelt! Kein Weltmeister im Bett". Eine Dame stellt sich als „mit Macken behaftet" vor, „zwei Männer von 31 und 1½ Jahren" empfehlen sich als „von Studienratsgehalt in gesicherter Armut lebend".

Humor spielt also als Bestandteil von Angebot und Nachfrage auf dem Heiratsmarkt eine beträchtliche Rolle. Aber natürlich sind Heiratswünsche nur ein Feld, auf dem sich zeigt, welch hoher Rang dem Humor unter den persönlichen Qualitäten zukommt, welche Bedeutung ihm für die zwischenmenschlichen Beziehungen, die ‚Beziehungskisten' beigemessen wird. Humorlosigkeit gilt allgemein im privaten wie im öffentlichen Leben als erhebliches Defizit beim Ehepartner wie bei den Eltern, beim Kollegen wie beim Vorgesetzten, beim Lehrer wie beim Pfarrer, im geselligen Leben und sogar in der Politik. „So gallebitter ihr über die Lebensqualitäten zu streiten vorhabt, Humor ist auch eine", rief Günter Grass einmal den „lieben Genossen" der SPD zu, und in der Programmzeitschrift *Gong* hatte es ein katholischer Pfarrer mit dem Humor sogar als einer „fast unbekannten Gabe des Heiligen Geistes". Daß Humor in unserer Gesellschaft wenn nicht als unabdingbare, so doch als überaus schätzenswerte Eigenschaft gilt, wird Ihnen geläufig und selbstverständlich sein. Aber ist das denn selbstverständlich? Und woran denken die Zeitgenossen, die in den Zeitungsannoncen so auffallend Humor zum Kriterium der Partnerwahl machen?

Was sicher nicht gewünscht wird, ist ein (weiblicher oder männlicher) Scherzbold, Spaßmacher, Lachgarant – selbst dort nicht, wo ein „Partner zum Blödeln" gesucht wird. Aber warum insistiert man dann so prinzipiell auf Humor und nicht auf Heiterkeit, Fröhlichkeit, Lustigkeit? Und warum konnte es erst den Menschen unseres Kulturkreises seit längstens drei Jahrhunderten in den Sinn kommen, Humor für so eine wichtige Lebensqualität und für ein so wohltätiges Medium der zwischenmenschlichen Beziehungen zu halten?

Jean Paul hat in seiner *Vorschule der Ästhetik,* diesem noch immer unüberholten Grundbuch der Theorie des Humors, den praktischen und den ästhetischen, literarischen Humor unterschieden. Mit letzterem, dem ästhetischen Humor, habe ich mich fast ausschließlich befaßt. Lassen Sie mich hier, im Rahmen dieser kurzen Dankrede, versuchen, eine Antwort wenigstens anzupeilen auf die Frage, warum der *praktische* Humor als eine nahezu unverzichtbare zwischenmenschliche Lebensqualität gilt. Diese gewiß sehr provisorische Antwort möchte ich aus einer bislang kaum beachteten These Jean Pauls ableiten. In seinem *Leben des Quintus Fixlein* behauptet er, fast beiläufig, „daß der Humor (...) nur die Frucht einer langen Vernunftkultur sei und daß er mit dem Alter der Welt wie mit dem Alter eines Individuums wachsen müsse". Daß der Humor die Frucht einer langen Vernunftkultur sei, könnte leicht mißverstanden werden, so, als ob Vernunftkultur und Humor ineinsgesetzt würden. So ist es aber gerade nicht gemeint. Humor wird von Jean Paul vielmehr, obgleich Frucht der Vernunftkultur, in einem Spannungsverhältnis zu ihr gesehen. Es ist das Repressive, Restriktive, Totalitäre dieser wachsenden Vernunftkultur, was den Humor als deren Korrektiv und Widerpart begründet. Es ist der seit dem 18. Jahrhundert, an dessen Ende Jean Paul auftritt, zunehmende Allmachts- und Alleinherrschaftsanspruch der Vernunft, des Vertrauens auf die Fähigkeit des Menschen, alles Handeln, all seine Verhältnisse, sein ganzes Dasein dem Vernunftprinzip zu unterwerfen, die Geltung von Wissensinhalten und Handlungsweisen allein auf die Leistungen der Vernunft zu gründen. Was Geltung und Recht beansprucht, muß allgemein und rational konstruierbar sein. Die Vernunft soll und will den Posten Gottes besetzen.

Jedoch: „Ich bin eine große Liebhaberin der Vernunft", sagt Minna von Barnhelm zu ihrem Tellheim, dem „Vernunft und Notwendigkeit befehlen, Minna von Barnhelm zu vergessen", „ich bin eine große Liebhaberin der Vernunft, und ich habe viel Ehrerbietung für die Notwendigkeit. – Aber lassen Sie doch hören, wie vernünftig diese Vernunft, wie notwendig diese Notwendigkeit ist". Das richtet sich gegen eine rigide, in sich selbst verhauste und von sich selbst geblendete Vernünftigkeit, als deren Korrektiv dann Jean Paul den Humor erkennt. Im Humor wird die Grenze der Vernunft bewußt, wird ihr Totalitätsanspruch konterkariert. Erst seit also die neuzeitliche, moderne Subjektivität die vernünftige Ordnung der Dinge als ihre eigene Setzung ansieht, nimmt das Lachen jene neue Qualität an, die wir Humor nennen. Die „krumme Linie" des Humors, wie Jean Paul sagt, die humoristische Anerkennug des Abseitigen, Verqueren, rational nicht Vereinnahmbaren verweist zugleich auf das Restriktive des Vernunftprinzips, sie wird Statthalter und Anwalt des Besonderen und Partikularen im System der modernen Rationalität. Das kann, etwa im grotesken Humor, ins Extrem gehen:

„Insofern", gibt Jean Paul zu erwägen, „ließe sich eine scheinbare Abgrenzung des Humors an den Wahnsinn denken, welcher natürlich, wie der Philosoph künstlich, von Sinnen und Verstand kommt und doch wie dieser die Vernunft behält; der Humor ist, wie die Alten den Diogenes nannten, ein rasender Sokrates".

Denn was für den verständigen Ernst allein wesentlich und wirklich ist, das ist in der Optik des Humors nicht mehr identisch mit dem Wesentlichen und Wirklichen des Daseins selbst. „Die Vernunft hört auf, göttlich zu sein, und wird zur menschlichen Vernunft, die da, wo sie sich für das Ganze nimmt, anmaßend und blind zugleich gegenüber dem Reichtum des Seins wird" – so J. Ritter in seinem kapitalen Aufsatz *Über das Lachen*. Der Humor läßt gelten, was von einer alles umgreifenden Vernunft doch nicht ausgemessen und vereinnahmt werden kann. Humoristisch ist – so möchte ich eine Formulierung von O. Marquard modifizieren – was im offiziell Vernünftigen das Unvernünftige und im offiziell Unvernünftigen das Vernünftige sichtbar macht.

Und so steht der Humor dafür ein – ich modifiziere nochmals ein Wort Marquards über „die Schwermut der Komik" – daß im Namen der Vernunft bewußt bleiben sollte, das jeweils Vernünftige müsse nicht *unbedingt* vernünftig und das jeweils Unvernünftige müsse nicht *unbedingt* unvernünftig sein. Der Humor bilanziert das Defizit zwischen dem unendlichen Anspruch der Vernunft und ihren endlichen Möglichkeiten. Demzufolge bricht er den Bann des rigiden Ernstes, lockert er die Denk-, Gefühls- und Sachzwänge, die uns die Vernunftkultur auferlegt. Er bedeutet Befreiung, Freisetzung, nicht von irgendwelchen bestimmten Normen und Gebundenheiten, sondern Befreiung von Normativität und Gebundenheit überhaupt – und sei es Befreiung von jener Norm seriöser Kommunikation, die offenbar gemeint ist, wenn von einem Lebenspartner auch die zeitweilige Bereitschaft zum Blödeln erwartet wird.

Sie werden das alles vielleicht sehr abstrakt und beschwerlich ernsthaft finden – des Preises unwürdig, dessentwegen ich spreche. Aber für mich liegt in solcher Sicht des praktischen Humors als Korrektiv des Vernunftprinzips, der Rationalitätsherrschaft der tiefste, geheime Grund dafür, daß in den Inseraten, von denen ich ausging, Humor ein so wichtiges Desiderat ist – ein wichtiges Desiderat in einer pluralistischen Gesellschaft, in der kein Einzelner, kein Kollektiv, keine Instanz der Sinnstiftung beanspruchen kann, sich auf eine allverbindliche, absolut gültige Position zu stützen. Insofern ist es – die Humor- und Lachfeindschaft totalitärer Ideologien und Systeme beweist es – kein leeres Wortspiel, Humor und Humanisierung der menschlichen Beziehungen in Verbindung zu bringen.

Meine Damen und Herren!

Die Dankrede für die Preisverleihung ist zu einer Preisrede auf den Humor geraten. Und diese wiederum sollten Sie auch als Preisrede auf die Aktualität und Überfälligkeit eines Preises für grotesken Humor verstehen. Vielleicht sehen Sie auch, daß ich die Anerkennung meiner bisherigen wissenschaftlichen Arbeit durch meine künftige bestätigen und honorieren will. Für diesen Ansporn durch den Kasseler Literaturpreis danke ich nochmals.

Irmtraud Morgner
1989

wurde am 22.8.1933 als Tochter eines Lokomotivführers in Chemnitz geboren. Von 1952 bis 1956 studierte sie Germanistik und Literaturwissenschaft in Leipzig. Anschließend war sie zwei Jahre als Redaktionsassistentin der Zeitschrift Neue Deutsche Literatur tätig. Irmtraud Morgner lebte seit 1958 als freie Schriftstellerin in Ost-Berlin, wo sie am 6.5.1990 nach schwerer Krankheit verstarb.

Auszeichnungen:
Heinrich-Mann-Preis der Akademie der Künste der DDR (1975); DDR-Nationalpreis (1977); Hroswitha-von-Gandersheim-Literaturpreis (1985)

Veröffentlichungen u. a. (soweit nicht anders verzeichnet, sind die Bücher im Aufbau-Verlag, Berlin und Weimar, erschienen):
Das Signal steht auf Fahrt. Erzählung. 1959; Ein Haus am Rand der Stadt. Roman. 1962; Hochzeit in Konstantinopel. Roman. 1968; Gauklerlegende. Eine Spielfraungeschichte. Eulenspiegel-Verlag, Berlin 1970; Die wundersamen Reisen Gustav des Weltfahrers. Lügenhafter Roman mit Kommentaren. 1972; Leben und Abenteuer der Trobadora Beatriz nach Zeugnissen ihrer Spielfrau Laura. Roman in dreizehn Büchern und sieben Intermezzos. 1974; Amanda. Ein Hexenroman. 1983; Der Schöne und das Tier. Eine Liebesgeschichte. Luchterhand-Verlag, Frankfurt/Main 1991.

Walter Jens

DIE TAUSENDSASSA IRMTRAUD MORGNER

„Ich arbeitete jahrelang an diesem Entschluß. Eines Abends war er gefaßt. Kurz vor Geschäftsschluß betrat ich den Laden und verlangte einen Roller ... mit schaumgummigepolsterter Sitzeinrichtung, Hand- und Fußbremse sowie dynamobetriebener Lampe zu achtundneunzig Mark siebzig aus dem Schaufenster. ‚Fensterware erst nach Dekorationswechsel' sagte der Verkäufer ... (und) fragte nach dem Datum des Geburtstags. Ich versicherte, kein Geburtstagsgeschenk kaufen zu wollen. ‚Dann kann das Kind auch noch drei, vier Tage warten' sagte er. ‚Keine Stunde' sagte ich ... ‚Ich kaufe den Roller für mich.' Der Verkäufer wechselte einen Blick mit dem Ladenmeister...: (Der) erklärte seinen Laden für geschlossen und bat mich, morgen wiederzukommen. Ich machte ihn auf die Gesetzwidrigkeit seiner vorzeitigen Handlung aufmerksam ... und bestieg einen der herumstehenden ... Roller, entschlossen, die noch verbleibenden viereinhalb Minuten (bis zum Ladenschluß) für Trainingszwecke zu nutzen. Der Laden war weiträumig ... Ich benutzte ihn als Slalomstrecke. Obgleich ich noch nie in meinem Leben auf einem luftbereiften Roller gestanden hatte, nahm ich die Kurven sicher. An den Schaufenstern standen Leute. Die Finger meiner rechten Hand lagen auf dem Bremshebel. Vor jeder Kurve klappte ich ordnungsgemäß den Winker heraus und verringerte die Geschwindigkeit. Wenn ich am Verkaufspersonal vorbeifuhr, blendete ich ab und klingelte. An den Schaufenstern drängten sich Menschen. Die Räder waren vorzüglich. Einmal mit dem

Fuß abgestoßen, und ich hatte Schwung für die ganze Runde. Menschenmassen belagerten die Schaufenster."

Das ist – witzig, präzise und glanzvoll erzählt – eine Passage aus Irmtraud Morgners Roman Hochzeit in Konstantinopel: Teil einer Geschichte, Das Duell, die eine Schaffnerin namens Bele ihrem Freund und Beinahe-Hochzeiter am Morgen einer (noch) gemeinsam verbrachten Nacht vorträgt.

Bele, Scheherezade aus Berlin, eine plebejische Trobadora mit Herz, Esprit und unerschöpflicher Fabulierkunst, greift in die Saiten; dem Physiker, der weniger das Plaudern als das Durchrechnen liebt (Mechanik, Sozialismus und die Frau neben ihm: alles quantifiziert) ... dem Physiker verschlägt es den Atem – und den Lesern auch: Unvergeßlich, wie Irmgard Morgner im ersten Buch ihrer opera omnia (zu denen sie tastende Vor-Versuche vor der *Hochzeitsreise* nicht zählt) das herrschende Regiment der Männer, Wärter und Funktionäre mit Hilfe poetischer Träume, phantastischer Etüden und lyrischer Zirzensien aller Arten ad absurdum führt. Da fliegen Krankenhausbetten, hoch über Berlin, durch die Lüfte, und während die Rechenkünstler vor sich hinwursteln, fanatisch und ortsgebunden, treibt's die Erzählerin (und die Figuren ihrer Phantasie) durch Räume und Zeiten: immer unterwegs, abenteuerlustig und für Überraschungen in jedem Augenblick gut.

Luftleichtes widersetzt sich gravitätischer Schwere; Erdachtes gibt Wirklichkeit preis und enthüllt ihren Unsinn-Charakter; ein Kinderroller läßt Panzer erzittern, und ein paar artistisch bewältigte Slalomstrecken genügen, um einen (bescheidenen) Volksaufstand zu befördern: „An den Schaufenstern standen Leute" (nach Beginn der Fahrt); „an den Schaufenstern drängten sich Menschen" (die Rollernde ist in Schwung gekommen); „Menschenmassen belagerten die

Schaufenster" (die Rollerfahrt hat sich in ein Furioso verwandelt).

Das Rollern durch das Kaufhaus und, bald darauf, durch die Straßen der Stadt – ein Beispiel für die von Irmtraud Morgner wieder und wieder beschriebenen Äußerungen von humaner, den Verwaltern einer hierarchisch strukturierten Ordnung aber höchst verdächtigen Aufsässigkeit: Einerlei, ob ein Bett über die Brücken der Spree hinwegsegelt, ob das alter ego der Romanschreiberin, die Taxichauffeuse, Triebwagenfahrerin, Schaffnerin und Laborantin, seine Experimente anstellt; einerlei, ob die Protagonistinnen der großen Romane, Beatriz, Amanda und Laura, kleine Volieren, größere Dome und riesige Welträume durchfliegen, in Gedanken und auf dem Besen, oder ob eine gefiederte Schlange zwischen dem Brocken und Delphi Kuriersdienste leistet: Immer sind die Doppelwesen weiblicher Natur, die Melusinen und Sirenen allpräsent – und da hilft es nicht, daß sich die Gegenkräfte, wie weiland Odysseus' Gefährten, die Ohren verstopfen (Narretei, dieser elbische Spuk; wer auf sich hält, hört gar nicht erst hin); denn das Flüstern der unter den Himmeln, in Erdspalten, in Kantinen und verfallenden Kleinbürgerwohnungen, in Zirkusarenen und auf Reichsbahngeländen versammelten Erzählerinnen, den Echos der Irmtraud Morgner, übertönt jedes Gebrüll.

Eine Groteske also, das Ganze, ein verwegenes Märchen, das vom Nicht-mehr auf ein Noch-nicht verweist und die Gegenwart, die brutale Wirklichkeit des Hier und Heute, sorgfältig ausspart? Nichts falscher als solche Vermutung! Wenn die Trobadora mit dem großen Mut (ein kleines rotes Fähnchen in den Händen) erzählt, dann ist die sehr reale Welt der DDR, mit den Vorstadtstraßen, den Versammlungsbüros und den Kasinos der Herren Wissenschaftler nicht minder präsent als der Blocksberg oder der Hades: Es macht Irmtraud Morgners Kunstfertigkeit aus, daß sie – auf einer Ebene – den Schrank der Großmutter oder die Gespräche in einem Gemüseladen so plastisch darstellen kann wie, nunmehr mit Melusines Zettel zwischen den Fingern, ein mittelalterliches Schloß in der Provence.

Nähe und Ferne ergänzen einander; Rom ist nicht weiter als der Harz; ein nebliger Berliner Morgen, alles grau, unheimlich und traurig, nicht näher als der saronische Golf: Der Weg in Persephones Herrschaftsbereich führt über – Bitterfeld. Kein Wunder, so betrachtet, daß es in Restaurants nicht nur nach Braunkohle, sondern auch nach Kafka riecht, die Ober einerseits unterbezahlte Staatsbürger, andererseits Kollegen Sancho Pansas sind (nur etwas unheimlicher) und Jugendliche, die von zu Hause weggegangen sind, sich wie verlorene Söhne aus biblischen Zeiten ausnehmen.

Romantik und Realismus folgen einander, anders als in der Geschichte der Künste, nicht nach, sondern sind untrennbar zusammengefügt: Mag die Erzähl-Perspektive wechseln, mögen die Darbietungsformen rasch alternieren – Dokumentationen, semantische Studien, gelehrte Exkurse –: Das aufgebotene Vielerlei ergibt immer ein Eines und Ganzes: Himmlische und irdische Schulmeister, illustre Lehrer aus der Geschichte und sozialistische Vorbilder aus der Gegenwart, versammeln sich, dem Alltag Lichtblicke eröffnend, in einer höchst konkreten, einheitlichen und präsentischen Welt – in der Deutschen Demokratischen Republik am Ende des zwanzigsten Jahrhunderts, wo Melusine einem VEB die Ehre ihrer Anwesenheit gibt, Beatriz sich – zwischen Planerfüllern – der hohen Kunst des ‚verligens' hingibt und Jonas auch zu Honeckers Zeit im Maul des großen Wales die Courage nicht verliert.

Wer die *Hochzeitsreise*, die *Trobadora Beatriz* oder die *Amanda* studiert hat – langsam, wie es sich in diesem Fall gehört, immer mit dem Bleistift in der Hand –, der sollte sich weigern, das Wort *Tausendsassa* auch künftig noch, dudengetreu, als ein Maskulinum zu deklinieren: Die poeta docta Irmtraud Morgner klärt die Leser über die Vertauschungs-Bedürftigkeit männlich besetzter Hauptworte auf: Nicht der, sondern die Tausendsassa ist hier bei der Arbeit, verwegen und witzig, wenn Michail Bachtin über das Lachen im Mittelalter doziert, wenn Benno Pakulat gleichsam die Ehe mit Pandora eingeht (dem Alten von Weimar mag's recht sein); wenn die Helden der Spielmannsepik, Salman und Morolf, sich im Sozialismus entpuppen und zwischen Magdeburg und Frankfurt an der Oder ein Wort wie *Anaximander* als Zauberformel erscheint, die es zu suchen gelte – wie einst den Stein der Weisen, das perpetuum mobile oder, in Alchimistenküchen, das Gold.

Eine reale Zauberwelt oder, wenn man so will, ein pandämonisches Heute ist Irmtraud Morgners poetisches Areal: beschrieben von einer Frau, die ihren Spaß daran hat, einmal im Simplizissimus-Stil, volkstümlich und archaisierend, ein zweites Mal in der Weise des wahren sozialistischen Realismus, wirklichkeitsgesättigt also und plastisch und ein drittes Mal, anspielungsreich und hermetisch, mit Dialogen von verweisender Kraft und Beschreibungen, die ein langes In-Spuren-Gehen verraten, wie eine leibhaftige Alexandrinerin aufzutreten! Der gewitzte Leser tut gut daran, Hederichs Mythologisches Wörterbuch, Goethes Lieblings-Lektüre, neben sich auf den Schreibtisch zu legen, sofern er gewillt ist, hinter den Hexen und Trobadoren (feminini generis) die großen Schatten der Persephonen, Demetern und Pandoren auszumachen.

Irmtraud Morgner, Joyce und Thomas Mann entschieden näher als dem späten Johannes R. Becher, liebt das auf Enthüllungen durch intelligente Leser angelegte Zitat-Spiel, arbeitet mit Allusionen und Hinweisen auf fremde – und auch auf eigene Werke.

Nein, hier wird nichts stehengelassen, so als sei's sakrosankt; hier nimmt man wieder auf, formuliert neu, transponiert, schreibt zu Ende und dichtet weiter: Melusine verwandelt sich in eine Schlange, die biedere Laura wird zu einem listigen Querkopf, und die Autorin Morgner sieht sich von der – mittlerweile weiter sehenden – Nachfahrin gleichen Namens zur Ordnung gerufen. „Die Verfasserin des Romans ‚Leben und Abenteuer der Trobadora Beatriz nach Zeugnissen ihrer Spielfrau Laura'" – schreibt die Trobadora Renata im zweiten Kapitel der Amanda „hat Laura Salman (Laura Salman: Petrarca und Spielmannsepik!) zum Sinnbild der durchschnittlichen berufstätigen Frau mit dem Tugendsortiment fleißig-genügsam-willig-unauffällig-verzichtgeneigt-aufopferungsgemut hinabstilisiert. Aus Unkenntnis, unterstellte ich und schrieb auf die Rückseiten des Archivmaterials."

Die poeta docta, gescheites Frauenzimmer à la Lessing und Groteskkünstlerin (realistischer Prägung), liebt den blitzartigen Wechsel, die überraschenden Salti und Volten: Dem Spaß folgt, wie in den grandiosen Proletarier-Gesprächen zwischen Franz und Berta in der *Trobadora* oder der Beschreibung einer Geburt im Kapitel „Weiße Ostern" (was soviel heißt wie: winterlicher Schnee im Frühjahr, bedrohte Hoffnung, gefährdete Auferstehung), grimmiger Ernst.

Umschwünge und Gegenläufigkeiten, wohin immer man blickt: Breit erzählten Passagen folgen blitzende Reflexionen, und ausschweifende Exkurse sehen sich durch knappe poetologische Meditationen ergänzt – Gedanken über den Zwang zur Montage disparater Elemente in einer im Umbruch befindlichen Zeit; Gedanken über kurze Prosa-Einheiten, die, verständig gebündelt und einem Generalgesetz untergeordnet, das jedem Detail seine Funktion im Rahmen des Gesamt anweist, am Ende ein Ganzes schaffen, das mehr ist als die Summe der Teile. Gedanken, vor allem, über jene neue Sprache, die, Schrecken durch Lachen verfremdend, Clowns-Sprache ist (besser: Clownin-Diktion) – eine Sprache, die offen läßt statt zu verkleistern und nicht in der Grimasse erstarrt, sondern immer neue Masken-Spiele treibt, Worte in Bilder, Er-Erzählungen in Ich-Erzählungen, Erfindungen in Dokumente, Dokumente in Erfindungen verwandelt. Auf diese Weise werden Kapitel zu Sonaten und seitenfüllende Balladen zu Preziositäten, die von geheimen Entsprechungen, spaßigen Rekapitulationen und Kabinettstücken strotzen, in denen nicht nur die Menschen, sondern auch die Elemente, der Nebel, der Mond und die Steine, mitspielen. Nichts ist, im Umkreis des Humanen, festgelegt, alles in rascher, aber nicht willkürlicher, sondern von Vernunft bestimmter Bewegung ... einer geordneten Bewegung, die nicht durch den Verfolg der Geschäfte, sondern durch eine spielerische Darbietungsweise enthüllt wird, in der sich das Erzählerische und das Argumentative, ausufernde Phantasie und nüchternes Kalkül miteinander vereinen.

Nichts Verächtlicheres gibt es, denke ich, für Irmtraud Morgner, als eine vorschnelle „Preisgabe von Aufklärung, Verstand und Gesetz"! Nicht um die Revokation der Vernunft – die im 18. Jahrhundert eine Gemüts-Gabe war –, sondern um ihre Ergänzung und dialektische Aufhebung durch den „Zacken Romantik" ist's ihr zu tun. Darum die Apotheose des „neuen" Mannes und „ersten" Menschen Benno Pakulat; darum die Beschreibung des Kindes Wesselin, dessen Ergehen darüber befinden wird, ob ein Parzival im Sozialismus leben kann; darum, vor allem, der Versuch, Frauenfiguren zu erfinden – mit ein bißchen Hexenkunst aus jener klassischen Walpurgisnacht des zweiten Faust, der, bei aller Reverenz vor den Blocksberg-Späßen des ersten Teils („Harzgebirg. Gegend von Schierke und Elend"), Irmtraud Morgners besondere Zuneigung gilt ... darum der Versuch, Frauen-Figuren zu erfinden, die beides zugleich sind: kreativ und vernünftig, größenwahnsinnig (der schlimmste weibliche Mangel, so die Trobadora, sei der Mangel an Größenwahn), ehrgeizig und von besonnener Verständigkeit. Nur die Frauen, als die noch Unverbrauchten, konnten Trägerinnen jener kalkulierten Imaginations-Kraft sein, auf der – man lese, um die Probe aufs Exempel zu machen, das Einleitungskapitel „Vorsätze" der *Trobadora* – Irmtraud Morgners poetische Künste beruhen ... Künste, die sich in der gezügelten Phantastik eines Fabulierens bewähren, das, statt selbstgenügsam zu sein, immer zugleich die Botschaft mitträgt, daß es Sache der Frauen, der großen, niemals in die vorderen Linien eingerückten Reservearmee sei (einer höchst friedlichen Armee), endlich, wie die Trobadora, in die Historie einzutreten: umgetrieben vom gegenwärtigen Weltzustand, der auf einen Widerruf der Schöpfung hinauslaufen könne und von Spannungsmomenten bedroht, deren vernichtende Kraft allein die Phantasie und nicht der – instrumentalisierte – Verstand vorauszuahnen vermöge.

Sirenen-Klänge als Gegenmelodie zu jenen Schlachtgesängen, mit denen, wie es in der Einleitung des Romans Amanda heißt, Männer das Zeitalter ihrer Geschichte einläuteten, die auf Namen hörte wie „Privateigentum, Klassentrennung, Ausbeutung, Staatsgewalt, Kriege". Bele, Beatriz, Laura: Das sind Doppelwesen, die, Geschlechtertrennungen überwindend, im Zustand reflektierender Enthobenheit, Mann und Frau zugleich sind, Grenzüberschreiterinnen, die im Androgynen jenes Menschsein ausmachen, das Goethe vorschwebte, als er in Pandora, dem weiblichen, von Irmtraud Morgner nachdrücklich evozierten Gegenbild zum jungen Faust, der prometheischen Arbeitswelt das Reich der Künste, das menschliche, von Spiel, „munterer Luftgeburt", „symbolischer Fülle" und „segnendem Wort" bestimmte künftige saeculum, entgegenstellen wollte: „Groß beginnet ihr Titanen; aber leiten zu dem ewig Guten, ewig Schönen ist der Götter Werk; die laßt gewähren."

Rekurs von Berlin nach Weimar: Pandora wird in jener Trobadora neu geboren, die in ihrer Voliere den Traum künftiger Freiheit erträumt – in einer Welt, wo proletarische Solidarität universal wird; wo Pandora, die alles schenkende Frau, viel und der feuerbringende Prometheus wenig gilt; wo Mann und Frau einander ergänzen und ein Friede herrscht, der gerade in einer Zeit wie der unseren vorausbedacht werden will, die, an der Grenze zweier Epochen, wie keine zweite nach jenen konkreten – also einlösbaren – Utopien verlangt, die Irmtraud Morgners Werk, Kapitel für Kapitel, akzentuieren.

Hier liegt ein Roman-Zyklus vor, der, sorgfältig bedacht, als das große Gegen-, nein, Mitwerk zur *Ästhetik des Widerstands* von Peter Weiss erscheint: Hier wie dort das Wechselspiel von Geschichte und Mythos; hier wie dort die Verteidigung von Kunst, Traum und Phantasie im Zeitalter des von imperativer Dogmatik gefährdeten Sozialismus; hier wie dort der „Goldglanz der Legende" in der Alltagswirklichkeit; hier wie dort der Rückgriff auf Nothelfer aus dem Bezirk der Antike: Herakles hüben und drüben Pandora. Herakles, Advokat der Plebejer; Pandora, Fürsprecherin uneingeschränkter Humanität; Herakles im Schatten, Pandora in der Helligkeit des Lichtes; Herakles, Trostspender im Dunkel; Pandora, Wegweiserin zum großen Voraus.

Noch ist ihre Zwillingsfigur, Beatriz im *Amanda*-Roman, in der Voliere gefangen; aber das hindert sie nicht, das Heute und das Morgen miteinander verknüpfend, ihren Aufenthaltsort auf „natürliche Maßstäbe" setzend (zu denen auch die Unität von Mann und Frau gehört) nach Kräften zu transzendieren.

„Der Einwand, daß eine Voliere ein Käfig wäre und Schreiben ein freiheitliches Geschäft", so die Erzählerin und Troubadourin, „erscheint mir albern. Denn ein Gehäuse aus Maschendraht ist durchlässig für die Naturkonstanten Himmel, Jahreszeiten, Vegetation, Getier, (den) Tag und (die) Nacht ... Ein Gehäuse aus öffentlicher Meinung dagegen, das aus einem mit Büchern und Zeitungen beladenen Schreibtisch leicht gebildet werden kann, ist undurchlässig und nach ausgerufenen Maßstäben bemessen".

Dank und Glückwunsch für Irmtraud Morgner, die, wie keine zweite Schriftstellerin ihrer Generation, in einem von Poesie und leuchtender Gesetzmäßigkeit bestimmten Werk dafür gesorgt hat, daß die Auseinandersetzung zwischen „natürlichen" und „ausgerufenen" Maßstäben sich – sehr langsam, nicht ohne Gefährdungen, aber allgemeine Hoffnung verbreitend – zugunsten der natürlichen zu entfalten beginnt.

Dr. Walter Jens, geb. 1923, Professor für Rhetorik an den Universitäten Tübingen und Hamburg, Mitglied des P.E.N.-Präsidiums sowie Präsident der Akademie der Künste, Berlin. Zahlreiche Auszeichnungen. Bekannteste Publikationen u. a.: Nein – Die Welt der Angeklagten. Roman, 1950; Hofmannsthal und die Griechen, 1955; Statt einer Literaturgeschichte, 1957; Deutsche Literatur der Gegenwart. Themen / Stile / Tendenzen, 1961; Von deutscher Rede, 1969; Am Anfang der Stall – am Ende der Galgen / Jesus von Nazareth, 1972; Republikanische Reden, 1976; Eine deutsche Universität. 500 Jahre Tübinger Gelehrtenrepublik, 1977; Dichtung und Religion, 1985; Juden und Christen in Deutschland, 1989; Einspruch. Reden gegen Vorurteile, 1992; Mythen der Dichter. Modelle und Variationen, 1993.

Irmtraud Morgner

BRIEF AN CHRISTINE BRÜCKNER

Berlin, 15.8.89

Liebe Christine Brückner,
Dank für Ihre Briefe und überhaupt alle Zuwendungen. Die beiden ‚Visitenkarten' – wie Sie die Bücher von Ihnen und Kühner nannten – habe ich mit Freude gelesen. Und da man in dem Zwischenreich, worin ich lebe, bezüglich der Lektüre anspruchsvoller ist als sonst, sagt mein Lesevergnügen gewiß was aus bezüglich der Güte der Bücher.

Daß ich erst jetzt schreibe, hat natürlich Gründe, die aus der grotesken Situation sich herleiten. Ich soll und muß Pläne machen und an ein Ereignis im November denken, obgleich meine Krankheit mir nur Gegenwart gewährt. Das schließt aber seltsamerweise nicht aus, so regelmäßig wie möglich den Schreibtisch aufzusuchen und an einem Buch fortzuarbeiten bei gänzlicher Abwesenheit von Nachruhmgedanken. Ein absurder Vorgang eigentlich, der aber vielleicht nur zeigt, daß Schriftsteller absurde Leute sind, die Sinn existentiell nicht brauchen, Sinnen aber wie essen und schlafen.

Nun aber doch zum November was Vorläufiges: Wenn ich physisch so weit in Stand bin, daß ich kommen kann, komme ich in Begleitung meines Sohnes (habe schon die entsprechende Behördenprozedur eingeleitet). Vielleicht können Sie mir für den Fall verraten, was ich zu ‚leisten' hätte.

Andernfalls müßte mein Sohn allein kommen, denke ich mir so. Oder fällt Ihnen was Besseres Denkbares ein?

Glücklicherweise hat mich der Humor auch jetzt nicht verlassen, woraus zu schließen ist, daß er in Ernstlichem wurzelt und wahrscheinlich als eine gewisse Gangart, sich durchs Leben zu schlagen, begriffen werden kann.

Mit herzlichen Grüßen – auch an O. H. Kühner
Ihre Irmtraud Morgner

LEBEN UND ABENTEUER DER TROBADORA BEATRIZ NACH ZEUGNISSEN IHRER SPIELFRAU LAURA
Auszug aus dem siebten Buch

15. Kapitel
Darin die Geschichte nachzulesen ist, die Laura bei ihrem ersten Auftritt als Spielfrau im Berliner Glühlampenwerk vortrug

Gabriel: Die Schenke war mir empfohlen. Ich erfragte sie Sonntag in der Früh. Sonnabend mittag hatte ich die Kasse verlassen. Der Ort wurde von einer Chaussee durchquert, die sich tief zu ihm hinabsenkte. Ein neugotisches Rathaus war an die Straße gebaut: kein Dorf. Die Kirchentür stand offen, eine männliche Altstimme hallte raus und über den hofgroßen Marktplatz. Die Schenke lag hinter der Kirche. Ein emailliertes Blechschild, das einen Mönch mit übervollem Bierseidel abbildete, war neben der Tür am einstöckigen Haus befestigt, kein Schild über der Tür, ave Maria. Ich stieg fünf schräggetretene Stufen. Die Gaststubentür klemmte. Unwillkürlich senkte ich den Kopf. Ein alter Mann saß am Fenster. Rumpf und Beine zur Achse gerichtet, die den gebohnerten Fußboden unter der Tischmitte und die Stuhllehne spitzwinklig traf, Fersen auf Pantoffelklappen, Hände um einen emaillierten Topf, aus dem Dampf wölkte. Ich grüßte. Der alte Mann beugte sich über den Topf, kippte ihn, schlürfte und grüßte zurück. Dann schabte er sich mit dem Handrücken das Gesicht dort, wo es rasiert war, und erkundigte sich nach meinen Wünschen. Ich verlangte Bier. Er entgegnete empfehlungsgemäß, wegen eines Biers stünde er nicht auf. Ich war sehr zufrieden und bestellte zwei Bier. Eine alte Frau huschte aus der Dunkelheit. Sie wischte mit einem Lappen einen Viertelquadratmeter linoleumbelegte Tischplatte, den nächsten Stuhlsitz und die Lehne. Der Tisch war oval. Drei Männer saßen dran. Alle übrigen Tische der Gaststube, ausgenommen der, auf dem die Unterarme des Wirts lagen, waren unbesetzt. Ich mußte Platz nehmen. „Wie lange willste denn kleben", fragte der Wirt. „Er meint es nicht so", flüsterte ein Tischnachbar, der ältere, die jungen kicherten. „Lange", sagte ich und bedeutete ihnen, daß ich nur deshalb den Umweg gemacht hätte. Der Ort verfügte laut Karte über keine Sehenswürdigkeiten. Ich breitete die Karte über das grüne Tischlinoleum. An den Faltstellen war das Papier fasrig gewetzt. Die erledigten Ortschaften hatte ich mit Tinte ringförmig umzeichnet, in sieben Wochen achtunddreißig Ringe. Ich zeigte sie und gab zu bedenken, daß pro Woche tatsächlich nur zwei Tage gölten, die übrigen verbrächte ich sitzend hinter einer Registrierkasse. „Tut mir leid", sagte der Wirt, „ich mach am 31. Dezember zu." Er scharrte mit den Pantoffeln. Eine Fliege stieß in unregelmäßigen Abständen gegen die niedrige Stubendecke. Ich entzifferte die gereimte Inschrift eines Knochens, der an einem Faden von der Decke hing. Sie nötigte die Stammtischgäste zum Lügen. Ich bat den Wirt an den Stammtisch. „Wenn ich den Kerl erwisch, der mich schlechtgemacht hat, hau ich ihm den Frack voll", sagte er. Dann erhob er sich, legte die Handflächen seitlich auf das gewölbte Vorderteil der Weste und schlurfte zur Theke. Der Westenrücken war auch gewölbt. Ich beeilte mich zu versichern, die besten Empfehlungen erhalten zu haben. Der Wirt brachte zwei Gläser Bier. Die nächste halbe Stunde verging in Gesprächen über Vermutungen, die Person betreffend, der die Ochsenschenke einen hergelaufenen Gast verdankte. Ich beschrieb die Person als Mann. Die Männer rätselten. Ich trank. Wartete auf Lügen. Besah den Westenrücken, der sich über den Schulterblättern warf. Gähnte. Mäuse hatten mich nicht schlafen lassen. Mäuse oder Ratten, sie waren unter den Barackendielen umgegangen, Feldscheunen sind rar. Baustellen gibt es allerorten genügend, die über Wochenend verlassen sind. Ich hatte immer ein Sortiment Schlüssel bei mir und Dietriche. Diesmal brauchte ich sie nicht, die Talsperrenbaustelle war bewacht. Schwer kam ich mit dem Wächter überein. Sein Hund wedelte. Mir war kalt. Ich wußte nicht, worauf mein Leben hinauswollte. Sonnabends nahm ich den Campingsack mit zur Arbeit. Die Verkaufshalle hatte die Weite eines Fußballfelds, war auch hoch, Neonlichtdecke. Wenn ich fünf Tage drunter gesessen hatte, wollte ich Himmel. Egal, wie er aussah, ob Sonne rausfiel oder Regen, Hauptsache Himmel, dieses Dach. Meine Kassennachbarinnen glaubten, ich liefe der Gesundheit wegen oder weil mich die Kleinstadt langweilte oder weil meine Wohnung vom Schwamm befallen wäre. Ich hatte eine Neubauwohnung in einer Großstadt verlassen, freiwillig. Diese Art Komfort konnte ich entbehren. Nicht den, der auf der Straße lag. Das Spiel mit fehlerhaften Wanderkarten. Ich sehnte mich nach exakten Karten. Nach ganz dichten Straßennetzen. Nach einer Möglichkeit, alles zu betreten oder zu übersteigen: absolute Wanderei. Die Einsicht in die Unerfüllbarkeit dieser unsinnigen Sehnsüchte deprimierte mich. Desgleichen die Aussicht, lebenslang eine Registrierkasse bedienen zu müssen. Von Unruhe geplagt, hastete ich, ohne mich der Anblicke, die mir unterwegs zuteil wurden, recht eigentlich zu freuen. Neue Gäste polterten zur Tür herein. Der Wirt fluchte, sie klopften mit Fingerknöcheln die Stammtischplatte, bevor sie sich niederließen. Die jungen Männer empfingen sie mit etwas Soldatenlied. Es besang die Liebe und den Ernteeinsatz. Die Bauern erkundigten sich beim Wirt, ob ich seine Nachfolgerin wäre. Er bezeichnete mich als normal, verwies auf den von der HO bewirtschafteten Ratskeller und daß er und seine Frau fünfzig Jahre keinen freien Tag und keinen Urlaub gehabt hätten. Ich erzählte, daß die meisten auf der Karte angezeigten Kneipen überhaupt oder ruhetagshalber geschlossen wären. Der Wirt wandte sich. Zwei Buckel hob der Westensatin hervor. In Nähe der Schulterblätter standen sie steil aus dem Rücken, verliefen dann mählich bis zur Gürtellinie. Auffällig aufrechter Gang. Die Hände drehten den Bierhahn, als ob sie ihn abreißen wollten. Ein turmförmiger Thekenaufbau war mit altertümlichen Zigarettennamen beschriftet. Er war rauchbraun wie alles Inventar und die Wände dort, wo sie nicht von Bildern, Sängerfest- und NAW-Urkunden oder verglasten Skatfächern bedeckt wurden. Ich wartete noch immer. Der Wirt brachte eine Lage Korn, die der Heimaturlauber spendiert hatte. „Noch zweihundertelf Tage", sagte der Urlauber. Der Wirt trank nicht. Wies auch Zigaretten zurück mit der Begründung, passiv rauchen wäre gesünder und billiger. Die Begründung enttäuschte mich. Der Heimaturlauber erbot sich, nach Hause zu laufen und eine Legende zu holen. Ich hatte auch Lust aufzustehen, dachte an hagebuttenschwere Heckenrosen, die in der Gegend Chausseen säumten, manchmal hing Stroh dran, sehnte mich nach den Zirpgarben der Grillen, erinnerte mich einer Silberpappel, deren Blattwerk klang im Wind wie ein Schwarm aufflatternder Vögel. Die Legende war handgeschrieben und dreizehn Seiten lang. Der Heimaturlauber überreichte sie mir schwankend. Obgleich die kleinen Fenster der Gaststube, die in den Öffnungen der dicken Wände klemmten wie in Schächten, von Blattpflanzen abgedunkelt waren, wodurch Lesen schwerfiel, konnte ich der Handschrift entziffern, daß einleitend von einer Villa berichtet wurde. Von einer am Meer gelegenen, mit Mauern, Zypressen und schnellen Wagen umgebenen, luxuriösen Villa, der eine Gräfin vorstand. Die folgende Pornographie war nicht ausführlicher als die Schilderung der Goldwaren und Stoffe. Der Urlauber beobachtete mich und schlug dem Wirt auf den Rücken. Geräusch wie vom Schlagen einer Pritsche. Der Wirt wehrte ab mit barem Ellenbogen. Aus dem offenen Hemdkragen stand krauses weißes Haar. Der nackte Schädel ragte nur mit dem Gesicht übern Hals. Von der Nasenwurzel zum Unterkiefer verliefen zwei Linien, die mit dem Kinn ein gleichseitiges Dreieck bildeten. Beiderseits der Mundwinkel waren sie gefurcht, im Profil verdeckten die hängenden Backentaschen den Mund. Graue Borstenbüschel überdachten die Augen. Die Brauen waren meist bewegt, vorwiegend unpaarig. Tarnfarbene Pupillen. Augenfunken. Der Urlauber sagte, „wenn sie nicht verheiratet ist, hat es keinen Zweck". Sein Nachbar raffte die Blätter vom Tisch und steckte sie in die linke Innentasche seines Jacketts. Die Bauern fragten mich, ob ich in der Entenfarm anfangen wollte oder als Ökonom. Auch andere Stellen wären frei, Kindergarten, gute Bezahlung, frische Luft. „Bemüht euch nicht", sagte der Wirt, „sie fängt am 1. Januar bei der Bank an. Wenn sie fünf Jahre fernstudiert hat, trifft sie den Sorembig-Frieder und macht Programme für die Rechenmaschine in Greiz", der Wirt beschrieb die Stadt und den Betrieb, der die Rechenmaschine seiner Behauptung nach im Mai 76 für 2,3 Millionen englische Pfund erwerben würde. Ich lachte. Zufrieden über die endlich zutage tretende Fündigkeit des empfohlenen Ziels. Der Wirt zog seine speiseverklebte Weste aus. Die Gäste blickten zur Decke. Ernste, gerötete Gesichter. Als der Wirt das Phänomen der

Liebe schilderte, die mich augenblicklich und unwiderstehlich dem Lehrer Sorembig während der ersten Begegnung auf dem Bahnhof Elsterberg verbünden würde, vernahm ich seltsame Geräusche. Sie waren denen, die im Flug aufprallende Fliegen verursachen, ähnlich, jedoch lauter. Ich gestand eine Vorliebe für Lügengeschichten. Die Stimme des Wirts wurde scharf, fiel dann in Sprechgesang. So erfuhr ich, daß mir Frieder zwei Kinder zeugen würde, nachdem er mich geheiratet hätte. Auto. Die Kinder zöge die Schwiegermutter auf. Sobald sie das Schulalter erreicht hätten, reiste die Familie jeden Sommer ins Ausland. Margitte, das älteste Kind, würde elfjährig nordöstlich von Dubrovnik von einer Viper gebissen. Ich schrie auf. Die Altmännerstimme befleißigte sich einer Koloratur, die Tonstärke änderte sich ständig, auch die Tonrichtung. Rauch, der sich unter der Decke gesammelt hatte, bewegte sich zerteilt in Schwaden, als ob wechselnder Wind hineinbliese. Der Viperbiß ist nicht lebensgefährlich, Margitte lernt Elektroschlosser und wird Wärmetechnikerin, der Sohn wird Leutnant zur See, Frieder bekommt eine gute Pension und stirbt sechsundsiebzigjährig im Wochenendhaus, ich überlebe ihn vier Jahre. Der Wirt zog seine Weste wieder an. Die Männer senkten die Köpfe. Die Rückenbuckel schwanden zur ursprünglichen Größe. Ich zahlte und verließ das Haus. Ich wollte mit den angenehmen Aussichten allein sein, die so unverhofft auf mich gekommen waren und alle Erwartungen übertroffen hatten. Besonnte Chaussee. Die Hast verließ mich, diese unsinnige Sehnsucht, alle Ungewißheit, leicht ging ich fürbaß. Bald gemächlich. Später langsam. Gegen Abend erreichte ich die Talsperre, stürzte mich von der Staumauer und ertrank.

DIE WUNDERSAMEN REISEN GUSTAVS DES WELTFAHRERS
Auszug

Zum Schutz vor den Piranhas trugen meine Offiziere beim Wasserschöpfen, seit wir den Amazonenstrom befuhren, Rüstungen, die ich aus Windführungsblechen geschmiedet hatte. Meine Rüstung, die ich beim Baden anlegte, war aus Kesselteilen getrieben und grün, da Kupfer unter derartigen klimatischen Bedingungen schnell patiniert, zur Gewährleistung unserer Sicherheit hatte ich mich und mein Personal also für das Schlimmste gerüstet und keine Mühen gescheut, die Wirklichkeit schien jedoch alle Befürchtungen zu übertreffen. Den fleischfressenden Piranhas entronnen, waren wir ahnungslos kannibalischen Weibern in die Arme gelaufen, die Eugen mit einer gestohlenen Schlackwurst angelockt hatte. Als einige herbeigerufene Ministerinnen mir mit ihren Buschmessern einzelne Haare von Kopf und Lenden schnitten, schrie auch ich um Hilfe. Sinnlos, denn der Sack mit meinen Papieren war einen Kilometer und das Männerreservat über zehn Kilometer entfernt. Deshalb entschloß ich mich, ein Testament zu sprechen, das die Werte zu gleichen Teilen meinen Heizeroffizieren Eugen und Alois in Anerkennung ihrer treuen Dienste vermachte. Die Ministerinnen legten meine Haare auf die Objekttische der von königlichen Leibdienerinnen herbeigeschafften Mikroskope, beugten sich über die Okulare und bewegten die Schrauben der Grob- und Feineinstellung. Von den Ergebnissen ihrer Untersuchungen machten sie ihrer Königin Mitteilung. Auf tupi, die Indianersprache. Tupi ist das einzige, was ich aus dieser gefährlichen Gegend habe mitbringen können. Denn wir kamen davon. Als wir gemessen, gewogen und gestempelt waren, mit lila Stempelfarbe an entscheidenden Muskelpartien, verlas die Justizministerin einige Artikel des amazonischen Grundgesetzes. Es war mutterrechtlich aufgebaut und den Verhältnissen von Mykenä nachempfunden. Der Schlange, von den patriarchalischen Religionen als Verkörperung des Bösen diffamiert und in Folgeerscheinung von den Menschen wegen Erregen öffentlichen Ekels abgelehnt, wurde in Paragraph vier Absatz drei wieder ihre ursprüngliche Stellung als Beschützerin des Herdes zuerkannt. In Kapitel zwei wurden Kriege als männliche Erfindungen definiert und für abgeschafft erklärt. Der übrigen Menschheit wurde empfohlen, ebenfalls in Urwälder umzusiedeln oder, falls diese nicht ausreichen sollten, Urwälder für Siedlungszwecke anzupflanzen, da der Dschungel sich für die moderne Kriegführung als ungeeignet erwiesen hätte. Kapitel drei, das die Haltung von Männern rechtlich fixierte, gestattete die Ausstellung hervorragender oder minderwertiger Exemplare für öffentliche oder wissenschaftliche Zwecke innerhalb menschlicher Ansiedlungen in Ausnahmefällen, die von der Königin als solche anerkannt werden müßten. Die Königin erkannte sie in unserem Fall an. Wir wurden mit der uns vorher zu Füßen gelegten Anakonda aneinandergefesselt und abgeführt. Zu den Käfigen, die unter dem elektronischen Rechenzentrum gelegen waren. Das elektronische Rechenzentrum war in einem hundertzwanzigstöckigen Wolkenkratzer untergebracht, dem höchsten von Amazonas City, und wie alle anderen ebenfalls auf Betonpfählen errichtet. Wegen der Überschwemmungen, mit denen der Amazonenstrom diese Gegend öfters heimzusuchen schien. Das Rechenzentrum war mit der Druckerei durch eine Brücke verbunden. Dort wurden die Habilitationsschriften Ihrer Majestät vervielfältigt und in Kisten verpackt. Die Kisten wurden in etliche

Länder der Welt exportiert. Für die dafür eingenommenen Devisen kaufte Amazonien Lebensmittel, Griffel, Betonfertigteile, Rechenmaschinen und etwas Gold für die Königin. Unser Käfig war auch importiert. Seine Stäbe, von gleicher Höhe wie die Betonpfeiler, bestanden aus nichtrostendem Stahl, hinter den Stäben waren Glaswände aufgeführt, die Klimaanlage sorgte für eine angenehme Atmosphäre. Das Essen wurde in Tablettenform verabreicht. Musik ertönte durch einen Lautsprecher, der jeden Ton sterilisierte, so daß auch die Gefahr der Tropenkrankheiten von uns abgewendet war. Täglich strömten Hunderte von Weibern mit ihren schlangenlederbezogenen Schreibtischen vor unserem Käfig zusammen, zogen Papier und Griffel aus ihren Kollegmappen und notierten ihre an uns gemachten Beobachtungen, die Tische waren zirka 1,95 mal 0,70 Meter groß, die Weiber, die genau darauf paßten, trugen sie unter dem Arm, unter dem rechten Arm den Schreibtisch, unter dem linken die Kollegmappe, anders gingen die Einwohnerinnen Amazoniens nicht auf die Straße, die aus strategischen Gründen keine war, sondern ein Pfad. Pfade sind in der modernen Kriegführung von geringem Interesse. Wir lebten sicherer als irgendwo sonst. Wurden wissenschaftlich ernährt. Ärztlich überwacht. Gepflegt. Und waren schon nach dem siebten Tag dem Tode nahe. Ich war ihm am nächsten. Albatrosse und Lokomotivführer lassen sich nicht in Gefangenschaft halten. Richtige Albatrosse, mit vier Meter Flügelspannweite und darüber. Und Dampflokomotivführer. Eine elektrische Maschine kann auch ein Stubenhocker bedienen, auf Knöpfe drücken kann auch meine Klara, die zeit ihres Lebens nicht über Hilbersdorf hinausgekommen ist. Ich kannte bereits mehr als die halbe Welt und die Nähe des Todes. Ich entrann ihm durch eine List. Am neunten

Tag unserer Haft, als Eugen zu beten und Alois zu weinen begann und ich bereits nicht mehr in der Lage war, meine Uhr zwischen den Hinterbacken zu halten, ersann ich sie. Ich begann vor mich hin zu reden. Zuerst leise, dann lauter, zuletzt so laut, daß mich alle Amazonen, die unseren Käfig umlagerten, verstehen konnten. Ich schilderte ihnen auf tupi das Leben meiner Klara* und anderer glücklicher Frauen meiner Heimat. Schon nach wenigen Sätzen flossen die ersten Tränen. Nach einer halben Stunde hatten die Amazonen bereits so viele Tränen vergossen, daß sich eine Pfütze zwischen den Betonpfeilern gebildet hatte. Zwei Stunden später war sie zu einem Tümpel angeschwollen, wir standen bis zu den Knöcheln im Salzwasser. Das ergoß sich in die Hochwasserabflußrinnen. Die Betonrinnenfertigteile waren vom Pfahlunterbau des elektronischen Rechenzentrums über den königlichen Reichspfad, verschiedene Kraalanlagen bis zum Stromufer verlegt. Damit war die Verbindung hergestellt. Die Piranhas benutzten sie sofort. Angelockt durch den Geruch menschlichen Fleisches, schwärmten sie in Scharen, die Amazonen bemerkten sie nicht, ihre Lederhaut trotzte den messerscharfen Gebissen der Sägesalmler. Da wir unsere Rüstungen nicht bei uns hatten und sich im

---

* Beispielsweise auf Familienfeiern gesanglich gefaßten Wunschäußerungen des Inhalts, noch mal jung sein zu wollen, pflegte meine Großmutter Klara zu erwidern: „Um Gottes willen, das möcht ich nicht noch mal durchmachen." Nur diese Erwiderung und Haar, das auf dem kleinen Kopf lastete wie eine Schneemütze, hat mein Gedächtnis von ihr behalten. Es hat sie expropriiert wie die Familie. Ich kann ihr das Eigentum nicht direkt zurückerstatten. Die Geschichte verzeichnet Sieger, Klara, eine Besiegte, hat vierzehn Kinder geboren, auch den Weltfahrer. Ihrem ausgemergelten Leib entwuchsen und entwachsen noch und endlos lügenhafte Blumen. Ich erwarte die Zeit, da sie nimmt, was ihr gehört.

Käfig keinerlei Gegenstände befanden, auf die man hätte steigen können, waren wir gezwungen, an den Käfigstangen hochzuklettern. Dieses Gebaren erklärte ich den Amazonen als Demonstration von Übungen einer in meiner Heimat verbreiteten Frauensportart, ich mußte immer weiter reden, ich redete um mein Leben, die Augen der Amazonen durften nicht trocken werden, sonst hätten sie gesehen, daß die blutgierigen Piranhas die Stahlstangen durchsägten, an denen wir hingen. Als die Stangen brachen, waren die Augen bereits derart geschwollen, daß die Amazonen ihnen nicht mehr trauten. Wir flohen an Bord, nicht ganz vollzählig, Alois fehlte ein Zeh, Eugen eine Ferse, er hatte sich schwer an den Stahlstangen halten können und war dreimal abgerutscht, sein Bauch hätte ihm beinahe das Leben gekostet, Alois war nur einmal abgerutscht. Ich behandelte die Wunden mit Jod, nachdem wir den Fadengummi und anderen Ballast abgeworfen, Anker gelichtet und Segel gesetzt hatten. Wir segelten viele Tage und Nächte.

ERNST KRETSCHMER
1990

wurde am 3.7.1951 in Königshofen/Unterfranken geboren. Von 1972 bis 1981 studierte er Germanistik, Geschichte und Philosophie sowie Vergleichende Literaturwissenschaft in Köln, Caen/Normandie und Bonn und promovierte bei Erwin Koppen mit einer Schrift über die Galgenlieder Christian Morgensterns und den viktorianischen Nonsense. Daraufhin folgte ein Schulreferendariat in Euskirchen in der Eifel. Seit 1984 ist Ernst Kretschmer als Universitätslektor für deutsche Sprache und Literatur in Mailand tätig. Dort hat er auch seinen Wohnsitz.

Veröffentlichungen:
Die Welt der Galgenlieder Christian Morgensterns und der viktorianische Nonsense. Verlag De Gruyter, Berlin und New York 1983; Christian Morgenstern. Metzler-Verlag, Stuttgart 1985; (Hg.) Christian Morgenstern. Ein Wanderleben in Text und Bild. Belz-Quadriga-Verlag, Weinheim und Berlin 1989; (Mithg.) Christian Morgenstern. Werke und Briefe. Verlag Urachhaus, Stuttgart 1987ff.; Aufsätze über H. C. Artmann, L. Ganghofer, E. Geibel, C. Morgenstern, R. Neumann und J. Ringelnatz in Metzlers Autoren Lexikon, Metzler-Verlag, Stuttgart 1986.

Volker Kühn

SEHR GEEHRTER ERNST

„Brüder! – Zeitgenossen! – Otto! – Paul! – Ludwig! – Geist! und ..."

Kaum begonnen, gerate ich bereits ins Stocken ... Sie werden vermutlich wissen, was ich nur ahne: So beginnt man keine Würdigung. Obwohl, wenn ich weiterlese, was ich mir hier notiert habe:

„... ich erstaune das neue Jahrhundert – – Es ist nichts. Es ist aber nichts. Es ist dreimal nichts. Es ist möglich. Es ist unmöglich. Kinder, Kinder! Mache. Matze. Platt. Matt. Patt. Unterbilanzisch. Kein Ewigkeitszug! Keine Ewigkeitsmomente. Beethoven? Schnitzler? Hauptmännisches?? – – –"

Oder gar, wäre einzufügen, etwa eine Morgenstern-Stunde? „Nein, – Hundeschwanz, – – – –"

Verehrte Anwesende, ganz klar: so geht das nicht. Da könnte ja jeder kommen und munter drauf los loben – eine Laudatio ist aus anderm Holz, und eine kritische Würdigung, die immer strebend sich bemühe, dem Geist, der da ebenso unwillig ist, wie er zuweilen bis stets verneint, Tribut zu zollen, ist es auch. Das fanden bereits die geladenen Damen und Herren, die sich vor fast neunzig Jahren im Hause der Berliner Alexanderstraße einfanden, allwo ein literarisch tingeltangelnder Freiherr, der von Wolzogen, mit seinem *Überbrettl* dem deutschen Kabarett das langersehnte Dach überm Kopf beschaffte und sein auf allerhübscheste Goldschnitt-Lyrik abonniertes Publikum mit Sätzen wie diesen traktierte:

„Malt der Dichter? Zeichnet der Dichter? Kupferstichtder Dichter? Macht der Musiker ‚Bilder'? Macht der Gärtner Bilder? Er setzt. Er haut. Er düngt. Sonaten. Statuen. Beete. Und der Dichter schreibe Akte. Aufzüge. Abschnitte. Absätze. Teile. Stücke. Kapitel. Paragraphen."

Diese Sätze, dem Brettl-Baron in den Mund gelegt und der spitzen Feder des Kritiker-Papstes Alfred Kerr untergeschoben, stammen von einem Manne, von dem hier heute abend noch die Rede sein wird, von Christian Morgenstern, der damit das Unvermeidliche, den Verriß am nächsten Morgen nämlich, wenn er denn schon nicht zu verhindern war, vorwegnehmen und parodierend dingfest machen wollte: „Wozu die Entdichterung? Es ist keine Erquickung. Es ist eine Verquickung. Er ist eine Kreuzung. Es ist ein Kreuz. Das also ist Hundeschwanz."

Und was ist eine Laudatio?

Sicherlich – die Parodie hat viel für sich. Aber erstens schickt sich eines nicht für alle, und zweitens nicht überall und irgendwo. Und achtens fürchte ich, eignet sie sich nur bedingt für einen so erfreulichen Anlaß wie diesen hier – immerhin wird hier der groteske Humor doch endlich einmal in dem Maße ernst genommen, wie er sich selbst allzu bereitwillig in Frage zu stellen bereit ist. Und das will nicht nur gefeiert werden, sondern in wohlgesetzten Worten gewürdigt sein. In wohlgesetzten Worten? wo bleibb da hummoooa, fragt Ernst Jandl, ein ebenfalls hierorts Ausgezeichneter, und Erich Kästner gibt Antwort: „Ja, weiß der Teufel wo der bleibt." Der selige Morgenstern erleuchte mich und der zu lobende Kretschmer steh mir bei ...

Versuchen wir es andersrum: Wie schön leucht', uns der Morgenstern oder: Morgenstern an und für sich – heute und immerdar – respektive the good old morning-stars and stripes for ever! Wer oder was sagt uns das: 1. Ernst Kretschmer. 2. Christian Morgenstern war und ist nun wahrlich ein Dichter, wie er im Buche steht: ein bißchen kauzig, ein bißchen sehr genial, ein Bruder Leichtfuß, ein rechter Habenichts, ziemlich schwindsüchtig dazu und viel zu früh gestorben. So lieben wir unsere Klassiker, auch die der Moderne. Und doch – er ist ein Poet, mit dem wir unsere liebe Müh haben: Morgenstern, so heißt doch kein Mensch, vermutlich hieß er in Wahrheit Schulze, Meyer oder Jeremias Müller, und dann alles doch irgendwie leichthin und drüber weg, obwohl ... wenn Sie das jetzt so sagen: das Kafkaeske in ihm, doch, doch, warum eigentlich nicht, da könnte was dran sein ... Aber dann wieder: so ganz und gar nicht versessen auf Ewigkeitswerte, eher tiefstapelnd, wo's um's eigene Werk ging, einer, dem nichts so recht heilig sein will, einer, der, kaum daß er uns eherne Wahrheiten verpaßt hat, sie sogleich wieder relativiert, ironisiert, glossiert, persifliert, parodiert – da kenne sich einer aus mit ihm. Ein Tippelbruder zudem, der sich in Gumppenbergs und Scheerbarts Gesellschaft wohlfühlt, wo man sich geistig und geistreich gegenseitig in die Tasche faßt und durch den literarischen Kakao zieht, einer, den es mit nichtsnutzem Künstler-Volk auf den Galgenberg zieht, und der schließlich „Sophie, mein Henkersmädel" auf Schädel und edel und „O Greule, Greule, wüste Greule" auf Eule und Silbergäule zu reimen weiß und dem Kauz seine Stimme leiht: „Pardauz, pardauz! Da tauts, da grauts, da brauts, da blauts!" Dabei kann er noch nicht einmal für sich in Anspruch nehmen, Dadaist gewesen zu sein, das gab's erst später, und doch: Das Zürcher Cabaret Voltaire hat ihn fleißig zitiert und so gut wie alles von ihm lernen können: „Bifzi, bafzi – hulalemi: Quasti basti bo..." Ganz zu schweigen vom sprachlos sprachgewaltigen „U-u, u-u, u-u, u-u, so geht es immer und immerzu!", von „Fisches Nachtgesang" und all dem andern

„gesunden Blödsinn", den Friedrich Kayßler um die Jahrhundertwende händeringend vom Freund fürs *Schall und Rauch* erbat: „Wirf ihn nicht fort, sondern schicke ihn uns!"

Was also bleibt uns vom Dichter? Natürlich dies: Das Nasobem steht längst im Brockhaus, und daß Möwen alle aussehen, als ob sie Emma hießen, und daß nicht sein kann, was nicht sein darf, ist inzwischen eine Büchmann-Weisheit. Auf Stehparties und im trauten Kreise literarischer Kaffeekränzchen läßt sich trefflich mit dem Zwölf-Elf, dem Schluchtenhund, dem Nachtschelm und dem Siebenschwein Belesenheit ins Feld führen, und wer Ohren hat, zu hören, und Muße genug, von Zeit zu Zeit im Original nachzuschlagen, der wird zuweilen entdecken, daß der vielzitierte Morgenstern in aller Munde hier und da denn doch eher von Ringelnatz stammt – und wenn's besonders hart kommt – ein Stück von Eugen Roth, wenn nicht gar von Heinz Erhardt ist. Aber das ist nun mal das Los des Klassikers. Parodierte, heißt es, leben länger. Und in diesem Sinne hat Morgenstern seinerseits zur Unsterblichkeit mancher literarischen Eintagsfliege beigetragen: Wer kennt schon noch Italiens einstigen Modedichter d'Annunzio, geschweige denn den strammen Artillerie-Major Josef Lauff, der zu Morgensterns parodistischen Brettl-Hochzeiten als Hofpoet Seiner Majestät, Willem zwo, allerderohöchstes Ansehen genoß?

Früh wurde auch ihm in diesem Sinne Unsterblichkeit zuteil, beziehungsweise mehr oder minder Gewalt angetan: Gumppenberg und Hans Reimann konnten es nun mal nicht lassen, Hellmuth Krüger nicht, und selbst ich habe eine späte Jugendsünde zu beichten – habe ich mich doch vor Jahren, als der Begriff des Wende-Halses noch stiernackiger und breitgesäßiger besetzt war als heute, nicht davon abhalten lassen, mich in einem Anfall von literarischer

Sodomie an Morgensterns „ästhetischem Wiesel" zu vergehen. Und das ging so:

Der Aha-Effekt

nach Christian Morgenstern

Ein Witz
Nahm Besitz
Vom Kanzlersitz

Wißt ihr,
Warum?

Sein Ministerium
Verriet es mir
Im Stillen:

Er tat's
Um der Pointe willen.

Als mildernde Umstände habe ich vorzubringen: Das schmale Bändchen mit Literaturparodien *Leise rieselt der Schmäh. Wende-Parodien zur Lage der Nation* gibt es längst nur noch im Ramsch und auch da nur zu einem Preis, den ich mit Emphase brüsk von mir weisen muß.

Morgenstern ein Klassiker also? „Wer fragt, der ist gerichtet, hier wird nicht kommentiert. Hier wird an sich gedichtet ..." raunzt es aus dem Dichterhimmel. Auch die Galgenlieder, so ist bei ihm nachzulesen, seien „ohne jeden Gedanken an jemalige Öffentlichkeit" angestimmt worden. Da sei Tieferhängen angesagt. Denn: „Zunächst sollten sie nichts als einigen jungen Toren, gleich mir selber, Vergnügen bereiten. Mit der Zeit aber wuchs ihr Leserkreis, ihre Anzahl, ihr künstlerischer Ernst."

Womit wir beim Preisträger wären. Lieber, künstlerischer Ernst, so lieben wir unsere Literaturwissenschaftler: Morgenstern und kein Ende! Morgenstern morgens, Morgenstern mittags, Morgenstern abends in der Nacht. Da hockt einer wie Du beharrlich und ausdauernd über den maschinenschriftlichen Transkriptionen seiner Tagebücher und Briefe und – ich freu mich schon drauf – es wird nicht bei den drei Büchern bleiben, da bin ich ganz sicher. Aber dann – da widmet sich ein Germanist gleich auf der ersten Seite eines seiner Bücher einem Vers, auf den sich Germanisten gemeinhin doch nur besinnen, wenn sie einander ans Leder wollen, wenn Germanisten Germanisten Germanisten nennen:

Und ob er auch nicht fähig ist
ein armes Wörtlein selbst zu zeugen -
(der Germanist, mein Germanist)
er weiß, daß nichts so wonnig ist
als – Schaffende zu beugen.

Aber dann – da macht sich einer auf die Socken, geht seinem Forschungsobjekt bis in den letzten Winkel seiner europaweiten Wanderschaft nach, steigt ihm auf den Galgenberg, spürt ihn im hohen skandinavischen Molde auf und sitzt ihm im südlichen Palermo auf den Versen – ob Ernst Kretschmer den Christian Morgenstern je eingeholt hat, weiß ich nicht, daß er ihm vielfach begegnet ist, steht außer Zweifel. Wer's nicht glaubt, lese und schaue seinen Prachtband *Christian Morgenstern. Ein Wanderleben in Text und Bild* – – – und wer es glaubt, erst recht.

Wer Christian Morgenstern war und ist, habe ich, wie ich hoffe, auf beeindruckende Weise nicht verdeutlichen können, bleibt die Frage, was es nun mit Ernst Kretschmer auf sich hat. Aber auch hier antwortet der Dichter: „Es ist ein Kreuz." Und selbst Kretschmer, der sonst so Kooperationsbereite, hat sich diesmal versagt. Sogar der Hinweis darauf, daß es dem Laudator eine große Hilfe sei, wenn er erfahre, wie er, der Laureat, laudationiert werden wolle – etwa nach dem Muster unserer massenmedial eingerissenen Polit-Talk-Show-Methode: „Sagen Sie mir, worüber Sie reden wollen, es fällt mir dann leichter, Sie zu fragen" – ließ ihn nicht gesprächig werden. Und er hat natürlich recht. Das, was es mit seinen Verdiensten um die Literatur im allgemeinen und die Morgensterns im besonderen auf sich hat, mag jeder Literaturfreund für sich – dem Leser zum Gewinn und dem Bücherumsatz zum Nutzen – selbst herausfinden; als einer, der selbst einige Bücher in den Regalen der auf schnellen Absatz bedachten Verlagssortimenter schlummern hat und der den Ramsch so fürchtet wie der Tiefsinn die Parodie, die stets entlarvt – ich kann und mag hier nicht etwa durch den Versuch, das Kretschmer-Werk in einer Art zu kommentieren, die die Lektüre seiner Bücher überflüssig machte, dem Trend zum Analphabetismus Vorschub leisten.

Was er zu sagen hat, steht in seinen Büchern, was über ihn zu sagen wäre, entnehmen Sie bitte dem Klappentext zu ebensolchen: Ernst Kretschmer, Jahrgang 1951, studierte – was sonst – Germanistik und Literaturwissenschaft, Universitäts-Lektor in Mailand, verfügt über ebenso einschlägige wie leidvolle Erfahrungen im Umgang mit Großverlagen und deren Bereitschaft, hart erarbeitete Erkenntnisse über Literatur ihrerseits an einen breiten Leserkreis weiterzugeben. Er ist Mitherausgeber der Werke und Briefe Christian Morgensterns im Rahmen der Gesamtausgabe, veröffentlichte Wissens- wie Lesenswertes über Morgenstern, insbesondere über die Welt der Galgenlieder und den viktorianischen Nonsense.

So mitteilsam er auch ist, sobald die Rede auf diesen Dichter kommt, so einsilbig kann er werden, wenn es um die eigene Person geht. Nur so viel ließ sich in Erfahrung bringen: Er will zu seinen drei Büchern gekommen sein wie zu seinen drei Kindern – nicht eins davon sei, wie er mir versicherte, geplant gewesen, vielmehr habe sich jedes, Musen- wie Schmusekind, eher so ergeben, und nun freue er sich einfach, daß sie da seien. Das war's denn aber auch schon. Wen interessiere es schon, gestand er mir, wie viele Kinder der Fleischermeister habe, dessen Blutwurst auf der Grünen Woche prämiiert werde – es sei denn, es fehlen welche.

Was soviel heißen soll wie: Literaturwissenschaftliche Bücher sind letztlich Handwerksstücke, die ganz gut ohne ihren Autor benutzt und verstanden werden können. Umso mehr freue ich mich, daß der Kasseler Literaturpreis für grotesken Humor in diesem Jahr Ernst Kretschmer zugesprochen wurde. Die Jury ist zu dieser ihrer Entscheidung nicht minder zu beglückwünschen wie Ernst Kretschmer zu diesem Preis, den er gleich zweifach getrost nach Hause tragen kann: Beflügelnder Scheck und beflügeltes Schneckenhaus, eins so wichtig wie das andere, eins ohne das andere nur die Hälfte wert, wird er – wie ich vermute – beide Trophäen auf einer Bank deponieren, und ich hoffe für ihn, daß seine Vorliebe für den grotesken Humor nicht so weit geht, daß er etwa die Skulptur seiner Hausbank überantwortet und die 15 Riesen auf der Fensterbank seines Studierzimmers hinterlegt – sondern umgekehrt.

Und noch ein Wort in fremder Sache. Über der Aufgabe, preisend mit viel schöner Rede hochzupreisende Literatur und zu Recht vielgepriesene Literaten lobzupreisen sowie jene zu belobigen, die diese Literatur in nimmermüden Deutungsversuchen einer allgemeinen Leserschaft zum besseren und tieferen Verständnis preisgeben, sollen doch auch wenigstens mit einer Nebenbemerkung jene lobend Erwähnung finden, die dies alles erst möglich machten und denen wir es, so gesehen, erstens und zweitens verdanken, daß wir hier und heute in drei Morgensterns Namen versammelt sind – die Preisstifter.

Liebe Christine Brückner, lieber Otto Heinrich Kühner, ein Literaturpreis für grotesken Humor, noch dazu Werken zugedacht, die über der Frage nach dem Sinn des Daseins dem Unsinn auf die erhellende Spur kommen und diese unsere Wirklichkeit in satirischer Übertreibung und bis zur Kenntlichkeit verzerrt, erst recht sichtbar machen – das allein ist bereits schon wieder laudabel und – wäre es nicht für sich ein Groteskum – einen Preis wert. Aber warum eigentlich nicht? Es kann gar nicht genug Preise geben.

Es heißt, es werde in diesen Zeiten weniger gelesen als zu anderen. Und wer's nicht glaubt, der gehe unters Tutti-Frutti-Volk und frage mal ab, was erlesene Sache ist und was abgeguckte in diesen Tagen.

Und dennoch. Bangemachen gilt nicht. Vergebt Preise! So viel Ihr könnt und man sich leisten kann. Der Preisgekrönte wird's Euch ohnehin danken. Aber nicht nur er. Denn wo ein ausgezeichneter Mensch unter uns ist, da ist nach Adam Goethe auch der Laudator nicht weit. So sind es schon zwei, die da zum Buche greifen, wenn auch zugegebenermaßen zu einunddemselben. Aber immerhin. Nimmt man nun noch die Juroren dazu, und unterstellt man, daß es gleich mehrere Anwärter auf ein und denselben Preis gegeben hat – das macht nach verlegerischem Einmaleins rundgerechnet, Pi mal Daumen ... naja, jedenfalls rechnet es sich nun schon langsam. Und damit nicht genug. Es darf zumindest davon ausgegangen werden, daß auch die eine oder der andere unter denen, die die werte Festgesellschaft ausmachen, es nun doch mal genauer wissen will – und sei es auch nur, um herauszufinden, was für eine phänomenale Fehlentscheidung denn in diesem Jahr wieder getroffen wurde, ob denn der Preisgekrönte des gestifteten Lorbeers auch würdig und der Laudator seinem vorgegebenen Thema gewachsen ist – – – wer wollte da nicht mitreden mögen, und wer das mag, der munitioniert sich mit Einsichten, die er aus Erstausgaben, Sekundärliteratur und Liebhaber-Editionen aus dritter Hand gewinnt, und wenn dann auch noch die Presse ein bißchen einsteigt und die Feuilleton-Feder scharfzüngig wetzt – besser ein langer Verriß als ein kurzes Lob – da kommt dann schon einiges zusammen, was dem Poeten auf den Pegasus hilft und dem Buchhändler in den Regalen Platz für die aktuellen Seller schafft – – – da ist, landauf-landab, ein munteres Brillenputzen zu beäugen, da kommt Lesefreude auf; und wenn die Welt voll Analphabeten wär und der Comic-Produktion kein Ende und winkte selbst den Verkabelten kein Sendeschluß: so bringt man doch, trotz alledem, Bücher unter die Leute und die Leute ans Buch.

Vergebt also Preise, so viel Ihr mögt und könnt! Die Preisträger werden es uns danken – schließlich hat ja jeder Preis nun mal seinen Preis. Und der hier noch dazu in einer der – wie man hört – härtesten, stabilsten und kompatibelsten Währungen der Welt. Ich bin sicher, er wird dazu beitragen, Dir, lieber Ernst Kretschmer, nicht nur das wissenschaftliche Sitzfleisch zu festigen, sondern zudem und vor alledem Dein journalistisches Steh- und Gehvermögen zu stärken, damit Du Dich noch unbekümmerter als bisher auf die Socken machen kannst, Dir und uns allen neue, alte Wege auf dem Terrain der Groteske zu erschließen.

Mit einem solchen Preis im Sack läßt sich gut wandern. Und außerdem fällt – für Tippelbrüder nicht ganz unwichtig – neben der Ehre, die ja allein nun mal nicht satt macht, auch noch ein warmes Essen ab. Was will man mehr.

Ob man sich bei der Komposition des Menues allzu eng an die kulinarischen Empfehlungen Christian Morgensterns gehalten hat, wie er sie einst, vor mehr als 75 Jahren, im fernen Tirol handschriftlich festgehalten hat, entzieht sich meiner Kenntnis. Falls ja, wäre Schmalhans Küchenmeister heute Abend. Der Speiseplan liest sich wie ein Gesundheits-Spot unserer Tage, der um moderne Viehzuchtmethoden, ungesunde Fettlebe und verstrahlte Gourmet-Freuden weiß:

1. Kein schwarzes Fleisch – auch nicht Schweinefleisch (Räucherwaren) – mit Ausnahme von Wild.
2. Nichts von Alkohol, auch nicht in den Speisen (Weinsaucen etc.)
3. a) Keine Pilze, keine Hülsenfrüchte (außer in Form von Suppen)
   b) Anstatt Essig bitte Zitrone
4. Keinen Fisch

Hoffen läßt uns wie immer – wer wird schon poetischer sein wollen als der Poet – Morgensterns Zusatz: „*Ausnahmen vorbehalten*".

In diesem Sinne, lieber Ernst, wohl bekomm's! Der Preis, dieser wie jener, des weiteren die Ehre und schließlich all das, was damit im engeren wie auch im weiteren Sinne zusammenhängt. Mit anderen Worten: Weiter so. Oder wie uns der Dichter hallelujahmäßig verheißt: Lalu lalu – lalu lalu la.

Sehr geehrter Ernst, lieber Morgenstern-Deuter –
sehr zu preisende Preisstifter –
verehrungswürdige Literaturfreundinnen und -freunde –
liebe Leserinnen und Leser –
meine Damen und Herren –
Der Anlaß, der uns heute hier zusammengeführt hat, ist erfreulich genug. Oder mal so gesagt:
Gäbe es keine Preise
Gäb's hierzulande bald kaum noch Literaten
Gäb's hierzulande kaum noch Literaten
Wären die Germanisten bald arbeitslos
Wären die Germanisten arbeitslos
Rätselten wir zwischen Dichtung und Wahrheit
Rätselten wir zwischen Dichtung und Wahrheit
Wüßten wir wenig vom Leben
Wüßten wir wenig vom Leben
Wären wir ganz schön arm dran
Wir wollen aber nicht arm dran sein –
also muß es auch Preise geben!

Volker Kühn, Autor und Regisseur, kam über den Journalismus zu Funk- und Fernseharbeit: Hörspiele, Feature, Satire. 1965 bis 1978 eigene Funk-Kabarett-Reihe *Bis zur letzten Frequenz;* Mitbegründer der *Notizen aus der Provinz* und Mitarbeit am *Scheibenwischer*. Zahlreiche Filme, u. a.: Die halbe Eva, ARD 1975. Euer Clown kann ich nicht sein, ZDF 1980. Hochkant, ARD 1982. Der Eremit, ARD 1984. Veröffentlichungen u.a.: Das Wolfgang Neuss Buch, 1981. Das Kabarett der frühen Jahre, 1984. Kleinkunststücke. Eine Kabarett-Bibliothek in fünf Bänden, 1987 ff. Die zehnte Muse – 111 Jahre Kabarett, 1993.

Ernst Kretschmer

Daß ich mich ungemein über diesen Preis freue, ist natürlich klar und bedürfte kaum der Erwähnung. Ich nehme ihn mit großer Dankbarkeit entgegen. Abgesehen von der Summe, die mit ihm verbunden ist und die im übrigen alles, was ich bislang an meinen Morgenstern-Büchern verdient habe, leicht in den Schatten stellt, lasse ich mich schon durch die Anerkennung als solche nur allzugern bauchpinseln. Und dennoch fühle ich mich ein wenig fehl am Platz, unbehaglich irgendwie in meiner Haut, so als ernte ich da Früchte, die mir gar nicht so recht zustehen, und damit Sie das nicht als eine rhetorische Bescheidenheitsformel mißverstehen, möchte ich es Ihnen auch zu erklären versuchen.

Stellen Sie sich mit mir zusammen vor, Morgenstern wäre heute abend hier bei uns, in Kassel: ein wenig zu schmal für seinen dunklen Anzug – nein, besser doch beleibt, wie er es oft sich wünschte, wohlbeleibt, völlig anzugfüllend, mit seiner hohen Dichterstirn auf jeden Fall, weil doch sein dünnes Haar noch weiter dahinter zurückgetreten wäre, und seinem obligaten Bart, so wünschte ich es, in rosigem Gesicht, ein gepflegter Mann, wie er es immer war, mit gesteiften Manschetten, unverbesserlich altmodisch, ein wenig hölzern, gütig natürlich und doch Würde ganz und gar.

Dort vorne in der ersten Reihe säße er, Otto Heinrich Kühner wahrscheinlich zur Linken, da die beiden sich viel zu erzählen hätten, zu seiner Rechten aber – liebe Christine Brückner, verzeihen Sie mir mit Humor – Margareta, seine Gattin, eine Matrone allerersten Ranges, die einen Hut trüge.

Er wäre, denke ich, heute abend ganz zufrieden mit sich und der Welt, was seine Rolle wenigstens in dieser betrifft.

Arriviert, der ruhmreiche Dichter der Galgenlieder, Palmströms und Korfs, ins Schwedische übersetzt, ins Ungarische und Tschechische usw., vom Englischen und Französischen zu schweigen, in Brockhaus und Meyer und sämtliche Schullesebücher auf immer eingegangen, ein Dichter schließlich, über dem zudem – untrügliches Zeichen seiner Größe – die Germanisten sich zerstreiten, von denen wiederum einer sogar einen Preis dafür erhält. Eine Idylle, an der er seine Freude hätte, wie ich nun die meine.

Ich aber sehe da auch ein anderes Bild vor mir, das weit weniger idyllisch ist, eine Photographie, die im Giftschrank des Morgenstern-Archivs in Stuttgart liegt, noch nicht veröffentlicht wurde und hoffentlich auch immer so bleiben wird. Es zeigt Morgenstern auf seinem Sterbebett, ausgemergelt, zusammengefallen, von einer Krankheit zerstört, die ihn sein Leben lang verfolgte und kreuz und quer durch Europa trieb, von Kurort zu Kurort, von Sanatorium zu Sanatorium, in dieser letzten Zuflucht, einem ärmlichen Pensionszimmer in Meran, fernab von aller Welt. Der Husten ist vierdimensional, sollen seine letzten Worte gewesen sein. 42 Jahre war er an diesem 31. März 1914 alt, und das Leben, das er geführt hatte, war in vielerlei Hinsicht ein schweres gewesen.

Christian Morgenstern, um nun hier nicht in Wehleid zu verfallen, war allerdings selbst nicht ganz schuldlos daran. Er hätte es auch einfacher haben können. Als er Mitte Zwanzig war, brach er kurzerhand sein ohnehin verbummeltes Studium ab – bei Kunstgeschichte und in Berlin war er mittlerweile gelandet – und beschloß leichtfertig, etwas zu werden, wovon die meisten Menschen mit gutem Grund die Finger lassen, ein Schriftsteller nämlich, ein sogenannter freier und ein großer natürlich dazu, obwohl doch die

Folgen eines solchen Beschlusses, dem er sein Leben lang dann auch noch treu blieb, im Grunde absehbar waren.

Die erste bittere Erfahrung des Schriftstellers Morgenstern – vom Geld sprechen wir später – war das Scheitern, das Versagen vor den eigenen Ansprüchen. Von all den großen dichterischen Plänen, die er in Angriff nahm, und es waren ihrer viele, wurde nicht einer verwirklicht, nicht ein einziger. An einer Dramentrilogie, nichts weniger, quälte er sich herum, deren Titel für sich allein schon sprechen: *Savonarola, die Tragödie der religiösen Leidenschaft, Cesare Borgia, die Tragödie des Weltmenschen, Julius II., die Tragödie der heroischen Ungeduld.* An „Römischen Dithyramben" versuchte er sich, nach dem Vorbild der griechischen Chöre. „Welthistorische Gesänge" mußten es werden, „ganz großen Stiles, gewaltige Erden- und Sonnenlieder". Und natürlich gab es da auch den einen, einzigen großen Roman, an dem er zwei Jahrzehnte lang litt. Den Menschen wollte er darin erforschen, „der sich als die Ewigkeit, die er ist, nach und nach aus der Zeit (die er auch ist) herausgräbt." Nichts ist aus all dem geworden.

Die kleine Form war das, was Morgenstern bewältigte, tausendfach, Essays, Szenen, Aphorismen und die Gedichte natürlich, Natur- und Liebeslyrik, Erlebnis- und Bekenntnislyrik, gedichtet „auf vielen Wegen", wie er 1897 seine zweite Sammlung nannte: Kunstvoll gebaute Stanzen, gewählte Metaphern, pathetisch und melancholisch, mystisch und anthroposophisch, in acht Büchern zusammengestellt. In diesen wenigstens wollte er sich beweisen, als ernster Dichter, den es auch ernst zu nehmen galt, und mußte entdecken – das war die zweite bittere Erfahrung –, daß das keinen interessierte. Gelesen und gekauft wurden allein die Bücher, die er als seine „Beiwerkchen" bezeichnete, seine

„Nebensachen" doch nur: Die *Galgenlieder,* die 1905 zum ersten Mal erschienen waren, erreichten 1914 ihre 14., der *Palmström* von 1910 seine 8. Auflage. So sehr sie ihm auch das Überleben ermöglichten, Morgenstern fühlte sich gerade dadurch als Dichter gründlich verkannt.

Es ist schwer vorstellbar, wie er ohne den Erfolg der Beiwerkchen überhaupt über die Runden gekommen wäre, ab 1910 wohlgemerkt, als dieser endlich einzusetzen begann, in den letzten vier Lebensjahren. Es ist selbst für intime Morgenstern-Kenner kaum zu begreifen, wie er es bis dahin schaffte. Denn das war die dritte Erfahrung, die der freie Schriftsteller gleich von Beginn an machte: die notorische Geldnot. Morgenstern versuchte sie auf alle erdenklichen und unerdenklichen Weisen anzugehen, als Ibsen-Übersetzer in Oslo, als Feuilletonist in Rom, als verwegener Erfinder von Knopfkrawatten und Bartschürzen, elektrischen Streichhölzern und elektromagnetischen Staubreinigern, Fahrradsegeln und Dampfposaunen, an denen er ganz unironisch eines schönen Tages zu verdienen hoffte. Kunstgärtnern wollte er, kunsttöpfern, Zollstockspiele verkaufen, antike und mittelalterliche Baukästen, Abreißkalender, die er alle selbst entworfen hatte. 1896 notiert der Fünfundzwanzigjährige, auch dieses ohne Ironie: „3 Erwerbseventualitäten: 1) Dekorateur (...) 2) Plakatentwürfe (...) 3) Eingabe an den Prinz-Regent um jährliche Rente."

Auch wenn daraus nichts wurde, wie auch aus allem anderen nicht, Morgenstern schlug sich durch, natürlich, aber sein Leben lang eben auch um seinen Unterhalt kämpfend und gegen seine Schreibhemmungen, die fortschreitend zunahmen, gegen die Enttäuschung seiner Dichterhoffnungen, gegen seine Krankheit schließlich, die seine Wahl nicht war.

Das geht mir durch den Kopf, wenn ich heute diesen wunderschönen Preis bekomme, für das Verdienst, daß ich ein Interpret dieses Dichters bin und mich als solcher auch noch in drei Büchern ausgebreitet habe, armer Morgenstern. Als konservativen Monarchisten habe ich ihn darin vorgestellt, der Hehrheit des Adels zugetan, dem Völkischen nicht abgeneigt, dem Großen hoffnungslos verfallen. Er sei nur zu leicht seinen Führern gefolgt, von Friedrich Nietzsche bis Rudolf Steiner, ja sogar einem wie Paul de Lagarde aufgesessen, auf den die Nazis sich später gern beriefen. In ihrer Spur habe er gedichtet, von Epigonalem nicht frei, ein Dilettant ganz gewiß, so wie man ihn Ende des letzten Jahrhunderts verstand, in manchem eklektisch sogar, und wäre, behauptete ich, ohne seine Beiwerkchen, Nebensachen womöglich schon herausgefallen aus der deutschen Literaturgeschichte, überhitzter Pathetiker, nebulöser Mystiker, verklemmter Liebeslyriker. Oh! Da stünde sie, Margareta, kerzengerade vor ihrem Platz, eine Matrone allerersten Ranges, und sagte laut, wir gehen, es ist Zeit, komm Morgenstern, und verließe mit oder ohne ihm, in jedem Falle aber hochroten Kopfes den Saal. Denn ihr lag immer so viel am Dichterbildnis ihres Mannes, am Image, wie es heute hieße, so viel, daß sie nach seinem Tode seine Texte lieber noch ein bißchen überarbeitete, zurechtstutzte, damit auch alles gut zusammenpaßte für seinen Platz in der deutschen Literatur.

Morgenstern aber – doch, bestimmt – er bleibt, obwohl auch er nun aufgestanden ist und sich Ihnen im Saal zuwendet: Meine Damen und Herren, sagt er amüsiert, uns alle überraschend, fürwahr, beim heiligen Nepomuk, sie ist eine alte Matrone, und doch liebe ich sie. Und während wir alle noch starr sind vor Schreck, seine Stimme zu hören, beginnt er unverändert amüsiert:

Die Nähe ging verträumt umher ...
Sie kam nie zu den Dingen selber.
Ihr Antlitz wurde gelb und gelber,
und ihren Leib ergriff die Zehr.

Doch eines Nachts, derweil sie schlief,
da trat wer an ihr Bette hin
und sprach: „Steh auf, mein Kind, ich bin
der kategorische Komparativ!

Ich werde dich zum Näher steigern,
ja, wenn du willst, zur Näherin!" -
Die Nähe, ohne sich zu weigern,
sie nahm auch dies als Schicksal hin.

Als Näherin jedoch vergaß
sie leider völlig, was sie wollte,
und nähte Putz und hieß Frau Nolte
und hielt all Obiges für Spaß.

Das *Gruselett* trägt er vor, *Das Knie,* wir wüßten, er könne auch anders, läßt Seufzer für uns schlittschuhlaufen und Schnupfen auf Terrassen hocken, erfindet uns zur Weste eine Oste, zum Elefant den Zwölefant, Witze, die erst viele Stunden später wirken, eine Mittagszeitung, welche, wenn man sie gelesen hat, ist man satt. Oh ja, in Fahrt gekommen ist hier Christian Morgenstern, weil nicht sein kann, was nicht sein darf, frisch wie eine junge Rüde, gleich Demosthenes am Strand des Meeres. Er führt sie uns vor, schöpft aus dem Vollen seiner Welt der Galgenlieder, lächelnd und lachend, verspielt und ironisch, phantastisch, humorvoll, grotesk, um dann zu guter Letzt zu einem Lied zu kommen, das er, jawohl, in Kassel schrieb, seinerzeit im Juni 1909, in einem Café:

Palmström geht durch eine fremde Stadt ...
Lieber Gott, so denkt er, welch ein Regen!
Und er spannt den Schirm auf, den er hat.

Doch am Himmel tut sich nichts bewegen,
und kein Windhauch rührt ein Blatt.
Gleichwohl darf man jenen Argwohn hegen.

Denn das Pflaster, über das er wandelt,
ist vom Magistrat voll List – gesprenkelt.
Bona fide hat der Gast gehandelt.

Ich habe verstanden, Morgenstern. An den eigenen Dichteransprüchen gescheitert? Vom großen Publikum verkannt, heimatlos, mittellos? Monarchist und Pathetiker? Na und? Bona fide hat der Gast gehandelt und dabei uns Gedichte hinterlassen, die nun schon mehr als 75 Jahre überdauert haben und die nächsten überdauern werden.

Ich möchte Ihnen danken, Morgenstern, und Sie ahnen nicht, wofür. Sie wissen nichts von der Melancholie der Germanisten, ihren kummervollen Blicken auf den eigenen Nabel und der Frage ‚wozu?' Sie kennen weder jene unter uns, die in Dichtungen nichts weiter als Zeichen und Raster erblicken und selbst Systeme daraus bauen, die strukturalistisch und semiotisch heißen, noch jene, die es allein für wichtig halten, wie oft ein Buch gekauft, wie oft in welchen Feuilletons besprochen und in den Büchereien ausgeliehen worden ist, und wann von wem. Das nennt man Rezeption und soziologisch. Sie kennen auch die anderen Schulen nicht und brauchen Sie nicht zu kennen. Ich danke Ihnen, weil ich für mein Interpretengeschäft etwas bei Ihnen gelernt habe, an Ihren unnachahmlichen Dichtungen wie an Ihren mißratenen, etwas sehr Elementares und, wenn Sie wollen, meinetwegen ruhig Banales: die Überzeugung, daß Literatur, wie ihre Schwesterkünste auch, die subtilste, delikateste, diffizilste Ausdrucksweise des Menschen ist, seiner Ängste und Wünsche, seiner Sehnsüchte in dieser Welt, die allen akademischen Systemen sich entzieht. Oh, welch ein Pathos, amüsiert sich Morgenstern. Doch habe er das schon vermutet und 1907 auch gesagt: Die Ironiker seien eben meistens doch nur beleidigte Pathetiker.

Na gut, dann schließe ich und danke Ihnen allgemein für das, was ich von Ihnen profitierte, den Kasseler Literaturpreis für grotesken Humor dann aber auch direkt inklusive, und wende mich mit einem letzten Wort an die beiden, die ihn stifteten, zwei Schriftsteller natürlich: Danke.

Robert Gernhardt

1991

wurde am 13.12.1937 in Reval, dem heutigen Tallinn, in Estland geboren. 1956 begann er ein Studium der Malerei und Germanistik in Stuttgart und Berlin. In den Jahren 1964 bis 1966 wirkte er als Redakteur der Satirezeitschrift *pardon* und wurde später einer der Mitbegründer von *Titanic. Das endgültige Satiremagazin.* Man rechnet ihn der sogenannten *Neuen Frankfurter Schule* zu. Seit Mitte der sechziger Jahre arbeitet er freiberuflich als Maler, Zeichner, Karikaturist und Schriftsteller. Ausstellungen seiner Arbeiten fanden u. a. in Berlin, Frankfurt am Main, Basel und Regensburg statt. Robert Gernhardt lebt in Frankfurt am Main.

Auszeichnungen u. a.:
Deutscher Kinderbuchpreis zusammen mit Almut Gernhardt (1983); Kritikerpreis der Berliner Akademie der Künste (1987).

Veröffentlichungen u. a.: (soweit nicht anders verzeichnet, sind die Bücher im Haffmans-Verlag, Zürich, erschienen):
Die Wahrheit über Arnold Hau. Von Lützel Jeman (d. i. Robert Gernhardt), F. W. Bernstein (d. i. Fritz Weigle) und Friedrich Karl Waechter. Bärmeier und Nikel, Frankfurt/M. 1966; Besternte Ernte. Gedichte aus fünfzehn Jahren. (Zusammen mit F. W. Bernstein.) Zweitausendeins, Frankfurt/M. 1976; Die Blusen des Böhmen. Geschichten, Bilder, Geschichten in Bildern und Bilder aus der Geschichte. Zweitausendeins, Frankfurt/M. 1977; Wörtersee. Gedichte und Bildergeschichten. Zweitausendeins, Frankfurt/M. 1981; Ich Ich Ich. Roman. 1982; Glück Glanz Ruhm. Erzählung Betrachtung Bericht. 1983; Gernhardts Erzählungen. 120 Bildergeschichten. 1983; Letzte Ölung. Ausgesuchte Satiren. 1984; Hier spricht der Dichter. 120 Bildgedichte. 1985; Die Toscana-Therapie. Schauspiel in 19 Bildern. 1986; Kippfigur. Erzählungen. 1986; Es gibt kein richtiges Leben im valschen. Humoresken aus unseren Kreisen. 1987; Körper in Cafés. Neue Gedichte. 1987; Innen und Außen. Bilder, Zeichnungen, Über Malerei. 1988; Was gibt's denn da zu lachen? Kritik der Komiker. Kritik der Kritiker. Kritik der Komik. 1988; Gedanken zum Gedicht. 1990; Lug und Trug. Drei exemplarische Erzählungen. 1991; Über alles. 1994; Ziele. Gedichte. 1994.

THEO BUCK

LOBLIED AUF ROBERT GERNHARDT

Geehrte Festversammlung, liebe und verehrte Stifter, vor allem aber: lieber Robert Gernhardt!

Es ist wieder einmal so weit. Die Jury hat einen kulturell einzuordnenden Preis vergeben und zu diesem Zweck einen Preiswürdigen auserkoren. Man kennt das Ritual. Warum geschieht das? Unter welchem Anspruch? Verschafft sich die den Musen gewiß nicht sonderlich geneigte Gesellschaft auf diesem Wege ein, wortwörtlich, preisgünstiges Alibi? Wer feiert sich da? Was wird gefeiert? Wie wird gefeiert? All dies sind Fragen, die zu klären mehr Zeit in Anspruch nehmen würde, als mir zur Verfügung steht. Halten wir deshalb lediglich fest: Viel Fragwürdiges ist im Spiel. Nur eine Frage läßt sich eindeutig klären, nämlich die: Wer wird gefeiert? Es ist Robert Gernhardt. Viele kennen ihn. Man kennt ihn. Aber dennoch würde ich sagen: Wir kennen ihn nicht genug. Er macht es uns auch gewiß nicht leicht mit seiner vielfältigen, zuweilen sich fast überstürzenden Produktivität auf verschiedenen Feldern. Er ist Schriftsteller, Kritiker, Essayist, Mitglied der Titanic-Redaktion, Kinderbuchautor, Filmgestalter, Maler, Zeichner und Cartoonist. Er hat für das Fernsehen genau so gearbeitet wie für Zeitschriften, den Hörfunk oder die Schallplattenindustrie. Vor allem aber ist er – als Robert-Treff – ein berufener Satiriker. Deshalb hat die Frage, die Andreas Isenschmid unlängst in der *ZEIT* gestellt hat, durchaus ihre Berechtigung: „Was kann Robert Gernhardt eigentlich nicht?" Aber auch das will ich als fragwürdig hier stehen lassen. Denn ich habe genug zu tun mit dem, was er kann.

Zuvor aber ist ein Zusammenhang klarzustellen, mit dem es gleichfalls seine Schwierigkeiten hat. Paßt zu Gernhardt der Preis, der ihm verliehen wird? Ein Preis für ‚grotesken Humor'? Was ist das überhaupt: ‚grotesker Humor'? Humor soll ja befreiend wirken, heiter-versöhnlich stimmen, eine Art Lustgefühl erzeugen. Das Groteske aber wird dem Monströs-Grausigen, dem Deformierten und Entfremdeten zugeschrieben, das bestenfalls ‚schwarzen Humor' auslösen kann. Und doch gibt# es eine Brücke zwischen beiden. Mögen sich die semantischen Ausrichtungen auch fast ausschließen; sie kommen in der Praxis doch auch wieder zusammen. Das zeigt nicht nur die schöne und reichhaltige Anthologie, die Friedrich Block im Zeichen der „beflügelten Schnecke" zusammengestellt hat (und in der Robert Gernhardt selbstverständlich vertreten ist!). Ganz bestimmte Namen stehen ebenso dafür, die dort fehlen: von Shakespeare über E.T.A. Hoffmann und Heine bis zu Paul Wühr oder Hans Joachim Schädlich. Besonders in der „Wurstelei unseres Jahrhunderts", wie Friedrich Dürrenmatt diagnostizierte, gibt es diese im Ergebnis eher beklemmende Konvergenz von Humor und Groteske. Ein Unbekannter hat zuerst diesen Zusammenhang erkannt, als er den folgenreichen Satz von sich gab: „Humor ist, wenn man trotzdem lacht". Denn die Konjunktion ‚trotzdem' verweist uns auf eine alles andere als erfreuliche Realität. Mit dieser Formulierung war die dialektische Beziehung zwischen Humor und Groteske sinnfällig hergestellt und angemessen benannt. Zu Ende ging es danach Stück um Stück mit dem ‚heiteren Darüberstehen' und dem Lustgewinn durch Lachen. Das Lachen ist bitterer geworden, wohl auch schwärzer, gewissermaßen angeschwärzt.

Trotz alledem hat das Lachen eine produktive Funktion behalten, die Otto Heinrich Kühner zutreffend als „gemeinnützige Tätigkeit" bezeichnet hat. Ein Beispiel zur Charakterisierung dieser Haltung mag genügen. Für die Bestimmung einer unmöglichen Existenz wählte Georg Christoph Lichtenberg die, angeblich aus dem Englischen kommende, Umschreibung: „ein Messer ohne Klinge, an welchem der Stiel fehlt". Die deprimierende Metaphorik bringt uns zum Lachen, obwohl der registrierte Befund eher Anlaß zum Weinen wäre. In unserem Jahrhundert hat sich das entschieden zugespitzt. Noch einmal sei Dürrenmatt zitiert: „Unsere Welt hat ebenso zur Groteske geführt wie zur Atombombe. ... Doch das Groteske ist nur ein sinnlicher Ausdruck, ein sinnliches Paradox, die Gestalt nämlich einer Ungestalt, das Gesicht einer gesichtslosen Welt."

Mit eben dieser Sachlage müssen heutige ‚Humoristen' zurechtkommen. Derlei kann bös danebengehen. Das miese Geblödel fast aller Fernseh-‚Entertainer' wie der organisierte Bierernst der Karnevalisten machen das überdeutlich. Umso schätzbarer sind da die wenigen Ausnahmen. Gelingender Humor, stimmiger Humor kann heutzutage nur grotesk sein. Ihn brauchen wir aber dringend, denn die Wirklichkeitssituation ist insgesamt humorlos. Entschieden humorlos sind auch seit jeher Diktatoren. Befreiendes Lachen schadet ihrem Status prinzipiell. Denn grotesker Humor fördert eine kritische Sicht der Welt. Und man kann angesichts unserer Weltlage nur mit Bertolt Brecht sagen: „Ändere die Welt. Sie braucht es". Dazu vermag, neben vielen sehr ernsten Dingen, auch der neue, ‚angeschwärzte' Humor viel beitragen. Der bittere und groteske Humor schafft es nämlich, hinter die Fassaden zu blicken und so für uns Schein und Sein gegeneinander abzugrenzen. Versöhnlich wirken kann dieser Humor freilich nicht mehr. Dem steht unsere apokalyptische Landschaft allzu deutlich entgegen.

Praktiker des grotesken Humors müssen demzufolge Satiriker sein. – Womit wir wieder bei Robert Gernhardt wären. Auf die Gefahr hin, ihn damit zu verstimmen, wage ich sogar zu sagen, er sei ein hochgradiger Satiriker. Er selbst wollte dem entschieden vorbauen. In seinem *Fazit* betitelten Text lautet der Untertitel: *Warum ich nicht gern Satiriker bin und mich nur ungern als solchen bezeichnet sehe.* Er beruft sich dabei auf das warnende Beispiel der toten Satiriker, ihre „Kämpfe", ihre „Leiden", ihre „Anfeindungen", ihre „Tode" auf dem „schillernden Haufen" des „lebenden Satirikers", ferner auf die „Leser der Satire" („Ich ... habe sie alle gern, und auch sie können mich alle gern haben", spricht Robert Gernhaber). Er gibt vor, sich Sorgen zu machen wegen der „Anlässe der Satire" sowie wegen ihrer „Mittel" und „Folgen". Vor allem aber tut er so, als bekümmere ihn „die Satire als solche" – gleichsam ‚schlechthin'. Letzten Endes freilich holt er trotzdem aus zur *Letzten Ölung*, jenem „Sakrament, durch das gefährlich Kranken, die bereits den Vernunftgebrauch besitzen, göttliche Hilfe besonders in Todesgefahr und mitunter auch Erleichterung in der Krankheit des Leibes verliehen wird". Demnach wäre die Gernhardtsche *Letzte Ölung*, die Ölung also, die er uns verpaßt, die sehr irdische Variante jener „Hilfe in Todesgefahr" für Kranke, „die bereits den Vernunftgebrauch besitzen".

In dieser Absicht ist Robert Gern-hardt – nomen est omen – seit den sechziger Jahren unermüdlich tätig. Sein munteres Tun hat ihm die Ehre eingetragen, der sogenannten *Neuen Frankfurter Schule* zugerechnet zu werden. Und in der Tat hat seine Arbeit in der Zielsetzung etwas mit der ‚negativen Dialektik' der Altmeister Horkheimer/Adorno gemeinsam. Dialektischer Aufklärer ist nämlich Gernhardt ebenfalls; nur schreibt er dabei verständlicher. Kein Lehrer will er sein und erst recht kein Heiliger, sondern ein bis zum Selbstzweifel skeptischer Satiriker, der auf den Unterhaltungswert seiner ‚Texte und Zeichen' größten Wert legt.

Wie fast alle Schreibenden und Malenden seines Schlags liebäugelt auch er immer wieder mit der ernsthaften Kunst. Das muß schon deshalb eine unglückliche Liebe bleiben, weil die Ausdrucksmittel des Satirikers allemal an den formalen Inszenierungen traditionellen Zuschnitts orientiert sein müssen. Humor, auch der groteske, will Lachen erzeugen aus tiefer Erkenntnis heraus. Auf dem Wege literarischer oder malerischer Innovation kann das nicht vor sich gehen. Auch Unterhaltung kostet ihren Preis. Kompensation bietet etwas, was kaum ein Mann der Feder verächtlich betrachtet: – Gelesenwerden. Wie sagte schon der Satiriker Lessing im *Sinngedicht an den Leser?*

Wer wird nicht einen Klopstock loben?
Doch wird ihn jeder lesen – Nein.
Wir wollen weniger erhoben,
Und fleißiger gelesen sein.

Nebenbei hat das keineswegs verhindert, daß Lessing seinen Platz in der Literaturgeschichte gefunden hat. Klopstock hingegen ist darin schon seit geraumer Zeit eingesperrt und scheint es auch zu bleiben (trotz Peter Rühmkorfs ehrbarem Versuch, ihm zu einem Ausbruch zu verhelfen).

Derartiger Einsperrung hat Robert Gernhardt sich von vornherein erfolgreich widersetzt. Deswegen weiß auch derjenige, der sein Lob singen will, wirklich nicht, wo er anfangen soll. Gleichgültig ob Gernhardt einem gewissen Otto (alias Otto Waalkes) Pointen liefert, Fritz J. Raddatz und die von ihm mißhandelte Sprache kritisch unter die Lupe nimmt, die Leitartikler der Presselandschaft parodierend bloßstellt, der Orgasmus-Besessenheit zu Leibe rückt („Und ewig summen die Ständer") oder seine *Gedanken zur deutschsprachigen Literatur unserer Zeit* unter dem schneidenden Titel *Was bleibt* zur Entlarvung der trostlosen Szenerie eines bloßen „literarischen Bewußtseins", hinter dem nichts steckt, vorantreibt oder auch *Deutsche Dokumente* versammelt, deren groteske Authentizität man nicht für möglich halten sollte, – immer trifft er – gern und hart – exemplarische Strukturen unserer unerquicklichen Wirklichkeit, macht er auf Fragwürdiges aufmerksam, bis wir merken, daß wir von „Kippfiguren" umgeben sind.

Damit sind wir beim Titel eines seiner vielen Bücher, das ich besonders herausstellen möchte: die 1986 veröffentlichte Sammlung von dreizehn Erzählungen unter der gemeinsamen Überschrift *Kippfigur*. Das ‚Kipp-Phänomen' wird eingangs durch ein Zitat aus dem Lexikon der Psychologie erläutert. Es handelt sich um einen Begriff der Wahrnehmungspsychologie, der das ‚Umschlagen' einer Person, eben das ‚Kippen' umschreibt. Kippende Figuren, Umbrüche in scheinbar eingespielten Lebensverhältnissen, werden uns in knappen Erzählskizzen vorgeführt. Tiefe Blicke in zwischenmenschliche Grundsituationen wie „Eine Frau zwischen zwei Männern", ‚Er' und ‚Sie' beim Beischlaf, der zu keinem guten Ende kommt, ein Lyriker und ein Epiker bei einer „fruchtbaren Begegnung", die konsequenterweise zu einer „nichtgeschriebenen Geschichte" führt. Undsoweiter, undsoweiter. – An konkreten Beispielfällen wird eine Typologie der Desillusionierung vermittelt, die ihresgleichen sucht. Im „Reich der Sinne" und in der „Welt der Wörter" herrschen – auch das ein Buchtitel – *Lug und Trug*. In diesen „exemplarischen Erzählungen" offenbart sich uns Robert Gernhardts sehr exakt und gewissenhaft verfahrender Erzählhumor. Tiefsinn, Ironie, Leichtigkeit (durchaus ‚gewichtige' Leichtigkeit), Distanz, gelegentlich auch derbere Töne fließen in diese Texte ein.

Nicht in allen Fällen wird das als komisch empfunden. An der *Wahrheit über Arnold Hau*, einem Buch, das Gernhardt zusammen mit Fritz Weigle und Friedrich Karl Waechter verfaßt hat, dauen manche Leser noch heute. Sie bezeichnen den dort denunzierten, typisch deutschen „Hau-Geist" als nicht existent, weil sie ihn selber in sich haben. Es ist nicht ohne Reiz, die Beschreibung dieses „Hau-Geistes" für unsere Zwecke nutzbar zu machen. Die ‚Definition' im Buch lautet so: „Ihn kennzeichnet das Direkte, das Private, das Sinnlose, ... das Banale, das Unerwartete, das Gerade-Erwartete, das Grobe, das Unverständlich-Feine". Drehen wir das Ganze um, liefert uns das eine – hoffentlich angemessene – Definition des Schriftstellers Gernhardt. Sie hört sich dann so an: Ihn kennzeichnet das Indirekte, das Öffentlich-Demokratische, die Sinnerwartung, das Nicht-Banale, das zu Erhoffende, das gerade nicht zu Erwartende, das Feine, das Verständlich-Grobe. Aus dieser aparten Mischung resultiert ein Künstler, der wohl am besten als ein pessimistischer Aufklärer gesehen werden kann. Sein Schreiben kommt uns deshalb so nahe, weil es bestimmt wird von tiefem Zweifel an den idealistischen Erwartungen der Aufklärung. Wir spüren, daß wir alle in den uns beispielhaft vorgeführten Rollen und Masken stecken und dürfen, wenn wir Glück haben, darin unsere eigenen

Schwächen wiedererkennen. Uns dahin bringen zu können, stellt eine große Leistung dar. Denn nichts ist schwieriger, als den Menschen mit dem Ansinnen des Illusionsabbaus (noch dazu der eigenen Illusionen!) beizukommen. Robert Gernhardt dafür zu danken, daß ihm das so oft gelungen ist, dahin geht die Absicht dieser Preisverleihung. Sie gilt einem der ganz wenigen Meister des grotesken Humors heutzutage. Wir danken ihm, daß er sich fortgesetzt darum bemüht, das letzte Wort auf dieser Welt nicht der todsicher todessicheren Tragödie zu überlassen.

Angaben zur Person des Laudators finden sich auf S. 277.

Robert Gernhardt

Deutung eines allegorischen Gemäldes

Fünf Männer seh ich
inhaltsschwer –
wer sind die fünf?
Wofür steht wer?

Des ersten Wams strahlt
blutigrot –
das ist der Tod
das ist der Tod

Der zweite hält die
Geißel fest –
das ist die Pest
das ist die Pest

Der dritte sitzt in
grauem Kleid –
das ist das Leid
das ist das Leid

Des vierten Schild trieft
giftignass –
das ist der Hass
das ist der Hass

Der fünfte bringt stumm
Wein herein –
das wird der
Weinreinbringer sein.

Stunde der Wahrheit

„Mütterlein, was wieg ich denn?"
„Siebentausend Pfund."
„Mütterlein, wo lieg ich denn?"
„Auf dem Meeresgrund."
„Mütterlein, was bin ich denn?
Bin ich gar ein Wrack?"
„Trine, was erzählst du denn?
Red nicht so ein' Quack!"
„Mütterlein, dann bin ich gar –"
„Sprich nicht weiter, Trine!"
„Mutter, mir wird alles klar,
ich bin eine – Mine!"
„Trine, still, was sagst du da!"
„Und wer bist du, Mutter?"
„Aber Kind, was fragst du da!"
„Du bist ein Computer!"
„Trine, sowas sagt man nicht!
Also diese Kinder!"
„Mutter, schau mir ins Gesicht –
ist das nicht ein Zünder?"
„Trine, nein! Das ist nicht wahr!"
„Mutter, sag mir eines –"
„Kind, ich schwör bei meinem Haar –"
„Mutter, hast ja keines!"
„Trine, bist mein Kind nicht mehr!"
„Mütterlein, verzeih mir!"
„Kind, wenn ich dein Vater wär'!"
„Mütterlein, bleib bei mir!"
„Trine, da du alles weißt –"
„Mütterlein, was weiß ich?"

„Sollst du wissen, wie du heißt!"
„Mütterlein, wie heiß ich?"
„Trinekind, du hattest recht!"
„Mütterlein, sprich schneller!"
„Mine – so heißt dein Geschlecht.
Und du selbst heißt – – Teller!"

Was ich heut sah

Drei kleine Frösche sah ich heut,
die warn mit dem Teufel im Bunde.
Die hüpften über die Mauer breit
und schrien aus einem Munde:

„Wir sind die Frösche der Dunkelnis,
äh, der Finsternis, äh, des Lichts.
Das heißt doch Licht, wenn kein Tag mehr ist,
alles schwarz und niemand hört nichts?"

So haben die teuflischen Frösche gefragt,
sie waren sehr schrill und sehr klein.
Ich habe nur halblaut „Schnüss" gesagt,
da hörten sie auf zu schrein.

Osterballade

„Mimi Ostergeier suchen!"
Lächelnd hört's der stolze Vater,
innig schmunzelnd sieht's die Mutter,
wie ihr Töchterchen, die Marlis,
flehentlich zu ihnen hochschaut:
„Mimi Ostergeier suchen!"

„Marlis, es heißt Ostereier!"
Angestrengt blickt Marlis aufwärts,
doch nicht lange. Sonnig strahlend
beugt sie sich der Elternweisheit,
plappert nach, was sie gehört hat:
Mimi! Es heiß Ostergeier!,

„Such nur deine Ostergeier!"
Schallend lacht der Vater, während
Mutter auf den nahen Waldrand
deutet, dorthin, wo seit langem
Köstliches sie wohl versteckt weiß:
"Marlis, da sind Ostereier!"

„Ostergeier! Diese Marlis!"
Voller Freude warten beide,
Vater sowie Mutter, auf die
frohen Juchzer ihrer Tochter –
ah! Da kommt auch schon der erste:
„Mimi Ostergeier funden!"

„Mami, Ostergeier böse!"
Voller Schrecken eilen beide,
Mutter sowie Vater, zu dem
Waldrand, draus die Schreie dringen,
inständig und herzzerreißend:
„Ostergeier Mimi fangen!"

„Untier, laß mir meine Marlis!"
Hoch ins Blaue reckt der Vater
noch die Hände, da die Mutter
schon erbleichend ahnt, daß keine
Macht der Welt sie je zurückholt,
Mimi und den Ostergeier.

Katz und Maus

Die Katze spricht: Ich bin nicht so,
wie alle Welt vermutet.
Ich töte Mäuse, ja, jedoch
mit einem Herz, das blutet.
Mit einem Herz, das zuckt und schreckt,
mit einem Herz, das leidet –
Mit meinem Herz? Nein, dem der Maus!
Denn wenn uns etwas scheidet,
die Maus und mich, dann ist es das:
Ich bin der Fresser. Sie ist Fraß.

Siebenmal mein Körper

Mein Körper ist ein schutzlos Ding,
ein Glück, daß er mich hat.
Ich hülle ihn in Tuch und Garn
und mach ihn täglich satt.

Mein Körper hat es gut bei mir,
ich geb' ihm Brot und Wein.
Er kriegt von beidem nie genug,
und nachher muß er spein.

Mein Körper hält sich nicht an mich,
er tut, was ich nicht darf.
Ich wärme mich an Bild, Wort, Klang,
ihn machen Körper scharf.

Mein Körper macht nur, was er will,
macht Schmutz, Schweiß, Haar und Horn.
Ich wasche und beschneide ihn
von hinten und von vorn.

Mein Körper ist voll Unvernunft,
ist gierig, faul und geil.
Tagtäglich geht er mehr kaputt,
ich mach ihn wieder heil.

Mein Körper kennt nicht Maß noch Dank,
er tut mir manchmal weh.
Ich bring ihn trotzdem übern Berg
und fahr ihn an die See.

Mein Körper ist so unsozial.
Ich rede, er bleibt stumm.
Ich leb ein Leben lang für ihn.
Er bringt mich langsam um.

Noch einmal: mein Körper

Mein Körper rät mir:
Ruh dich aus!
Ich sage: Mach ich,
altes Haus!

Denk aber: Ach, der
sieht's ja nicht!
Und schreibe heimlich
dies Gedicht.

Da sagt mein Körper:
Na, na, na!
Mein guter Freund,
was tun wir da?

Ach, gar nichts! sag ich
aufgeschreckt,
und denk: Wie hat er
das entdeckt?

Die Frage scheint recht
schlicht zu sein,
doch ihre Schlichtheit
ist nur Schein.

Sie läßt mir seither
keine Ruh:
Wie weiß mein Körper
was ich tu?

Schreiben heute

Die größte Schwierigkeit
beim Schreiben,
das ist das
auf der Zeile bleiben

WALTER HINCK
1992

wurde am 8.3.1922 in Selsingen (Niedersachsen) geboren und machte 1940 sein Abitur in Berlin. Sein Studium an der Universität Göttingen schloß er 1956 mit einer Promotion zur Dramaturgie des späten Brecht ab. Von 1957 bis 1964 war er als wissenschaftlicher Assistent an den Universitäten Göttingen und Kiel tätig und habilitierte sich schließlich 1964 mit einer Schrift über das deutsche Lustspiel und die italienische Komödie in Kiel. Von 1964 bis zu seiner Emeritierung 1987 lehrte er als ordentlicher Professor an der Universität Köln. Sein spezielles Arbeitsgebiet ist die deutsche Literatur des 18. bis 20. Jh. Seit 1974 schreibt er Literaturkritiken. Er ist Mitglied der Nordrhein-Westfälischen Akademie der Wissenschaften und des P.E.N. Walter Hinck lebt in Rösrath-Hoffnungsthal.

Eine Auswahl seiner Veröffentlichungen:
Das deutsche Lustspiel des 17. und 18. Jahrhunderts und die italienische Komödie. Commedia dell'arte und Théâtre italien. Metzler-Verlag, Stuttgart 1965; Das moderne Drama in Deutschland. Vom expressionistischen zum dokumentarischen Theater. Vandenhoeck und Ruprecht, Göttingen 1973; Europäische Aufklärung. Aula-Verlag, Wiesbaden 1974; Vom Ausgang der Komödie. Exemplarische Lustspielschlüsse in der europäischen Literatur. Westdeutscher Verlag, Opladen 1977; (Hg.) Die deutsche Komödie. Vom Mittelalter bis zur Gegenwart. Bagel-Verlag, Düsseldorf 1977; Die deutsche Ballade von Bürger bis Brecht. Kritik und Versuch einer Neuorientierung. Vandenhoeck und Ruprecht, Göttingen 1978; Von Heine zu Brecht. Lyrik im Geschichtsprozess. Suhrkamp-Verlag, Frankfurt/Main 1978; (Hg.) Sturm und Drang. Athenäum-Verlag, Frankfurt/Main 1978; (Hg.) Geschichte im Gedicht. Texte und Interpretationen. Protestlied, Bänkelsang, Ballade, Chronik. Suhrkamp-Verlag, Frankfurt/Main 1979; (Hg.) Handbuch des deutschen Dramas. Bagel-Verlag, Düsseldorf 1980; Goethe – Mann des Theaters. Vandenhoeck und Ruprecht, Göttingen 1982; (Mit Reinhold Grimm) Zwischen Satire und Utopie. Zur Komiktheorie und zur Geschichte der europäischen Komödie. Suhrkamp-Verlag, Frankfurt/Main 1982; Germanistik als Literaturkritik. Zur Gegenwartsliteratur. Suhrkamp-Verlag, Frankfurt/Main 1983; Das Gedicht als Spiegel der Dichter. Zur Geschichte des deutschen poetologischen Gedichts. Westdeutscher Verlag, Opladen 1984; Die Wunde Deutschland. Heinrich Heines Dichtung im Widerstreit von Nationalidee, Judenemanzipation und Antisemitismus. Insel-Verlag, Frankfurt/Main 1990; Walter Jens. Un homme de lettres. Zum 70. Geburtstag. Kindler-Verlag, München 1993; Magie und Tagtraum. Das Selbstbild des Dichters in der deutschen Lyrik. Insel-Verlag, Frankfurt/Main 1994.

Elsbeth Wolffheim

Sehr geehrte Frau Brückner, sehr geehrter Herr Kühner, lieber Walter Hinck, liebes Publikum!

Bevor ich daran ging, mich auf meine Laudatio vorzubereiten, habe ich nicht geahnt, was für eine ernste Angelegenheit der Humor ist. Ich habe mir nämlich, um nicht allzu unbedarft zu erscheinen, einige Abhandlungen über den Humor und Anhängiges angesehen und kam aus dem Staunen nicht heraus. Den Vogel schoß bei dieser Musterung eine Untersuchung mit dem Titel *Humor als Ethos* ab. Und damit man das Ethos auch wirklich ernst nimmt, hat deren Verfasser, ein Herr Werner Lauer, mit dem Untertitel noch einmal nachgeholfen. Der lautet: *Eine moralpsychologische Untersuchung*. Unter diesen Auspizien geht er auf eine ausgreifende Expeditionstour durch Länder und Jahrhunderte, um u. a. zu dem Befund zu kommen: „In England hat im 19. Jahrhundert der Humor in der Wendung ‚sense of humour' einen Siegeszug ohnegleichen angetreten." Daß dieser Siegeszug derzeit offenbar am Kanal haltmachte, ist an sich schon ein Ärgernis. Die grämlichen Deutschen können – das steht im gleichen Kontext – nämlich nur mit Schopenhauer aufwarten, für den der Humor auf einer ernsten und erhabenen Stimmung beruht. Das sind keine guten Voraussetzungen für deutsche Partizipation am englischen Siegeszug, den man sich übrigens so glorios auch nicht vorstellen mag, denkt man z. B. an das Viktorianische Zeitalter mit seinen züchtig verhängten Stuhlbeinen. Wie sich der ‚sense of humour' mit solchen Exzessen von Prüderie reimen soll, bleibt wohl das Geheimnis von Moralpsychologen. Wahrscheinlich ist das der berühmte Schritt vom Erhabenen zum Lächerlichen. Aber Werner Lauer befaßt sich nicht allein mit den sublimen nationalen Ausprägungen des Humors, er wagt sich auch auf anthropologisches Terrain. Dabei beruft er sich nicht allein ausgiebig auf Sigmund Freud und seine Abhandlung *Der Witz und seine Beziehung zum Unbewußten*, sondern auch auf weniger illuminierte Zunftgenossen. Und schon wird der Leser der moralpsychologischen Studie anhand von Werner Lauers Gewährsleuten in die Babyphase katapultiert. Und was entdeckt er da? Daß schon das Kleinkind mit einem bescheidenen ‚sense of humour' aufwarten kann. Natürlich in einer höchst unzulänglichen Ausprägung, nämlich im Lächeln.

„Das Lächeln", so heißt es wörtlich, „resultiert ursprünglich von der Entspannung derjenigen Muskeln, die zum Saugen benutzt werden. Der Gesichtsausdruck folgt auf die Sättigung des Hungers und auf die libidinöse Lust aus dem Saugen. Sieht das Kind später denselben Ausdruck im Gesicht des Erwachsenen, so heißt das in seiner Interpretation nach eigener Erfahrung: Ich bin nicht hungrig, ich esse dich nicht auf."

Nun also ist es heraus: Der Säugling, der die Entspannung der Saugmuskeln im Gesicht seines Gegenüber beobachtet und sodann seinem Nachahmungstrieb frönt, lächelt nicht einfach zurück, sondern er interpretiert. Bedenken Sie also jedesmal, wenn Sie sich zu einem Lächeln aufschwingen wollen, daß Sie damit eine Absage an Menschenfresserei bekunden. Würde sich mithin der Humor endlich anschicken, seinen in England begonnenen Siegeszug auf die ganze Welt auszudehnen, Kind und Kegel, Freund und Feind zum Lächeln zu animieren, dann hätten wir, was alle Welt angeblich will: Friede auf Erden. Nur wir hier im Saal werden uns vielleicht scheuen, da noch so unverfänglich mitzumachen. Mit den Erkenntnissen des Moralpsychologen konfrontiert, werden wir nicht mehr so ungeniert lächeln wollen, verraten wir doch dann allzu viel von den Nachwirkungen der „libidinösen Lust aus dem Saugen".

Hätte ich doch diesen ernsten Traktat gar nicht gelesen oder wenigstens Ihnen diese Stilblüten vorenthalten – aber ich dachte mir, ein so gelehrter und in den Wissenschaften bewanderter Preisträger, wie Walter Hinck es ist, hat Anspruch auf elaborierte Gescheitheit. Nun aber ist es passiert. Nun bin ich im Stand der selbstverschuldeten Mündigkeit, und der Laureatus kann nur ein müdes Lächeln aufbringen angesichts all dieser ernsthaften Anstrengungen. Er selbst nämlich hat sich bei all seinen wissenschaftlichen Bestrebungen einen ausgeprägten Sinn für Komik bewahrt, der nicht befrachtet ist mit überflüssigem Tiefsinn. Probieren wir also, ob der Schritt vom Lächeln zum Humor besser gelingt. Denn ausgezeichnet wird Walter Hinck ja mit dem Kasseler Literaturpreis für grotesken *Humor*. Humor, Komik und alles, was zu diesem Umfeld gehört, setzen immer ein Gegenüber voraus. Ich kann mir nicht selbst einen Witz erzählen, wohl aber kann ich ganz für mich allein eine tragische Gebärde machen: Wenn ich lache, möchte ich, daß mein Gegenüber daran teilnimmt, möglichst noch darin einstimmt. Ich kann zwar auch in Gedanken vor mich hinlachen, aber dabei rekapituliere ich immer eine Situation, die zum Lachen reizt oder einen Partner, der mich zum Lachen gebracht hat. Mit einem Wort: Sinn für Komik zu haben, bedeutet, daß man ein kommunikativer Mensch ist. Das aber zeichnet Walter Hinck im höchsten Maße aus, was ich aus eigener Erfahrung bezeugen kann. Er ist es nicht allein von Berufs wegen, denn zum – leider öfters von seinen Kollegen verfehlten – Idealtypus eines Hochschullehrers gehört das Bedürfnis, sich mitteilen zu wollen, wie die Trompete zum Hallali. Er, Walter Hinck, ist es auch nach seiner Charakterstruktur und nach seinem geistigen Habitus. Und so kommuniziert er eigentlich immer, nicht nur auf seinem langjährigen Arbeitsplatz, im Hör-Saal.

Und wie gerne hört man ihm zu, zumal im Gespräch, wo seine Einlassungen fast immer von feinem Humor durchtränkt sind. Doch halt: Warum das Beiwort „fein"? Es hilft nichts, auch das muß zugegeben werden, im Deutschen braucht der Humor, scheint's, immer ein Epitheton. So kahl und bloß wie im Englischen der ‚sense of humour' kommt der Begriff bei uns nicht daher. Das gibt viel zu denken, doch nichts zu beschönigen. Wir sind halt Systematiker. Und so haben wir denn den traurigen Humor, den abgründigen, den derben, den grotesken, den tiefsinnigen und – besonders beliebt in unserem Zeitalter: den schwarzen Humor. Und dann gibt es noch den trockenen Humor, eine besonders intrikate Prägung, denn das Wort ‚Humor', das dem Lateinischen entstammt, bedeutet ursprünglich schlicht und einfach ‚Feuchtigkeit'. Obwohl ich das seit Ewigkeiten wußte, dachte ich mir, ich prüfe das lieber auch noch einmal nach. Und so zog ich mir aus meinem Regal den *Wasserzieher* hervor, was in diesem Kontext besonders passend erschien. Herr Dr. Ernst Wasserzieher hat in dem Wasser der Sprache gefischt und die ursprüngliche Bedeutung neuhochdeutscher Wörter an Land gezogen, will sagen: systematisch aufgereiht. Da werden wir nun nicht nur über die lateinische Herkunft des Wörtchens ‚Humor' informiert, sondern auch darüber, daß es im Mittelalter die – ich zitiere – „Säfte des Menschen" meinte, „die sein Wesen und seinen Charakter bestimmen". Heute nennt man das sehr viel trockener ‚Gene'. Gemeint ist indes dasselbe, nämlich die Disposition des Menschen für bestimmte Charakterzüge.

Wie aber gelangt man von den mittelalterlichen „Säften" zurück zum trockenen Humor? Ganz einfach: indem man sich wieder dem Preisträger zuwendet, der nicht nur über den feinen, sondern auch über den trockenen Humor gebietet, meisterlich sogar. Der setzt einen Bezug zur Weltläufigkeit voraus. Denn trockener Humor, der mit dem ‚understatement' operiert, will nie das Gegenüber zurechtweisen oder gar kränken, sondern lediglich die eigene Skepsis bekunden durch vorgetäuschtes Einverständnis, dem aber höchst elegant eine Prise Ungläubigkeit beigemischt ist. Zum Glück: Walter Hinck wird doch mit dem Kasseler Literaturpreis nicht für seinen liebenswürdigen Charakter geehrt – ich würde das zwar tun –, sondern für sein wissenschaftliches Werk. Ich möchte die Stifter des Kasseler Literaturpreises, Frau Christine Brückner und Herrn Otto Heinrich Kühner, ausdrücklich dazu beglückwünschen, daß sie bei ihren Statuten von der gängigen Praxis der Preisvergabe abgewichen sind. Ich meine die Tatsache, daß mit dem Preis für grotesken Humor abwechselnd ein Schriftsteller und im folgenden Jahr dann ein Wissenschaftler ausgezeichnet wird, der einschlägige Forschungen auf dem Gebiet des Humors vorzuweisen hat. Warum ich mich darüber freue? Ganz allgemein deshalb, weil die sorgfältige Separierung der belletristischen Zunft von der wissenschaftlichen endlich einmal aufgehoben wird, zum Vorteil der letzteren. Schriftsteller können, so behaupten sie, sehr gut ohne ihre beflissenen Deuter auf den zahlreichen Lehrstühlen unserer Republik auskommen. Umgekehrt freilich geht es nicht. Ein Literaturwissenschaftler bleibt, auch wenn er es manchmal nicht wahrhaben will, abhängig vom Literaturproduzenten. Diese Abhängigkeit nun wird ihm durch den Kasseler Literaturpreis versüßt. Das zum Allgemeinen. Und was das Besondere angeht, so gestehe ich, daß mir die diesjährige Wahl vorzüglich zu sein scheint. Ich kenne nicht allzu viele Germanisten, die sich den Respekt vor ihrem Gegenstand strikt und nachdrücklich bewahrt haben. Dabei rede ich gar nicht von dem legendären Besserwisser, der unseren Dichterfürsten mit der Anmerkung korrigierte: „Hier irrt Goethe." Ich rede von all denen, die sich klüger dünken als die Schriftsteller, mit deren Werk sie sich gerade befassen. Walter Hinck indes wäre solche Anmaßung geradezu genant. Aber klug und ernsthaft an seinen Gegenstand heranzugehen, auch wenn, wie im Fall des diesjährigen Preisträgers, als Hauptarbeitsgebiet die Komödie auserkoren wurde, ist ebenso unabdingbar. Man kann ihr nicht mit stilistischem Tralala und geistreichen Bonbons beikommen. Vielmehr – so der Autor – ist sachliches Ernstnehmen des Gegenstandes oberstes Gebot. Für diese Forderung bringt Walter Hinck denn auch ein hübsches Goethe-Zitat bei, das, anknüpfend an eine Bemerkung des Dichters über die ernsthafte Natur des Deutschen, so lautet: „Sein [des Deutschen] Ernst zeigt sich vorzüglich, wenn vom Spielen die Rede ist."

Walter Hinck bringt für die Beschäftigung mit der Komödie aber nicht nur den gebotenen Ernst auf, sondern auch eine reichhaltige Kenntnis der verschiedenen europäischen Nationalliteraturen. Seine richtungweisende Untersuchung über *Das deutsche Lustspiel des 17. und 18. Jahrhunderts und die italienische Komödie* befaßt sich mit den weitverzweigten Wirkungen der Commedia dell'arte auf die deutsche Literatur. Mit dieser Publikation hat Walter Hinck Neuland betreten. Denn bis zu ihrer Veröffentlichung im Jahre 1965 gab es eine solche Wirkungsgeschichte noch nicht. Unter der Hand ist dabei eine allgemeine Geschichte des deutschen Lustspiels bis hin zur Romantik herausgekommen. Natürlich nicht unter der Hand, denn als der Autor sich an seine Studien begab, war ihm schon deutlich, daß es eine grenzüberschreitende Untersuchung werden würde. Dabei spielen mehrere glückliche Faktoren eine Rolle. Einmal ist unabweisbar, daß, wer sich mit der deutschen Komödie und ihrer Herkunft befaßt, genaue Kenntnis von kulturgeschichtlichen und gesellschaftspolitischen Zusammenhängen haben muß. Jede Komödie ist, sehr viel stärker als die Tragödie, das Produkt ihrer Zeit und ihres sozialen Umfeldes. Solcherart Kenntnisse, über die Walter Hinck vielfältig verfügt, sind in die Untersuchung eingegangen. Und weiter: Wer dieses Feld beackert, muß und soll als Europäer recherchieren und analysieren. Er muß die verwandten Nationalliteraturen kennen und zuordnen können. Die Wirkungsgeschichte der Künste muß übernational argumentieren, sonst ist sie unergiebig. Daß andererseits der Nationalcharakter eines Volkes sich vor allem in der Komödie gründlich austobt, ist kein Gegenbeweis, wie Walter Hincks Untersuchung allenthalben zu erkennen gibt.

Außerdem bringt er für seine Beschäftigung mit dem deutschen Lustspiel noch eine weitere nützliche Eigenschaft mit: Er separiert und unterscheidet, wo es nötig ist. Aber: Er handhabt die wissenschaftliche Terminologie nicht mit der Rasierklinge. Denn um das deutsche Lustspiel ist es eh nicht sonderlich üppig bestellt, und man tut gut daran, den Kuchen nicht durch allzu viele Schnitte zu zerteilen, damit die Krümel nicht nach allen Seiten wegbröckeln und zum Schluß nur noch ein Küchlein übrigbleibt. Und schließlich: Walter Hincks wissenschaftlicher Stil bleibt bei allem hohen Anspruch verständlich, ist kultiviert und klar, meidet das Populistische ebenso wie die nebulösen Haarspaltereien, die neuerdings die Lektüre so mancher Elaborate von Literaturwissenschaftlern zu einer einzigen Qual werden lassen.

„Sage mir, mit wem du umgehst, und ich sage dir, wer du bist." – diese Volksweisheit bestätigt sich bei Walter Hinck aufs schönste. Denn es spricht für seine ‚Säfte', für seinen Humor, daß er sich mit Fleiß und Lust dem lang vernachlässigten Forschungsgebiet der Komödie zugewandt hat. Dies zum einen. Zum anderen aber – und hier beziehe ich seine diversen Aufsätze und Abhandlungen ein – darf man auch bei der Auswahl der von ihm behandelten Autoren nicht selten auf persönliche Neigungen schließen. Ich nenne nur Aristophanes und Menander, dann die römischen Lustspieldichter, Shakespeare, immer wieder Shakespeare, Molière, Goethe, immer wieder Goethe, Lessing, Heine usw. Wer solche Schriftsteller seinem geistigen Haushalt einverleibt, wer mit ihnen bevorzugten Umgang pflegt, der kann kein schlechter, der wird zumindest kein humorloser Mensch sein. Ich gehe sogar noch ein bißchen weiter, doch hoffentlich nicht zu weit, wenn ich unterstelle, daß Walter Hinck in Minna von Barnhelm vielleicht gar ein wenig verliebt ist. Denn sie beansprucht in seinen Studien einen privilegierten Platz. Zu Recht sieht er in Lessings wohl berühmtestem Lustspiel einen Kulminationspunkt innerhalb der Geschichte der deutschen Komödie.

Eines der mir liebsten Bücher von Walter Hinck befaßt sich nicht mit der Komödie und nur vermittelt mit ihr Anverwandtem, nämlich mit der Satire. Es heißt: *Die Wunde Deutschland* und trägt den Untertitel: *Heinrich Heines Dichtung im Widerstreit von nationalen Ideen, Judentum und Antisemitismus.* Es ist eine Ideengeschichte, fokussiert um die Person und das Werk Heines, reich an Perspektiven, höchst aktuell übrigens, wie Sie sich denken können, und von einer staunenswerten Delikatesse und Souveränität. Innerhalb der ungemein heterogenen Heine-Forschung ist dies eine singuläre Publikation, übrigens im schönsten Sinne parteiisch, nämlich für die Humanität.

Erlauben Sie mir eine letzte Bemerkung: Da hier kein Laudator, sondern eine Laudatoressa vor Ihnen steht, kommt mir ein Ergebnis der diversen Untersuchungen über die Komödie besonders zupaß, nämlich der deutliche Hinweis des Forschers Walter Hinck auf die Rolle der Frau im deutschen Lustspiel. Zitat:

„Die Komödie räumt der Frau schon früh eine Ebenbürtigkeit ein, welche die Sozialordnung und die patriarchalische Familienordnung selbst noch nicht zulassen. Emanzipation verwirklicht sich zunächst als geistige Gleichberechtigung."

Ich unterstelle jetzt einfach, daß es dies war, was den Preisträger zum Schwerpunkt seiner literaturwissenschaftlichen Arbeiten lockt. Sie dürfen mir gleich widersprechen, lieber Walter Hinck, denn ich trete jetzt von der Bühne ab, nicht jedoch, ohne Ihnen zuletzt meinen herzlichsten Glückwunsch zu diesem Sie und die Stadt Kassel ehrenden Preis auszusprechen.

Dr. Elsbeth Wolffheim, geb. 1934, Promotion 1960, freie Publizistin in Hamburg. Buchveröffentlichungen: Das Bild der Frau in der sowjetischen Literatur 1917 – 1977, 1979; Anton Čechov, 1982; Hans Henny Jahnn, 1989.

Walter Hinck

Am Anfang war die Maske. Die Optik des antiken Theaters verlangte Verstärkung, noch nicht das feine mimische Spiel des menschlichen Gesichts. Auf der tragischen Bühne Griechenlands zeigt die Maske zunächst einen ruhig-erhabenen Ausdruck, später in den schmerzlich verzerrten Zügen den tragischen Grundaffekt. In der alten Komödie neigt die Verstärkung auf den Masken immer zum Grotesken, zur Karikatur, manchmal auch zum Tiergleichnis: den Parasiten, den nach Beute Ausschau haltenden Schmarotzer, erkennt man an seiner Habichtsnase. „Das Groteske," sagt Friedrich Dürrenmatt, „ist eine der großen Möglichkeiten, genau zu sein." Im Zerrbild wird das Verächtliche gestellt, und es wird durch Gelächter bestraft. Auf der komischen Bühne betreibt das Groteske gesellschaftliche Therapie mit einer Zuchtrute, die nicht weinen, sondern lachen macht.

In der Tragödie des neuzeitlichen Theaters ist das Gesicht des Schauspielers nicht mehr verborgen. Überleben kann die Maske zunächst in der Commedia dell'arte, der italienischen Stegreifkomödie, der Mutter unseres neuen europäischen Lustspiels, doch nicht mehr als Vollmaske, die den Kopf des Schauspielers verschwinden läßt, sondern als Halbmaske. Und sie bleibt auch den komisch-grotesken Figuren, den sogenannten „Masken" vorbehalten – die Liebhaberinnen und Liebhaber blicken einander ins freie Gesicht. Bei den Dienern, den Zanni, wirken die Masken wie dunkle Larven, die anderen komischen Typen – der geschäftstüchtige, lüsterne alte Pantalone, der geschwätzige Dottore und der säbel- und worterasselnde Capitano – tragen ihre Streit- und Angriffslust durch wilde oder spitze Bärte, durch krumme Nasen und Schnäbel zur Schau. Zum

Pandämonium versammeln sich die grotesken Gestalten in den Abbildern des Zeichners und Radierers Jacques Callot, den *Balli di Sfessania* (1622).

Stilisierungen des Triebhaften sind die Masken, besonders die der Dienertypen. Zum Repräsentanten der weitverzweigten Dienerfamilie, ja zur Symbolfigur und zum Inbegriff der komischen Bühne überhaupt wird bald Arlecchino (auf der italienischen Bühne, in Paris Arlequin, in Deutschland Harlekin). Wo er unfreiwillig komisch ist, wirkt er meist grotesk; aber er kann auch Spielmacher der komischen Begebenheiten sein, humorvoller Zuschauer seiner selbst. Er ist Sündenbock oder Störenfried, ein Intrigant, aber auch ein Helfer der jungen Verliebten. Mit seiner unendlichen Wandlungsfähigkeit verkörpert er den Geist des Spiels und der Phantasie. In den *Nouvelles métamorphoses d'Arlequin* (1763) wechselt er zwölfmal das Kostüm. Er ist ein Alleskönner. Die – vorgeblichen – Berufe des Arztes, des Richters und des Anwalts sind noch die gewöhnlichsten. Er kennt sich in den Sternen wie im klassischen Altertum aus, praktiziert als Astrologe und doziert als Verteidiger Homers. Er setzt seinen Fuß auf Throne oder kommt aus dem Weltall, als Großmogul und als Kaiser auf dem Mond. Durch die Theater-, Literatur- und Kunstgeschichte zieht, bis heute, Harlekin seine Spur und bringt uns auf die Fährte des Grotesken und des Humors. In veränderter Gestalt verschafft er sich schließlich Eintritt in den Film. Aber in welcher Rolle der Alleskönner auch immer erscheint, er verleugnet nicht seine Herkunft von den Unteren.

In seinem Urzustand, der Rohheit und Ungeschliffenheit, erwacht Harlekin, ein Findelkind, am Anfang von Marivaux' Komödie *Arlequin poli par l'amour* (1720). Man lehrt ihn tanzen. Er begegnet der Schäferin Silvia, und die Liebe macht ihn lammfromm. Die Liebe erzieht und verfeinert ihn; die plumpen Manieren werden graziös. Wenngleich es keine Sicherheit vor Rückfällen gibt, ist Harlekin nun doch der durch die Liebe geglättete und geschliffene Harlekin.

Und noch in einem anderen Sinne markiert die Komödie Marivaux' einen Einschnitt. In einer der Szenen erscheint Arlequin mit gesenktem Kopf, traurig und weinend. Seit jeher kennt die Commedia dell'arte die komischen Solonummern des exzessiven Weinens – wahre Trauer- und Heulorgien. Bei Marivaux' Arlequin aber erhalten Schmerz und Tränen einen Zug von Ausdrucksunmittelbarkeit, der nicht komisch, sondern rührend wirkt. Melancholie, wie wir sie bei den geistvoll-resignativen Narren des Shakespeareschen Theaters antreffen, ist nun nicht mehr tabu. Allerdings überläßt Harlekin diesen Zug mehr seinem Vetter Gilles, einem Bruder des französischen Pierrot. Von Bildern Watteaus schaut uns schwermütig der in der Gruppe sich absondernde, weißkostümierte Gilles an.

Nicht daß damit der Trübsinn seinen Einzug in die Komödie hielte. Carlo Goldoni holt in seinem *Servitore di due padroni* (1749) die Spielfreude und Quirligkeit der Stegreifkomödie zurück. Und uns hat der große italienische Regisseur Giorgio Strehler in seiner Inszenierung des *Dieners zweier Herren* die ganze Frische der mimischen Bravourstücke wieder lebendig gemacht.

Aber der Wermutstropfen, einmal in die Blutbahn der Komödie gekommen, läßt sich nicht mehr neutralisieren. Und wie der Gilles der Watteauschen Bilder Zeugnis für den Melancholiker in der Komödie ist, so weist er auf eine andere Erscheinung voraus: die Figuren der Stegreifkomödie wandern, sobald sie sich auf dem Theater nicht mehr wirklich erneuern, in andere Künste ab.

Die deutsche Romantik findet in der Commedia dell'arte Modellfiguren für die Freiheit des künstlerischen Spiels, für die Improvisation, für das Spiel der Kunst mit sich selbst. Ein wahres Feuerwerk von Reflexen der Commedia dell'arte entzündet E.T.A. Hoffmann in seiner Erzählung Prinzessin Brambilla, einem Capriccio nach Jakob Callot; in Clemes Brentanos Lustspiel Ponce de Leon springt der Funke der Improvisation auf die Dialogkunst über. Unvergleichlich hat Heinrich Heine im III. Buch seiner Romantischen Schule die Sprachvirtuosität Brentanos in diesem Lustspiel beschrieben:

„Man glaubt einen Maskenball von Worten und Gedanken zu sehen ... Wie Harlekine rennen die verrücktesten Wortspiele durch das ganze Stück und schlagen überallhin mit ihrer glatten Pritsche. Eine ernsthafte Redensart tritt manchmal auf, stottert aber wie der Dottore von Bologna. Da schlendert eine Phrase wie ein weißer Pierrot ... Da springen buckligte Witze mit kurzen Beinchen, wie Policinelle. Liebesworte wie neckende Kolombinen flattern umher, mit Wehmut im Herzen."

Harlekin, wie in Marivaux' *Arlequin poli par l'amour*, ein Findelkind, entpuppt sich – gegen die Regel der Tradition – als ein gebürtiger Edelmann; er bekommt schließlich seine Colombina, aber er muß ihre Herzensliebe mit einem anderen teilen. In das fröhliche Hochzeitsgeläut des Komödienendes mischt sich die Glocke der Entsagung.

Im 19. Jahrhundert schlüpfen Harlekin und seine Brüder auch bei den Artisten und – am Kostüm noch erkennbar – den Clowns des Zirkus unter. Schon die Schauspieler der frühen Commedia dell'arte glänzten mit akrobatischen Kunststücken; und noch der berühmte Pierrot-Darsteller Deburau, einer der größten französischen Schauspieler des

19. Jahrhunderts, vereinigt die Fähigkeiten des Mimen und des im Handstand gehenden oder den Salto mortale schlagenden Akrobaten. Im Gaukler und Clown des Jahrmarkts und des Zirkus sehen Maler und Dichter Sinnbilder ihrer künstlerischen Existenz. Ein tragischer Zug, schon vorgeformt in den Melancholikern unter den Clowns und Narren Shakespeares, in den Pierrots und Gilles der italienisch-französischen Komödie, setzt sich durch: in Baudelaires Gedicht *Le Vieux Saltimbanque (Der alte Gaukler)* mit dem Moment des Scheiterns, auf den Bildern des Malers Georges Rouault, wo die Clowns ihr Harlekinkostüm wie Trauerkleidung tragen, oder in den Gauklern Picassos, auf den Bildern seiner sogenannten Blauen Periode. Picassos Gemälde *Der Tod des Harlekin* aus dem Jahre 1905, das einen aufgebahrten Harlekin mit gefalteten Händen zeigt, also eine fast sakrale Atmosphäre schafft, scheint – in effigie – den Spaß- und Spielmacher, den Alleskönner und Feuerwerksmeister des Theaters endgültig zu verabschieden.

In Wahrheit ist zu dieser Zeit die Wiege einer neuen Kunstform auch die Wiege für einen wiedergeborenen Harlekin. Der Film, genauer der Stummfilm, greift zurück auf eine mimische Kunst, die allen Ausdruck von Empfindungen, von Leidenschaft, Furcht und Angriffsgeist zum höchsten Grad von Sichtbarkeit in der Gebärde und der Bewegung steigert. Die pantomimische Tradition der Commedia dell'arte hat wieder ihre Stunde im Stummfilm. Mit ihr das Groteske. Das Bewegungsfurioso der Fluchtgaloppaden, die in der Stegreifkomödie den äußersten Schrecken versinnlichen, kehrt wieder in den stürmischen Verfolgungsjagden, die Charly Chaplin oder Buster Keaton in ihren Rollen zu durchstehen haben. Unentrinnbar scheint das Zuschnappen der Polizistenmeute, aber immer wieder schlägt der Gejagte seine Haken und findet ein Schlupfloch. Der findige Kopf siegt über die rohe Gewalt auch in den Zusammenstößen des kleinen Mannes mit dem furchteinflößenden Großen, der die Macht und den Besitz verkörpert. In den Slapsticks des Stummfilms bewährt sich das Groteske als eine Möglichkeit, die Welt ein wenig zur Gerechtigkeit und zur Humanität hin zurechtzurücken.

Die bedeutendste Reinkarnation und Umwandlung des Harlekin in unserem Jahrhundert ist Charly Chaplin, der Chaplin des Stummfilms. Charly, die kümmerliche Gestalt mit den zu großen Schuhen, mit dem Spazierstock, der die Pritsche Harlekins ersetzt, mit dem Schnurrbart und dem Hut, die dem Gesicht etwas Maskenhaftes geben, Charly der Vagabund, der Zirkusclown, der Goldgräber, der Fabrikarbeiter – immer trägt er das Stigma seiner Herkunft von unten. Er ist der Pechvogel, der Versager, das schwarze Schaf und ein Opfer der ‚Tücke des Objekts'. Welches Ausmaß diese Tücke des Objekts im Industrie- und Maschinenzeitalter annehmen kann, illustriert der Film *Modern Times.* Charly gerät als Fabrikarbeiter zwischen die Zahnräder einer monströsen Maschine. Das ist der zeitkritische Aspekt der grotesken Darstellung. Er müßte eigentlich zermalmt werden, aber er kommt durch, wird von der Maschine wieder ausgespuckt, er überlebt. Das ist die optimistische Ansicht, das Hoffnungssignal, der humorvolle Aspekt der grotesken Darstellung.

Chaplin reißt zum Lachen hin, selbst wo er die „Entfremdung" des Menschen durch die Maschine zeigt. Charly, der als Fließbandarbeiter Schrauben anzuziehen hat, entflieht der Fabrik, entkommt aber nicht dem Zwang des mechanisch gewordenen Handgriffs: Auf der Straße dreht er mit seinem Schraubenzieher allen Frauen an ihren Kleidern die Knöpfe fest. Doch der Land- und Stadtstreicher, der Musikant und Tänzer Charly ist auch zu einer Zartheit fähig, die uns rührt – am stärksten vielleicht in der traurig-schönen Romanze mit dem blinden Blumenmädchen, das nach der Augenoperation als seinen Helfer einen Krösus zu sehen erwartet und einen armen Schlucker findet. Wohl nirgendwo haben sich die unempfindliche, weil überzeichnende Groteske und die rührende Kunst zu so glücklicher Koexistenz vereinigt wie bei Charly Chaplin.

Geht man zu weit, wenn man die genealogische Linie Harlekins im Film noch einmal weiterzieht zu Woody Allen? In Allens *Sommernachts-Sexkomödie* (1982) bringen die Konstruktion eines unzulänglichen Flugapparats und die jämmerlich scheiternden Flugversuche die Situation des verhaltensgestörten Opfers der Zivilisation in ein komisches Bild. Der Großstadt-Neurotiker ist eine der letzten Verwandlungen Harlekins. Die über drei Jahrhunderte sich spannende Entwicklung von der Komödie Marivaux' zu Woody Allens Film führt von dem durch die Liebe geschliffenen, ‚polierten' Harlekin zu dem durch den Sex frustrierten.

Soweit mein Parforceritt durch die Kulturgeschichte der harlekinesken Groteske. Schließen möchte ich mit ein paar harlekinesken Wort- und Gedankenspielen zum Thema
Die Literatur, die Schriftsteller und der Literaturpreis:
Nicht alle Literatur, die ihren Preis wert ist, ist deshalb schon eines Preises wert.
Maßstäbe für Literatur:
Literatur kann Gegenstand geistigen Genusses sein, sie kann Andachtsgegenstand, aber auch Schmuckgegenstand sein. Daraus ergeben sich die Maßstäbe:
Literatur wird an Leserbedürfnissen gemessen;
sie wird nach ihrem Kultwert gemessen;

sie wird nach Bücher-Metern gemessen.
Sprache und Literatur:
Erhabene Literatur geht auf dem Kothurn;
preziöse Literatur geht auf Stelzen;
groteske Literatur geht aufs Ganze.
Literatur zu lesen bei:
Jazzmusik: Gottfried Benn;
Kerzenlicht: Stefan George;
einem Glas Wein: Goethes *West-östlicher Divan.*
Autor und Verleger:
Für den jungen Autor ist der Verleger Hebamme, dann Amme und schließlich Impresario. Für den Verleger wird der Autor zur Kapitalanlage. Aber der Gewinn ist Glückssache. Darin gleicht der Verlag dem Wettbüro, der Buch-Macher dem Buchmacher.
Der erfolgreiche Schriftsteller lebt gefährlich:
Der Verleger gibt ihm einen Vor-Schuß;
der Kritiker trägt gegen ihn den Dolch im Gewande;
die Leser verschlingen ihn.
Die Literaturkritiker:
Der eine preist mit Geist;
der andere verreißt mit Geist;
wie schnell jedoch entgleist der Geist.
Literaturprofessoren:
Literaturprofessoren lieben es, in Texten interpretierend zu bohren.
Manche bleiben Flachbohrer;
verbreitet sind die Tief- oder Sinnbohrer;
eine lästige Abart sind die Nervenbohrer.
Drei Arten, zum Literaturpreis zu kommen:
durch Talent und Fortüne;
durch Routine;

durch den Fleiß der Biene.
Variation: es gibt Preisträger,
die den Preis verdienen;
die ihn sich erdienen
und die Preisscheffler, die sich überall bedienen.
Drei Arten von Schreibern, die unter den Preisträgern auch vorkommen:
Vielschreiber;
Schönschreiber;
neuerdings: Stadtschreiber.
Literaturpreis-Stiftungen und die Grundlage des Stiftungskapitals:
Preise der Industrie und der Banken: ökonomischer Profit;
der Nobelpreis: Dynamit;
durch Künstler gestiftete Preise: Prosa, Bild, Groteskgedicht und Lied.

Ich danke Christine Brückner und Otto Heinrich Kühner, die den Kasseler Literaturpreis für grotesken Humor gestiftet haben, ich danke der Jury, die in diesem Jahr mich ausgewählt hat, dem Oberbürgermeister der Stadt Kassel, die mir den Preis verliehen hat, und Elsbeth Wolffheim, die nicht davon abzuhalten war, mir Gutes nachzusagen.

CHRISTOPH MECKEL
1993

wurde 1935 in Berlin geboren. Seit Anfang der 50er Jahre führten ihn Reisen nach Amerika, Afrika und durch ganz Europa, ehe er 1954 ein Graphikstudium an der Kunstakademie in Freiburg bei Rudolf Dischinger begann, welches er ab 1956 an der Münchner Kunstakademie bei Richard Seewald weiterführte. Zu dieser Zeit veröffentlichte Meckel auch seine ersten Gedichte und 1959 schließlich seinen ersten Graphikband. Seit 1960 erscheinen bibliophile Ausgaben seiner Werke in der Eremiten-, der Friedenauer, der Raben-Presse u. a.; zahlreiche Ausstellungen in Europa, Afrika und den USA. 1989 hatte er die Poetikdozentur an der Johann-Wolfgang-Goethe-Universität in Frankfurt/Main inne. Christoph Meckel lebt in Berlin und Südfrankreich.

Auszeichnungen u. a.:
Villa-Massimo-Stipendium, Rom (1962); Förderpreis des Niedersächsischen Kunstpreises (1962); Rainer-Maria-Rilke-Preis für Lyrik (1978); Georg-Trakl-Preis für Lyrik (1982).

Veröffentlichungen u. a.:
Tarnkappe. Gedichte. Unverhau-Verlag, München 1956; Hotel für Schlafwandler. Gedichte. Eremitenpresse, Stierstadt/Ts. 1958; Nebelhörner. Gedichte. DVA, Stuttgart 1959; Im Land der Umbramauten. Prosa. Deutsche Verlagsanstalt, Stuttgart 1961; Wildnisse. Gedichte. Fischer-Verlag, Frankfurt/Main 1962; Bei Lebzeiten zu singen. Gedichte. Wagenbach-Verlag, Berlin 1967; Eine Seite aus dem Paradiesbuch. Hörspiel. Wagenbach-Verlag, Berlin 1969; Lieder aus dem Dreckloch. Handschriftliche Gedichte und Graphiken. Eremitenpresse, Stierstadt/Ts. 1972; Bockshorn. Roman. Nymphenburger-Verlag, München 1973; Wen es angeht. Gedichte und Graphiken. Eremitenpresse, Düsseldorf 1974; Flaschenpost für eine Sintflut. Lyrik, Prosa, Graphik. Aufbau-Verlag, Berlin und Weimar 1976; Liebesgedichte. Anabasis-Verlag, Berlin 1977; Licht. Erzählung. Nymphenburger-Verlag, München 1978; Erinnerung an Johannes Bobrowski. Eremitenpresse, Düsseldorf 1978; Säure. Gedichte. Claassen-Verlag, Düsseldorf 1979; Suchbild. Über meinen Vater. Claassen-Verlag, Düsseldorf 1980; Nachricht für Baratynski. Hanser-Verlag, München 1981; Der wahre Muftoni. Erzählung. Hanser-Verlag, München 1982; Ein roter Faden. Gesammelte Erzählungen. Hanser-Verlag, München 1983; Souterrain. Gedichte. Hanser-Verlag, München 1984; Bericht zur Entstehung einer Weltkomödie. Hanser-Verlag, München 1985; Plunder. Hanser-Verlag, München 1986; Anzahlung auf ein Glas Wasser. Gedichte. Hanser-Verlag, München 1987; Das Buch Jubal. Gedicht-Zyklus mit Original-Offsetlithographien des Autors. Eremitenpresse, Düsseldorf 1987; Das Buch Shiralee. Gedicht-Zyklus mit acht farbigen Original-Offsetlithographien des Autors. Eremitenpresse, Düsseldorf 1989; Von den Luftgeschäften der Poesie. Frankfurter Vorlesungen. Suhrkamp-Verlag, Frankfurt/Main 1989; Die Messingstadt. Roman. Hanser-Verlag, München und Wien 1991; Shalamuns Papiere. Roman. Hanser-Verlag, München und Wien 1992; Schlammfang. Erzählung. Eremitenpresse, Düsseldorf 1993; Archipel. Erzählung. Eremitenpresse, Düsseldorf 1994.
Außerdem: Übersetzungen aus dem Hebräischen (zusammen mit Efrat Gal-Ed), Illustrationen zu Voltaire, Bertolt Brecht und zur "Allgemeinen Erklärung der Menschenrechte" sowie zahlreiche Ausstellungskataloge.

Anselm Maler

Sehr verehrter Herr Oberbürgermeister, hochzuverehrende Stifter und Festversammlung, vor allem aber:
lieber Christoph,

vor vielen Jahren, als wir schon eine Zeitlang Münchener Studentensuppe gegessen hatten, und der Universitätsbrunnen festlich schäumte, weil eine kundige Hand die erforderliche Portion Waschpulver hineingeworfen hatte – in den alten Zeiten also kamen mir zum erstenmal ein paar ungedruckte Verse zu Gesicht, von denen man sagen kann, daß sie noch immer einen plausiblen Reim auf die Dinge bereithalten:

> Seit ich den Mond und das Wasser liebe
> lebt ein Goldfisch in meinem Haar.
> Das verblüfft mich, und ich bemerke,
> daß das bei keinem anderen Menschen
> der Fall ist.

Das sind *Nebelhorn*-Verse, Losungsworte der Vielen, die sich mit den Dichtungen Christoph Meckels die Welt erklären und der Entscheidung der Jury zustimmen werden, wenn sie dem Autor heute den Kasseler Literaturpreis 1993 zuspricht.

Wie die Sache läuft, wissen wir aus der ahnungsvollen Schilderung des Betroffenen selbst. Sie erinnert an die Berliner Ehrung vor einem halben Lebensalter, eine mächtig unangenehme Geschichte, und nimmt die feierliche Stimmung der hier Versammelten reihenweise vorweg:

> Die Preisverleihung fand im Festsaal eines öffentlichen Gebäudes statt. Ungeheurer Beifall setzte ein, als ich die Bühne betrat und mich verbeugte. Ein mir unbekannter

> Redner hielt eine Laudatio, er sprach eine Stunde oder länger, doch konnte niemand verstehn, was er sagte [...]. Er verbeugte sich schließlich, deutete mit großer Geste auf mich [...], und ich blieb allein auf der Bühne zurück.

Lieber Christoph, es ist mir eine besondere Freude, die Laudatio zur heutigen Preisverleihung halten zu dürfen. In Kenntnis der Vorgaben erschiene es mir angemessen, sich auf das Verlesen einschlägiger Werkbibliographien zu beschränken. Aber so viel Gerechtigkeit läßt die knappe Zeitbegrenzung nun einmal nicht zu. Denn das in vier Jahrzehnten auf mehrere hundert Titel angewachsene Œuvre des Lobempfängers – es umfaßt Gedichtzyklen und Hörspiele, Romane, Erzählungen, Essays und Prosaskizzen sowie ein unbeziffertes graphisches Korpus von 1500, oder sind es 3000?, Radierungen, Zeichnungen, Buntstiftzeichnungen, Lithographien, Holzschnitten, die sich gleichzeitig und ranggleich in das Geschriebene mischen – dies Œuvre ist in Minuten nicht zu durchlaufen. Auch seine Gegenstände, Legenden von Liebe und Politik, Moral und Spiel, sollten an diesem Ort nicht in ganzem Umfang ausgebreitet werden.

Ich möchte vielmehr auf ein Moment eingehen, das insbesondere bei kritischen Lesern der Werke Meckels erstaunlich wenig Beachtung gefunden hat und viele dieser Werke doch weitgehend prägt: Das ist die Komik des Grotesken. Witz und Humor, die Ironie und das Lachen haben in den Laudatoren des Kasseler Literaturpreises beredte Interpreten gefunden. Weniger ist von der Dimension die Rede gewesen, in die der heute Ausgezeichnete die Dinge versetzt. Kuriose Fabeln, Monstra, seltsamer Plunder und wilde Wortgemenge durchziehen das Œuvre Christoph Meckels. Ihren Bestand nach Sachgruppen zu ordnen, fiele schwer, und es würde auch kaum Klarheit in die Mitteilungen bringen, die ihnen aufgebunden sind. Die Prinzipien ihrer poetischen Organisation dagegen geben sich deutlicher zu erkennen. Denn auch durch sie sprechen die Gedichte und Erzählungen des Laudanden.

Christoph Meckel hat viele Landschaften besucht und bewohnt, hat sich in Korsika und in den USA, in Südbaden und Neuseeland, in der Provence und in Brasilien aufgehalten. Und Landschaften sind es, die seine Dichtung in tausend Abwandlungen zu Gesicht bringt. Dann etwa führen

> Wälder hinab in die Ebenen, Flüsse, o Wildnis,
> widerhallend
> von Schritten über Gestein hin, klirres
> Geschleif von Flügeln, Schleppen, Messerspitzen,
> Karrenräder, Geroll, Geächz auf Laubgrund,
> [...]
> Geschreib von den Bergen, Stampfen
> von Flügelschuhen auf hartem Wasser, – nachts
> die Schar der Schnecken und Riesen hinab
> die Wälder, die Hänge.

Durch Urwälder, Ebenen, Hügel, Landhäuser, Gärten, Siedlungen – begleitet von einem Kutschenkonvoi voll lockerer Damen – führt der unordentliche Affentransport nach Alamandango, von dem *Eine Erzählung* (1969) handelt.

Durch Dürregebiete und Hochebenen, an Meerbuchten entlang, und durch unendliche Wasserlandschaft ist der märchenhafte Jul Miller aus den *Umbramauten* (1967) gewandert.

Auch namenlose Städte werden aufgerufen, und dabei fällt Ausstattung an:

> Vogelscheuchen, hölzerne Pferde mit herunterhängenden, halb ausgerissenen Bauchklappen, Mühlenräder, Leitern und riesenhafte Puppen lehnten gegen die Hauswände und Cafétische oder lagen kreuz und quer auf den Straßen. Leere Weinfässer lagen in getrockneten Pfützen, und Scherben und Abfälle häuften sich auf Gehsteigen und an Straßen.

Andere Schauplätze verfügen über ähnliche Fülle – auch die realen, die besuchten, sobald sie in die Aufzeichnung ihres Betrachters geraten – Laos, Neu-Mexico:

> Tonnen voll menschlicher Lebewesen, rollend sich überschlagend auf weitem Land.
> Im Sand versinkende Tempel, Fahrzeuge, Flugkörper.
> Köpfe in den Verwehungen, Gliedmaßen, Leitern.
> Verbrannte Wälder, Baumskelette, Holzruinen (Napalm).
> Zerbombte Tempelgelände, Gottheiten ohne Köpfe (Laos).
> Rollstühle voller Menschen, geschoben von Lebewesen.
> Lokomotiven, golden beschriftet, endlose Güterzüge der Pazifiklinien (gesehen in New Mexico).

Es könnte so weitergehen mit der Zitation der Kataloge und Listen. Die Proben genügen aber vielleicht, um einen Grundzug der poetischen Welt zu illustrieren, die Christoph Meckel entworfen hat. Diese Welt nämlich ist in den Plural geraten. Landschaften, Ortschaften, Gerätschaften, Mannschaften und Machenschaften – in unendlicher Vielzahl sind sie präsent und durchsetzen die wundersamen Vorgänge und Geschichten, von denen man liest. In der panoramatischen Perspektive, die in den Schilderungen oft vorherrscht, wirken sie dekorativ und lassen ihre eigene Multiplikation als Fülle erscheinen. So mag man das Kunterbunt der Pluralketten und Requisitenlisten erst einmal der

Heiterkeit zuschreiben, die verschiedene Interpreten als Charakterzug des Autors angeführt haben. Doch was wäre das für eine Heiterkeit? Immerhin müßte sie sich über die Entdeckung freuen, daß die Welt sich im Zustand der Inflation befindet, daß sie ihre Unverwechselbarkeit, ihr jeweils einzelnes Gesicht verloren hat; daß in dieser pluralischen Welt Individualität unmöglich geworden ist.

Es wird mir unheimlich bei solcher Heiterkeit, deren äußeres Kennzeichen doch die Grimasse wäre. Unheimlich auch bei der Entdeckung, daß der Plural, in den Christoph Meckel die Dinge sperrt, eine Metapher des Verschwindens ist. Es erscheint mir sehr bezeichnend dafür, daß das Werk schon früh auf das Weltende reflektiert, das eintritt, wenn das verlagerte Leben mit seinen Jahrmärkten und Mondaufgängen im Kopf stattfinden wird – „Als es selbst oder als seine eigene Erinnerung, als Zerrbild oder verworrenes Echo?" fragt das Prosastück *Weltende* (1961). Durch ihre Vervielfältigung erscheinen die Ebenen und Meere, die Totenköpfe und Tropfsteintürme, die Mischpoken und Ganoven und weißen Westen der Meckelwelt entrückt und fremd, werden sie Gegenstand einer abstrusen Komik.

Beim Versuch, diese Erscheinung zu fassen, dürfte ein Blick ins Vergangene, in die Geschichte der neuzeitlichen Krisen, nicht unterbleiben. Doch noch einmal verbietet es das Gesetz der Eloge, länger bei diesem Fundus zu verweilen, so daß ich mir nur die nächstbeste Gelegenheit herbeiwünschen kann, die Verflechtung der poetischen Arsenale und Bestiarien Christoph Meckels mit den entschwundenen Tatsachen zu durchdringen. In guter Absicht also sei auf die Fratzenhaufen des Höllenbreughel, die monströsen Utensilien des Hieronymus Bosch verwiesen, dessen Patenschaft die lyrische *Epistel an Hieronymus Bosch* ausdrücklich bezeugt:

> Täglich birgst du altes Gerümpel aus den Sümpfen von Holland

Mit ihnen und anderen Gewährsleuten des Vergangenen, die das Werk namentlich aufruft – Goya, Potemkin, auch Hölderlins Verwandlungsperson Scardanelli, Sancho Pansa – oder mit den alten satanischen Mythen, die in die Chimärengedichte, die Gedichte auf Hekate, Pluto, Saturn eingezogen sind, hängt diese Pluralwelt verzweigt, verdeckt und belesen zusammen. Nicht immer zur Erleichterung des Autors, wie man erfährt:

> Das Wort sah mich von oben an:
> was schleppst du mir für Zeug heran
> das ich mit Klang versorgen soll
> ich mache dir dein Glück nicht voll.

Wenn aber nicht im Wort, wo ist dann das Dichterglück? Da mir der Reim darauf fehlt, sei der alte Goldfisch befragt. Und siehe da, er antwortet schon. Denn er kennt sich aus in der Ordnung der ‚Verkehrten Welt', er ist selbst ein Teil davon oder, in der Sprache der Topik, er ist ein Adynaton, eine Figuration des Unmöglichen. Läge vermißtes Dichterglück also in der Erfindung von Adynata, die das Ungereimte erklären, indem sie es selber verkörpern?

Schneckenhirten und sprechende Delphine bevölkern die Dichtungen Christoph Meckels, Unstern oder Gott Grizzly. Es wachsen darin – aus Rabelais' Insel des Läutens verpflanzt – Glockenbäume und das aus Riesenfedern bestehende Vogelschilf. Und das Leittier aller Monstra, die Chimäre, kommt am rätselhaftesten als Löwe-Eule-Fisch daher. Christoph Meckels Umgang mit solchen Wesen ist frühzeitig prinzipiell geworden. Deshalb führt der Ritt auf Ochs und

Nashorn, von dem das Gedicht über *Verschiedene Tätigkeiten* (1967) spricht, einen langfristig angelegten poetischen Vorsatz aus und bindet die Gestaltungen des Abstrusen und Monströsen an eine immer wieder abrufbare Haltung: an die kompromißlose Entschlossenheit, die eigene Unabhängigkeit und Freiheit gegen „die Selbsteinengung in Programme", wie es im jüngsten Interview (1993) heißt, gegen „ideologische und ästhetische Zwänge, Unterwerfung unter Parolen, Formeln, Ausdrucksweisen, Sprachregelungen und Laufschriften eines Zeitgeistes" zu wahren.

Und noch ein anderer persönlicher Zug wäre zu nennen: Das ist die in Christoph Meckels Selbstauskünften wiederholt kommentierte Erfahrung, daß poetisches Handeln vergeblich sein und scheitern kann. Seit Erscheinen der *Nebelhörner* 1959 fehlt in keiner größeren Sammlung ein Text, in dem nicht ein ‚Dennoch' poetologisch etabliert würde. Am weitesten aber dürfte das in der Geschichte von ‚Stiefbein' getrieben sein, in der das Unmögliche persönlich auftritt und den Titelhelden aus einzelnen Gliedern zurechtmontiert. Vor seiner schließlichen Demontage am Ende hat er den Verstand verloren – ist also zu besonderer Einsicht fähig:

> Er kann sagen, daß ihn das Ende der Welt nicht mit Schrecken erfüllt hat. Alles ist, wie es ist. Nichts ist an seinem Platz.
> Stief! Stief! Stief!
> Alles wie immer. Grausamer als sinnlos.

Sollte man das in die Sprache Georg Büchners übersetzen, dessen Welterklärung noch nicht über das Präfix läuft? Dann wäre zu rufen: „Haha ... Grotesk! Grotesk!"

Nun ist Christoph Meckel kein Woyzeck, dem es die Sprache verschlagen hat, er ist vielleicht, wie man gesagt hat, ein Peter Schlemihl, der die Welt als Flaneur und Vagabund beschaut; er ist Bänkelsänger und Feuerwerker, Magier und Tagedieb oder wie sonst seine zahlreichen Berufe lauten mögen. Berufe? Eher wohl Rollen, und zwar Komödienrollen, nur schwer vom Personal einer Weltkomödie zu unterscheiden, deren zunehmend ausgearbeiteter Entwurf doch nicht nur für das graphische Œuvre gilt: Rollen wie die von

> Poor Tom, Mad Maulkin und Moël, August Weltumsegler und Ostap Bender, Charly-Charlot, wenn er Pech hat – wer noch? Der Arme Augustin und Jean le Bleu. Ulenspiegel und Wegstaub der Fatalist, Chossel der Ungewaschene und Bontsche Schweig.

Halunkenromantik oder Gauneridylle? Aufklärung über den Sinn der Maskerade liefert ihr Erfinder in seinem Chamisso-Essay, wo man liest:

> Kunstfiguren sind ausgezeichnete Wesen, denn sie haben keine Biografie. Sie werden nicht geboren, sie sterben nicht und besitzen keine Herkunft außer der Sprache. Sie sind meist ohne Arbeit oder Beruf – ihr Metier besteht darin, vorhanden zu sein. [...] Sie sind nicht ohne Schicksal oder Geschick, da sie aber ohne Geburt und Tod sind, ein STIRB UND WERDE ihnen zumeist erspart bleibt, ist ihr Schicksal ohne Vergleich zu allem, was Natur, Gesellschaft und Geschichte heißt.

Außenstehende also bevölkern die Weltkomödie Christoph Meckels. Und gesichtslos wie Moël, dem der Hut auf die Nase gerutscht ist, sind sie auch. Die von den großen Romanen des literarischen Kanons gewohnten Charakterporträts gibt es hier nicht. Denn das Individuelle – wir haben es schon im Plural verschwinden sehen – ist dem Typischen, Kollektiven, dem Konstrukt gewichen. Kraut, Halblang, Muftoni und wer sonst – sie leben gesellschaftsfern, sind aus dem Alltag gefallen und treten, mit einem Expertenwort, als Entfremdete in Erscheinung.

Pluralmetapher, Adynaton, Kunstfigur – zu resümieren ist: es handelt sich um Sprach- und Gestaltungsformen des Grotesken. In den unendlichen Asyndeta und Pleonasmen des Rabelais und des Fischart, in denen die Sprache sich selber davonläuft, in ihren Fabelwesen aus dem Reich zwischen Nirgend und Hier, in ihren Personifikationen des Unbelebten, ihren Kunstwesen, beginnt die Tradition der grotesken Satire und ihrer poetischen Rede. Ihre jüngsten Ausläufer durchziehen das Werk des Laudanden, der uns, gesteuert von einem großen poetischen Ingenium und – vielleicht doch – freundlicher Heiterkeit, die aus den Fugen geratene Welt zur Besichtigung vorlegt. Die Schrift- und Bildgelehrten werden sich künftig aufmerksamer um diesen Sachverhalt kümmern. Der Lobredner dagegen – eine Kunstfigur! –, er darf zufrieden sein, wenn er das Besondere entdeckt und benannt hat, um dessentwillen wir Christoph Meckel feiern. Doch wo – um einen anderen in Kassel Gefeierten zu zitieren – „wo bleibb da hummoooa"? Er soll bleiben, wo er ist, denn er hat hier nichts zu suchen. Das Groteske nämlich, sagt die Wissenschaft, die es erforscht hat, das Groteske ist das Komische, bei dem uns das Lachen vergeht. Der Beweis ist in zahlreichen Untersuchungen erbracht und kann nicht widerlegt werden – es sei denn, wir lesen am Ende beim Lobempfänger von den *Luftgeschäften der Poesie* und folgen ihrer ganz unpassenden Weisung:

> Da lachten sie, bis sie auf den Rücken fielen, und hörten nicht auf – das wäre, in meinem Wunsch, der immer gute Refrain, die circensische Coda aller Literatur.

Christoph Meckel, der Belobigte, der schwer Preistragende, hat soeben das letzte Wort gehabt.

Angaben zur Person des Laudators finden sich auf S. 278.

Christoph Meckel

EINE UNANGENEHME GESCHICHTE

Ich erhielt die telegrafische Nachricht, daß mir soeben ein großer und ehrenvoller Kunstpreis zuerkannt worden sei: die Preisverleihung solle in Berlin stattfinden, meine Anwesenheit sei unbedingt erforderlich, Voraussetzung zur Entgegennahme des Preises sei ferner, daß ich meinen gesamten Besitz mitbrächte und persönlich vorzeigte. Trotz dieser Bedingung sagte ich zu und reiste nach Berlin.

Die Preisverleihung fand im Festsaal eines öffentlichen Gebäudes statt. Ungeheurer Beifall setzte ein, als ich die Bühne betrat und mich verbeugte. Ein mir unbekannter Redner hielt eine Laudatio, er sprach eine Stunde oder länger, doch konnte niemand verstehn, was er sagte, da ununterbrochener Beifall seine Rede übertönte. Er verbeugte sich schließlich, deutete mit großer Geste auf mich, trat unter tosendem Beifall ab und ich blieb allein auf der Bühne zurück.

Mein gesamter Besitz war in einem kleinen Lastwagen herbeigeschafft worden (ich besaß nicht sehr viele Dinge) und wurde Stück für Stück auf die Bühne getragen. Ich trat vor, hob meine Besitztümer der Reihe nach in die Höhe und zeigte sie nach allen Seiten: Bücher, Klassikerausgaben, Flaschen voller Terpentin und Salpetersäure, Mäntel, Socken, Blechschere und Teekanne, Waltran, Messer, Holzstöcke und Kupferdruckpapier, eine Schreibmaschine, eine Decke, ein paar Flaschen alten Wein, auch Briefe, Fotografien und Manuskripte. Der Beifall war so ungeheuerlich und verstärkte sich mit jedem vorgezeigten Ding, daß ich abwinkte und durch den Lautsprecher bekannt gab, man möge mit Beifall etwas zurückhaltender sein. Diese Äußerung verstärkte den Beifall noch und jede meiner Bewegungen, ein Lächeln, Kopfschütteln, Schulterheben, das Aufnehmen oder Absetzen eines Gegenstandes bewirkte nur eine Verstärkung des Beifalls. Ein riesiger Saal voll Händeklatschen, Getrampel und Geschrei, weit aufgerissenen Mündern und von unsinniger Begeisterung hin und her gerissenen Köpfen, ein Summen, Schnalzen, Pfeifen, Knallen, Tosen – ich streckte die Zunge heraus, machte lange Nase, zeigte Zähne, spuckte aus, warf Bücher, Farbstifte, Farbtuben in den Saal und kehrte der Menge den Rücken; der Beifall steigerte sich weiterhin und nahm schließlich so haarsträubende Ausmaße an, daß ich meinen Besitz zusammenlas, Stück für Stück hinter den Vorhang schaffte und unter immer noch zunehmendem Beifall verschwand.

Während hinter mir immer dröhnender, ungeheurer und fataler ein durch nichts mehr begründeter, an nichts mehr orientierter Beifall tobte, lief ich durch die schlecht beleuchteten Gänge hinter der Bühne und suchte einen Ausgang. Ich sah, daß mein Besitz in den Gängen verstreut herumlag (Arbeiter, die mir anfangs behilflich gewesen waren, zeigten sich jetzt nicht mehr). Bücher fallen gelassen, Werkzeuge hingeworfen, Papiere zertrampelt, zerknüllt, zerrissen, Kleider und Bilder auf Haufen zusammengekehrter Papierdekorationen geworfen, ich bat vorübereilende Personen – Redner, Stadträte, Jurymitglieder oder dergleichen –, mir beim Zusammensuchen meiner Dinge zu helfen, erhielt aber weder Antwort noch Hilfe. Während ich, so gut ich konnte, den Rest meines Besitzes zusammenlas und aus dem Gebäude schaffte, betrat eine Gruppe von Herren den Ausgang (oder Eingang), in ihrer Mitte bewegte sich eine Gestalt, man stützte sie und griff ihr unter die Arme, schob und zerrte sie in Richtung des Festsaales vorwärts, sie schien sich nicht aus eigener Kraft bewegen zu können, ihre Beine baumelten kraftlos über den Boden hin, es folgte eine Gruppe von Arbeitern, die Kisten und Körbe voller Gegenstände trugen, Bücher vor allem, Trinkgläser, ein Spinett, Bilder, Kleider und gebündelte Manuskripte, offenbar der Besitz eines neuen Preisträgers. Einen Augenblick lang sah ich den vornübergesunkenen Kopf, das von weißem Kragen fast verdeckte, ungewöhnlich bleiche und abwesende Gesicht eines Mannes und erkannte in ihm einen befreundeten Dichter, der vor kurzem gestorben war. Ich verließ das Gebäude so schnell ich konnte, stellte mich neben meinen Besitz auf das Trottoir und sah mich nach einem Taxi um.

Es dauerte eine Weile, bis eines vorbeikam und hielt. Der Chauffeur half mir, die Reste meines Besitzes im Taxi unterzubringen. Es war ein kalter, leuchtender Nachmittag im Oktober, meine Kleider waren verschmutzt und zerrissen, ich kroch in das Taxi und zündete mir eine Zigarette an, der Chauffeur versprach, mich zum Flugplatz zu fahren.

nachdenklich ist die Maus
sehr nachdenklich
kaut an den Barthaaren
still, denkt nach
das ist doch ein Märchen
wie soll ich wissen, was sie denkt
worüber denkt sie denn nach
sag mir: was denkt sie
von Staub, Korn und Gras
Wasser und Wurzel
Fell und Winter
Falle Falle, Mäuse alle
Katze und Speck, Maus ist weg
was denkt sie vom Mausen
und woran stirbt sie
muß sie denn sterben
tröste sie mit guten Körnern
sag ihr, daß sie aufersteht

stachlig
ich bin stachlig?
nun ja, bin stachlig
nehme es auf mich
stachlig ist auch die Biene
macht mir nichts aus
im Gegenteil, bin es gerne
freut mich, oho
und wie es mich freut
lieber Motte
als Mottenpulver
lieber Lästermaul
als Feldherr
lieber Stachel
als Hühnerfüßchen
lieber Widerhaken, lieber Dorn
Unkraut, kein Edelstein

Brief an den Propheten Halalujal

für Harald und Doris Weinrich

Lieber Prophet, seit Jahrhunderten schreiben wir Dir.
Es sind Nachrichten, die unsere Freunde durch alle Grenzen tragen und auf Fundämtern abgeben, vorallem die Küsten-Städte sind voll von Briefen an Dich.
Dein Dasein hört nicht auf, uns anzusprechen, das sollst du wissen.
Unsere Kinder möchten dich kennenlernen, vom Unmöglichen ist nicht die Rede.
Tina malt Dir eine Sonnenblume, weil Du kein Gärtchen um die Füsse hast.

Es war wohl nie leicht, ein Prophet mit Humor zu sein.
Deine Kollegen sind mit Tragödien beschäftigt, in Voraussicht von Plagen und Katastrophen vertieft
während Du beim Anblick einer Krücke lachst:
Wahrlich, ich sage Euch nicht Besonderes, aber Ihr könnt mich zum Lunch einladen.

Ob Du davon gehört hast: der Prophet Ossias, als Wissenschaftler verkleidet, gewann den Wettbewerb unseres dritten Pessimistenkongresses.
Dass du dort auftauchen könntest, dachten wir nicht, und sind unaufgefordert ferngeblieben.
Lieber, wo bist du. Hast du ein haltbares Fahrzeug, einen echten Fälscher für Deine Papiere, einen Reise-Computer?
Räumt man morgens Dein Moskitonetz weg und bringt Dir Frühstück ans Bett

oder bist Du als Mister Nemo in Baltimore untergetaucht?
Ach und Oh, vom Wirklichen lässt sich nichts ausschliessen, alles ist möglich.
Man kann es drehen und wenden, wie man will – das Prophetische und was dazu gehört, der Prophet selbst, ist ein bisschen ausser Betrieb, doch wie wir Dich kennen, macht Dir das nichts aus.
Gib uns ein Zeichen, verschlüsselt, wenn Dir das lieb ist – wir, Deine Freunde, werden alles entziffern
und grüssen Dich wie seit Jahrhunderten, leb wohl.

Goldfisch

Seit ich den Mond und das Wasser liebe,
lebt ein Goldfisch in meinem Haar,
das verblüfft mich, und ich bemerke,
daß das bei keinem anderen Menschen
der Fall ist.

Seither bin ich durch viele Flüsse geschwommen,
aber das Wasser sagte ihm nicht zu,
ich bot ihn dem Mann im Mond als Geschenk,
doch er weigerte sich, im Licht der Sterne
zwischen den Wolken und Vögeln zu schwimmen,
ich führte ihn an das Rote Meer,
aber er besteht darauf,
in der Dämmerung meines Haars zu altern.

Ich werde ihn weitertragen,
bis seine Schuppen bröckeln,
bis er schwarz wird
und tot in eine graue Pfütze fällt.

Da draussen hinkt ein Schmerz und schreit
und hofft auf einen, der ihn trifft
und bluten sieht, und saugt sein Gift
und lädt ihn auf und lebt mit ihm zu zweit.

Da hat er wieder einen, der ihn hält.
(Mit einem Affen ist es nicht getan).
Ein frischer Abel trägt ihn durch die Welt
und überlässt ihm Seele oder Zahn.
Der Aufgeladne lacht zumeist
eh er ihm das Genick zerbeisst.

TRILLNAS
Auszug

Im Hotel Atlantik speist Trillnas zu Abend. Unter pompösen Stuckdecken sitzt er, dezent beleuchtet, am reservierten Tisch, verschwindet in der Speisekarte und überlegt Bestellungen. Zunächst vielleicht einen Bourbon, danach Burgunder, und anschließend Sekt; dann Kaffee mit Kognak, darauf einen Weißwein, danach, zum Auffrischen, einen berühmten Champagner; später kann man ein Bier versuchen. Man läßt sich Schildkrötensuppe und Schnecken bringen, Salate, Froschschenkel, Karpfen und Chateaubriand, die Folge kann nach Belieben geändert werden; er braucht nur mit dem Finger zu winken.

Während er seine Suppe löffelt, ist ein Knistern in der Decke zu hören. Ein Stück Gips (die Spitze eines Schnörkels) löst sich und fällt in den Teller einer Dame. Nasses Gemüse spritzt auf den Tisch und befleckt den hübschen Ausschnitt der Fassungslosen. Ihr Begleiter will zum Protest ansetzen, als weitere Gipsklumpen von der Decke stürzen, einer davon in eine Suppenterrine. Breite Streuung von Suppeninhalten, durch Puderschichten rinnende Feuchtigkeit. Die Decke knackt und scheint sich verschieben zu wollen, Spalten schießen von Wand zu Wand, zerschneiden die Ornamente, zerbröseln den Stuck. Es beginnt zu krümeln, ein staubiger Niederschlag. Weiße Batzen begraben ein Cordon bleu. Teller, Schüsseln und Weingläser splittern, Fett auf Herrenhemden und Tafeldecken. Anschwellendes Murren, dezentes Bekunden von Unmut, man speist jedoch weiter. Nicht betroffene Tische scheinen sich zu amüsieren. Ein Geschäftsführer oder dergleichen läßt keinen Grund zur Beunruhigung vernehmen. Ein Herr schiebt den Stuhl zurück, ergreift seine Dame und tritt ab. Das Krümeln und Kleckern nimmt zu, Gipsbomben schlagen auf Echo gebende Tische ein. Es gibt keine nichtbetroffenen Tische mehr. Trillnas allein sitzt verschont am Rand und trinkt seinen Sekt.

Suppen und Soßen färben sich weiß, dann grau. Blumenkohl rollt vom Tisch und wird zertreten, Bratenstücke springen wie Frösche zu Boden. Splitter, Schlamm und Pfützen auf dem Parkett, umgekippte Sektkübel, Rutschgefahr. Ein fröhlicher Koch irrt in den Speisesaal und wird von einer Schwingtür weggewischt. Im Foyer wird telefoniert, diskrete Stimmen, Sabotageverdacht. Herrengepolter an verschiedenen Tischen, Beruhigungsversuche beherzter Damen. Ein durchnäßtes Ehepaar fordert Schadensersatz. Mit nicht mehr sauberen Servietten segelt die Kellnerschaft durch den Saal, von Händen, Stühlen und Tischkanten aufgehalten, und gerät in Hitze bei dem Versuch, die weiß oder fettig gewordenen Gäste zu säubern. Zahlreiche Herren haben ihr Aussehen eingebüßt, verschiedene Damen sehen beklagenswert aus. Detonationen von Gips, vermischt mit landregenartigem Rieseln in Weiß. Gegenseitige Beschuldigungen, den Gips mißbraucht, an Nachbarärmeln abgewischt, auf andere Teller geschoben und in der Soße verrührt zu haben. Verfärbte Frisuren, verschüttete Scheitel, es werden Brillen, Broschen und Pelze vermißt. Mit Bürsten, Siphons und Servietten beeilt sich die Kellnerschaft so zu tun, als könne der Schaden behoben werden. Die Saaltüren sind, wie es scheint, verschlossen worden. Die Luft im Speiseraum ist feucht und weiß, man hustet, zunächst mit vorgehaltener Hand. Hier und dort, auf Schultern und Köpfen, beginnt der verschmierte Gips zu trocknen. Mancher Herr trägt einen weißen Bart. Es gibt Personen ganz in Weiß und andere, die noch gemischte Farben tragen. Die Kellnerschaft ist mit Verschmieren beschäftigt, verschiedene Herrschaften sind in Gips erstarrt. Trillnas, inzwischen mit einem Filet befaßt, wohnt der Entstehung eines Panoptikums bei.

Später klatscht er in die Hände, winkt die Kellner zu sich und verteilt Geld. Räumen Sie die Herrschaften weg. Bon soir!

VOLKER KLOTZ
1994

wurde am 20.12.1930 in Darmstadt geboren. Von 1951 bis 1958 studierte er Germanistik, Anglistik, Kunstgeschichte und Philosophie an der Universtät Frankfurt/Main. Hier promovierte er 1959 mit einer Arbeit über die *Geschlossene und offene Form im Drama.* 1960 ging er als wissenschaftlicher Assistent an die TU Berlin, an der er sich 1968 habilitierte. Anschließend übernahm er Professuren für Literaturwissenschaft in Berlin und Stockholm. Seit 1971 ist er ordentlicher Professor an der Universität Stuttgart. Zahlreiche Gastprofessuren im In- und Ausland schlossen sich an. Außerdem schrieb Volker Klotz Opern- und Theaterkritiken und war als Theaterdramaturg tätig. Er ist Mitglied des P.E.N. und lebt in Stuttgart.

Veröffentlichungen u. a.:
Bertolt Brecht. Versuch über das Werk. Verlag Gentner, Darmstadt 1957; Geschlossene und offene Form im Drama. Hanser-Verlag, München 1960; (Mitverf.) Geschichte der deutschen Dichtung. Verlag Matthiesen, Hamburg und Lübeck 1962; (Hg.) Niebergall, Datterich. Verlag de Gruyter, Berlin 1963; (Hg.) Zur Poetik des Romans. Wissenschaftliche Buchgesellschaft, Darmstadt, 1965; (Hg.) Die erzählte Stadt. Ein Sujet als Herausforderung des Romans – von Lesage bis Döblin. Hanser-Verlag, München 1969; Bühnen-Briefe. Kritiken und Essays zum Theater. Athenäum-Verlag, Frankfurt/Main 1972; Dramaturgie des Publikums. Hanser-Verlag, München, Wien 1976; Abenteuer-Romane. Hanser-Verlag, München, Wien, 1979; Bürgerliches Lachtheater: Komödie,Posse, Schwank, Operette. Deutscher Taschenbuchverlag, München 1980; Das europäische Kunstmärchen. 25 Kapitel seiner Geschichte von der Renaissance bis zur Moderne. Metzler-Verlag, Stuttgart 1985; (Mhg.) Bausteine zu einer Poetik der Moderne. Festschrift für Walter Höllerer. Hanser-Verlag, München 1987; (Mhg.) Karl Malss. Frankfurter Mundartstücke. Kramer-Verlag, Frankfurt/Main 1988; Operette. Porträt und Handbuch einer unerhörten Kunst. Piper-Verlag, München 1990; Literaturbeamter auf Lebenszeit. Gesellschaft hessischer Literaturfreunde, Darmstadt 1991.

Gert Sautermeister

Herr Oberbürgermeister, sehr verehrte Stifter, meine Damen und Herren,

Die Stiftung Brückner-Kühner zeichnet jedes zweite Jahr ein wissenschaftliches Werk über grotesken Humor aus. Muß oder sollte der Verfasser dieses Werkes seinerseits grotesken Humor besitzen? Eine prekäre Frage! Signalisiert sie nicht, daß die Einheit zwischen dem Geist eines Werkes und seinem Verfasser wünschbar sei? Daß also, um ein Beispiel anzuführen, ein Erforscher des Humanismus auch ein humaner Mensch sein sollte, oder daß ein Interpret zarter lyrischer Gebilde auch ein zartsinniges Temperament haben müßte? Solche schönen Querverbindungen zwischen Gegenstand und Person sind ja selten genug, wie die Erfahrung lehrt, und doch neigen wir spontan dazu, sie für wünschbar zu halten. Volker Klotz zählt zu den seltenen Erscheinungen im kulturellen Leben der Gegenwart, die das Wünschenswerte beispielhaft verkörpern. Der Preisgekrönte hat über grotesken Humor nicht nur geschrieben, er ist dazu auch durch Temperament und persönliche Sehweise berufen. Er besitzt eine spontane humoristische Innenansicht von Dingen, in denen wir gewöhnlich Sterbliche alles Erdenkliche entdecken würden – nur eben keinen grotesken Humor. Nehmen Sie, verehrte Zuhörerinnen und Zuhörer, Goethes *Faust* zum Exempel. Rührt nicht schon der Titel dieses Dramas das Gefühl des Erhabenen in uns wach? Und haben wir nicht die feierliche Gewißheit, daß in diesem majestätischen Werk der Menschheit höchste Gegenstände zum Ausdruck drängen? Gemach, meine Damen und Herren, wir wollen Volker Klotz dazu vernehmen, wollen hören, was er von den erhabenen Forderungen hält, die der Doktor

Faust an Mephisto beim berühmten Teufelspakt stellt. Zunächst also Faust zu Mephisto:

Und was der ganzen Menschheit zugeteilt ist,
Will ich in meinem innern Selbst genießen,
Mit meinem Geist das Höchst', und Tiefste greifen,
Ihr Wohl und Weh auf meinem Busen häufen
Und so mein eigen Selbst zu ihrem Selbst erweitern,
Und, wie sie selbst, am End', auch ich zerscheitern.
(1770 f.)

Und nun Klotz über Faust:

„Bei allen Teufeln und Göttern: welch eine mitreißende Gigantomanie! Wen, außer so klammen Kümmerlingen wie den Famulus Wagner, würde sie nicht begeistern? Welche überdimensionalen Forderungen! Welche globalen Begehrlichkeiten, Jahrtausendwünsche, Totalitätsgelüste! Und mit welcher weitgreifenden, allumfassenden Gebärde trumpfen sie auf! Soweit der Anlauf. Doch wenn es zum Sprung kommt; wenn der wissensreichste und unersättlichste Mensch seines Zeitalters, der so maßlos und mit Aussicht auf Erfolg wünschen darf wie kein anderer je zuvor; wenn sein ebenso maßlos mächtiger Partner Mephisto nur darauf lauert, endlich einmal zu zeigen, was alles er, Mephisto, vollbringen kann; und wenn auch das Publikum zum Zerreißen gespannt ist, wie denn nun Faust die Welt sich aufrollen läßt von seinem übermenschlichen Helfer – was wünscht er da? Er wünscht:

Schaff mir ein Halstuch von ihrer Brust,
ein Strumpfband meiner Liebeslust! (2661 f.)

Zum Lachen. Faust und Gretchen, verkuppelt von Mephisto, das ist die Paarung des Superlativs mit einem Diminutiv. Ein komisches Mißverhältnis. Eine überspannte Dimensionsverzerrung, noch komischer im Grunde als jene des Buster Keaton: wenn der im Übereifer einen Anlauf von vielen hundert Metern nimmt, längs durchs riesige Sportstadion, um dann erschöpft vor der eigentlichen Sprunggrube einen Weitsprung von etwa 80 cm zu schaffen."

Soweit Volker Klotz. Eine Perspektiveverschiebung, ein Sichtwechsel reicht hin, um ein hochkomisches Mißverhältnis aufzudecken. In unserem urdeutschen Faust, in diesem Urbild des ewig Strebenden, steckt ein Weitspringer mit kolossalem Anlauf und einem kleinen begehrlichen Sprünglein. Ein Urahn des Buster Keaton... Wir können nicht umhin zu lachen. Volker Klotz macht uns zu Zeugen einer unfreiwilligen Komödie. Der Metaphysiker Faust nimmt einen Riesenanlauf, und der Liebesphysiker Faust macht daraus einen winzigen Hüpfer. Was wir im *Faust* nie bemerkt hätten, das Unvermutete – hier wirds Ereignis. Volker Klotz entdeckt eine Groteske, an der sich unser Vergnügen entzündet. Und dieses Vergnügen ist stets auch ein Stilvergnügen. Denn Klotz durchleuchtet nicht nur die Tradition, er leuchtet ihr heim mit Witz und scharfer Zunge. Mit ihm erstarren wir nicht länger in Ehrfurcht vor Denkmälern, nur weil sie monumental in den Himmel ragen, mit ihm dürfen wir diesen Denkmälern einen Denkzettel verpassen, keinen kränkenden, bitterbösen, sondern einen, der uns in heitere Laune und in Bewegung versetzt, uns Lust macht auf die Begehung neuer Ufer.

Neuer Ufer? Ja, auf sie nimmt der Preisgekrönte von jeher Kurs. In seinem Kielwasser erwacht unsere Wißbegierde für unerforschte Felder des Geistes und der Kultur. Goethes großer *Faust* muß vor einem kleinen Faust die Segel streichen – vor dem *Petit Faust* des unbekannten

Franzosen Hervé. Wer kennt schon, Hand aufs Herz, seine Faust-Operette? Volker Klotz führt sie uns vor und führt uns mit hintertriebenem Lächeln hinein in ihre aberwitzigen Kapriolen, die des großen Doktor Faustus Metaphysik zu tolldreister Liebesphysik verdrehen. Der kleine französische Faust hat „den Teufel im Leib", im wahrsten Sinne des Wortes, denn stöhnend, wie eine kreißende Frau, gebiert er den Mephisto, der aber gleichzeitig ein Weib, eine Mephista ist, ein „diabolischer Zwitter" also, der den Muttervater Faust zum Dank für seine Gebärkünste erst verjüngt und dann ihm nachstellt – ihm und auch dem blonden deutschen Gretchen. Ein kunterbunter Lebens- und Liebesreigen hebt an, in dem sich Klotz mitdreht und in den er uns hineinzieht, unwiderstehlich, mit verführerischer Komik. Die „musikalische Verfäustelung" des großen Faust hallt in seinem Sprachwitz wider.

Verdient es eine Operette, daß man so viel Aufhebens von ihr macht? Ist denn dieses musikalische Genre einer Erwähnung würdig? Ausgerechnet in einer Laudatio, die doch mehr in Betracht ziehen sollte als die Feder- und die Leichtgewichte der Kultur? Wer unter uns würde nicht den Besuch einer Operette mokant von sich weisen? Gehört dergleichen nicht zu den edlen Kindereien, die das ernste Erwachsenenalter zu verschmähen beliebt? Ich hoffe, ich weiß es zuversichtlich, meine Damen und Herrn, daß die gängige Geringschätzung dieses Musikgenres sich in lautere Wertschätzung verkehren wird, sobald jemand das Operetten-Buch von Volker Klotz auch nur in die Hand nimmt. Darin blätternd, wird es ihm in den Fingern jucken, Kapitel nach Kapitel zu entblättern, und nur höhere Gewalt wird ihn daran hindern können, sich immer wieder in eine der hundertundsechs Operetten zu vertiefen, die Klotz so erfrischend vor Augen rückt. Sie haben recht gehört – 106 Operetten, und jede davon hat Klotz im Orginalzustand erschlossen, auf Herz und Nieren geprüft, textlich, musikalisch und dramaturgisch, von jeder die Intensität seiner Eindrücke und den Scharfsinn seiner Analysen mit präzisen Federstrichen festgehalten. *Porträt und Handbuch einer unerhörten Kunst* lautet der Untertitel dieses opus magnum. »Unerhört« ist zunächst die Darbietungskunst des Verfassers selbst. Fast mit jeder Seite, die wir aufschlagen, werden wir in ein unterhaltsames, farbiges, oft auch spannendes Geschehen verwickelt. Klotz präsentiert die Handlung der Operetten mit der epischen Lust des geborenen Erzählers – und mit der Prägnanz des scharfblickenden Porträtisten. Es herrscht da ein Witz und eine Schlagfertigkeit, wie sie in Handbüchern ihresgleichen suchen. Und obgleich der Autor den Umfang von über hundert Operetten durchmißt, behält seine Feder eine Leichtigkeit und Schwungkraft, die dem Temperament der Gattung verwandt ist. „Allegro con brio" könnte man diese Wahlverwandtschaft taufen.

Was aber ist das Besondere, das „Unerhörte" an dieser Gattung? Es ist ihr ‚Humor', ein ganz und gar unbürgerlicher Humor, der die maßgeblichen, von Jacques Offenbach angeregten Operetten durchpulst. Nehmen Sie beispielsweise jene Kammerzofe, in die sich Klotz sterblich verliebt hat, die Kammerzofe Adele aus Johann Straußens *Fledermaus*, die da singt: „Ach, warum schufst du Natur, / mich zur Kammerjungfer nur." Gottlob hat die Natur ihr bedeutend mehr Gaben als nur kammerjüngferliche zugewiesen – und die beutet sie zum Entzücken unseres Autors und seiner Leser mit Glanz und Gloria aus. Zumal mit den Gaben des Spiels und des sozialen Rollenwechsels ist diese Kammerzofe üppig gesegnet. Wenn Volker Klotz beschreibt, wie sie mit „verwegenen Koloraturläufen” in die Anfangsszene „schlittert”, wie ihr aus einem Einladungsschreiben zum großen Sylvesterfest die „bockigen Rhythmen der Polka” in „die Sinne hüpfen”, wie sie das „schnippische Allegretto” des „Mein Herr Marquis” vom Stapel läßt, dann „im Handumdrehen” drei verschiedene soziale Rollen durchprobiert, von der ‚Unschuld vom Lande' bis zur ‚Dame von Paris', wenn er mit alldem zeigt, was für einen unwiderstehlichen „Sog” diese kecke Frau zur rauschenden Sylvesternacht „erzeugt”, so erleben wir die Sprengkraft ihres Spiels plastisch-sinnlich mit. Singend und tanzend, mit Charme und Pfiff sprengt das impulsive Frauenzimmer ihre soziale Identität und das lastende Jetzt des Arbeitsalltags, zum Vorschein kommen bei ihr und bei den anderen die Spiel- und Verwandlungskräfte des Ichs, in den Vordergrund treten beim grandiosen Verbrüderungs- und Verschwesterungsball solidarische Sehnsüchte, kollektiver élan vital. Volker Klotz demonstriert mit leuchtkräftigen Farben, inwiefern die gelungensten Operetten mit rebellischem Humor unser bürgerliches Leben auf den Kopf stellen. Inwiefern sie Konkurrenz durch geschwisterlichen Einklang aufheben, Vereinzelung durch dionysische Annäherung, Planung durch fröhliche Unordnung, den Kosten-Nutzen-Faktor durch poetisch blühenden Nonsens, die Askese der Sinne durch den Tanz beschwingter Körper, festgefügte Hierarchien durch den Triumph der Beherrschten. So hinterhältig und so leichtfertig spottet die Operette unseres Alltags! „Inversion” – humoristische Umkehrung – nennt Klotz dieses Bewegungsprinzip der vitalsten, geglückten Operetten. – Sie rühren an unser besseres, aber vergrabenes Ich, sie rütteln freiere, aber eingeschlafene Lebensgeister wach, sie entwerfen menschlichere, aber ausgeblendete Sozialverhältnisse. Wer einmal die meisterliche Inszenierung einer großen Operette miterlebt hat, wird kaum vergessen, wie sie ihm in seine Sinne und sein Herz fuhr, in Fleisch und Blut überging, sozusagen seinem Körper neuen Lebensmut einflößte. Dieser Lebensmut atmet auch in der Sprache des Operettenbuchs, er atmet in ihren Pointen, ihren unerschöpflichen Wortspielen, ihren geistvollen Arabesken. Da ist kein Schabernack in welcher Operette auch immer, den Klotz nicht einfinge im feingesponnenen Netz seiner Rhetorik, da ist keine Narretei von Niveau, die ihm entginge, kein Scherzo ist da und kein Capriccio, das nicht ein Echo fände in seinem humoristisch sprühenden Temperament. Wenn wir in diesem Buch lesen, verwandelt sich uns die säuerliche Milch der alltäglichen Denkungsart in einen fröhlich perlenden Champagner.

Es ist Champagner aus entlegenen und auch benachbarten Gebieten; von Ungarn bis Frankreich und von Spanien bis Amerika spannt Volker Klotz seinen Operettenreigen. Da ist jene Urbanität des Sichtens und Mischens spürbar, die auch sonst seine Bücher auszeichnet – man denke etwa an sein umfassendes *Europäisches Kunstmärchen.* So wird Champagner vom Feinsten kredenzt – aber beileibe nicht bloß für die feine Welt. Nein, Klotz kredenzt ihn für das große Publikum. Vielleicht ist die Operette, wie er sie präsentiert, die einzige Kunstgattung heute, die eine Vielzahl von Publikumsschichten erreichen kann, eine demokratisch-gesellige Gattung also. Und eine, dies sei mit Nachdruck gesagt, die auch ein demokratisch-ästhetisches Gemeinwesen in jedem einzelnen aufweckt. Welche andere Kunst vereinigt so viel Einzelkünste: Musik und Literatur mit szenischer Dramatik und Tanz obendrein? Und welche zielt folglich in einem Atemzug auf den Musik- und Literaturliebhaber, den Mimen und Tänzer in uns? Auf den unbürgerlichen Verwandlungskünstler in uns? Den Rebell mit dem ungebärdigen Humor? Indem Volker Klotz die Vielseitigkeit der Gattung plastisch versinnlicht, entwirft er von Operette zu Operette eine imaginäre Inszenierung, vom Geist des anarchisch-utopischen Champagners durchheitert.

Meine Damen und Herrn, ich sprach von der Urbanität des Preisgekrönten, von seinem europäischen und transeuropäischen Blickwinkel. Da ist es umso frappierender, daß aus diesem Blickwinkel auch das Engste, das Provinzielle und Kleinstädtische, Kontur gewinnt: die Lokalposse zum Beispiel und der kleinbürgerliche Schwank. Eben dies aber macht die Entdeckungskunst von Volker Klotz aus: daß Unscheinbares unter seiner Feder ein spezifisches Gewicht, daß Regionales Überregionalität gewinnt. Von solchen sinnreichen Paradoxen ist sein Schrifttum durchzogen. *Literaturbeamter auf Lebenszeit* hat er sein letztes Buch betitelt – Sprengkräfte" literarischer Werke aufgedeckt: nicht um eines aparten Effektes willen, sondern im Blick auf lesende, dem „Gemeinwohl" verpflichtete Citoyens. Ihnen den Geist kritisch-wachsamer Demokratie zu vermitteln, ist eine der zentralen Absichten von Volker Klotz. Und dafür eignet sich auch das scheinbar lokal Beschränkte. Der ‚Lebenszeitliche Literaturbeamte' hat unter anderem das Hessen des 19. Jahrhunderts wiederaufleben lassen mit den Possen des Frankfurter Karl Malss und des Darmstädter Kurt Niebergall. Eine Hommage des Hessen und gebürtigen Darmstädter Volker Klotz an seine Heimat? Als Schwabe würde ich mich glücklich schätzen, wenn sich das heimatliche Milieu in ähnlich zündender Theatralik darstellte, wie das hessische aus der Optik von Klotz. Zwar scheint es durchaus harmlos, wenn beispielsweise Karl Malss, der Frankfurter, zur Hauptperson einer seiner Possen einen Repräsentanten des Löschwesens macht, einen Feuerwehrkommandanten und Gastwirt in Personalunion, zuständig also für das öffentliche und private Löschwesen gleichzeitig. Aber das harmlos Scheinende ist von heikler, problematischer Art, wenn der Gastwirt mit Wein und Schnaps die heimlich schwelenden Brände der Unzufriedenheit bei seinen Kunden löscht – denn diese Unzufriedenheit gilt den öffentlichen Verhältnissen, sie gilt dem Gemeinwesen, und sie könnte unversehens einen kollektiven politischen Großbrand entfachen, würde der Feuerwehrkommandant den Anfängen nicht wehren und als gewiefter Reaktionär sie in Alkohol ertränken. So erweist sich die Lokalposse als zeitkritisch; sie rührt empfindlich an den Nerv der Epoche, ja, sie wird von den politischen und sozialen Bewegungen der Epoche insgeheim mehr erschüttert als das Geschichtsdrama und das Trauerspiel. Dies ist der überraschende Nachweis, den Volker Klotz schon vor Jahren in seiner großen Studie über das *Bürgerliche Lachtheater* geführt hat. Mit feinster sozialpsychologischer und sozialpolitischer Sonde legt er die Hintergründe eines Schwankes und einer Komödie bloß, ihre verborgene geschichtliche und gesellschaftliche Tiefenschicht. Auf einmal sehen wir erstaunten Auges, daß eine schlichte Lokalposse mehr Welt, mehr Realität enthalten kann, als eine – ach so würdevolle – Tragödie. Und daß dies nicht nur in einem hessischen und österreichischen Stück der Fall sein kann, sondern ebenso gut in den russischen, englischen und irischen Exemplaren des Lachtheaters. Darin zeigt sich der Literaturwissenschaftler Klotz, wie er leibt und lebt: eine viel belächelte, verspottete Gattung zu entdecken, heraufzuholen aus dem Verlies der

Geringschätzung, hinauszublicken über die Fachgrenzen und die nationalen Schranken. Sie fragen sich, ob bei diesen Tiefenschürfungen und Panoramablicken einem nicht das Lachen selbst vergehen muß? Keine Sorge, es wird uns nur besser erklärt; wir werden zu wissenden Lachern, manchmal freilich auch zu solchen, denen das Lachen im Halse stecken bleibt. Würden wir jemals die üppigen und stattlichen Frauengestalten im Schwank ohne Volker Klotz durchschauen können bis auf ihre gesellschaftliche Grundpositur? Ohne Volker Klotz ermessen können, warum sie bis ins 20. Jahrhundert mit ihrem gewichtigen Auftreten die Theaterbühne heimsuchen, – obwohl doch, so formulierte Klotz, „Jugendstil und Reformklein, Rohkost, Kneippkuren und Sport den weiblichen Körper seit geraumer Zeit in die Länge und ins Freie gezogen haben"? Ich darf das Rätsel dieser theatralischen Üppigkeit und Stattlichkeit hier nicht auflösen – und muß Ihnen auch die Gründe verschweigen, warum in Schwänken aller Art der Held beinahe regelmäßig am Ende des zweiten Aktes in Unterhosen erwischt wird! Das sind Beispiele eines Humors, die man nur an der Quelle selbst, in den Schriften des Preisgekrönten mit vollem Genuß sich vor Augen führen kann. Einem Genuß nicht ohne Blick in Abgründe, versteht sich.

In Abgründe hat Volker Klotz zuletzt eine ganze Zunft von Gelehrten versenkt. Er ließ sie auf hoher See tagen. Thema der Tagung war ein berühmtes englisches Seemannsgedicht. Am Leitfaden seines schwarzen Humors entwickelte Klotz die modische Interpretation der Wissenschaftler bis zu dem Punkt, wo sie einen Offenbarungseid leisten mußten: wo sie sich als die Narren ihrer Schwerverständlichkeit, ihrer Geheimniskrämerei, ihrer verblasenen Mystik decouvrierten. In diesem Enthüllungsakt stellte

Klotz die Inzucht der Gelehrten mit ihrer eigenen Wissenschaft und die Unzucht ihrer Begriffe mit der schweigenden Natur bloß. Zwei besonders modisch und infame ‚Züchte'. Es scheint, daß die Natur – die hohe See – es auch so empfunden hat. Denn sie öffnete plötzlich ihren unheimlichen Schlund und zog die Gelehrtenzunft zu sich herab. Die vor Witz sprühende Geschichte steht in *Literaturbeamter auf Lebenszeit.* Darin zeigt der Aufklärer, der Klotz zeitlebens war, wie man den privilegierten Beamtenstatus zum Vorteil der Wissenschaft – und der Menschen nutzen könnte. Er zeigt es wie immer leuchtkräftig, leichtfüßig, die Feder am Puls der Gegenwart. Für dieses Lese-Vergnügen, wie für zahlreiche andere davor, sage ich ihm meinen herzlich empfundenen Dank – und verbinde diesen Dank mit meinem Glückwunsch zur Überreichung des Literaturpreis für ‚grotesken Humor'.

Dr. Gert Sautermeister, geb. 1940, Professor für Neuere deutsche Literaturgeschichte an der Universität Bremen, selbständige Publikationen über Schiller, Thomas Mann, Lichtenberg, zahlreiche Aufsätze zur Literatur des 18., 19. und 20. Jahrhunderts, Gastprofessuren in Aarhus (Dänemark) und Nizza (Frankreich).

Volker Klotz

Liebe Anwesende und lieber – leider abwesender – Otto Heinrich Kühner!

Dem durch Preis und Preisrede Gepriesenen obliegt eine Dankrede. Ich halte sie gern. Sie besteht freilich – wie sich's für einen Schriftgelehrten gehört – aus Geschriebenem, aus Auf- und Abgeschriebenem. Und sie ist – wie sich's für einen zünftigen Wissenschaftler gehört – in Teile gegliedert, die von vornherein sorgsam anzugeben sind. Also, sie gliedert sich in zwei Hauptteile.

Erster Hauptteil: Zitate aus dem Dankbrief des Gepriesenen an die eben darum und erst recht überhaupt zu preisende Christine Brückner. Der zweite Hauptteil dann ist seinerseits gegliedert in drei Unterabschnitte. Alle drei bestehen – wie sich's für einen ordentlichen Professor einer ordentlichen Universität gehört – aus Huldigungen an jenes akademische Ritual, an dem der Gepriesene seit gut dreißig Jahren teilzuhaben Gelegenheit hat. So viel zur Gliederung.

Nun zum Hauptteil Eins. Den Stiftern des Kasseler Literaturpreises und allen andern, die damit befaßt sind, danke ich sehr herzlich. Einen gegenläufigen Preis – etwa für Tiefsinn, Komma, Deutschen – hätte ich als kränkend zurückgewiesen. Ich danke mit einem Zitat aus meinem Brief an Christine Brückner. Der Brief war nicht ganz so intim, als daß es unschicklich wäre, ihn hier öffentlich zu zitieren:

„Zunächst war ich argwöhnisch, es könnte Ihr Brief, in Revanche, eine jener Mystifikationen sein, die ich selber unliebsam oft meinen Kollegen zufüge, um das akademische Leben etwas anmutiger zu gestalten. So ergeht es heimtückischen Menschen! / Manches freilich spricht dafür, daß Ihr Brief samt Inhalt authentisch ist –: und so danke ich Ihnen

recht sehr und gebe den Stiftern wenigstens die Genugtuung, so etwas wie einen Debutantinnenball, eine Primiz, einen Initialakt zu veranstalten. Denn es ist fürwahr der erste Preis – außer einer Sport-Siegernadel für den elfjährigen Pimpfen VK – der mich ereilt."
Nun zum zweiten Hauptteil, den Huldigungen ans akademische Ritual. Sie sind unlängst geschrieben, aber nicht gesendet worden auf Anregung des Rundfunks. Geplant waren sie als kleine Satyrspielerei zu einem hochgelehrten Funkkolleg über Literarische Moderne. *Den Hörern zuhause, die vielleicht nie eine Universität von innen mitkriegen, sollten diese Anhängsel einen winzigen Ersatz bieten für solches Defizit. Denen, die nur hören, nicht sehen, sollten sie wenigstens blinzelweise die Augen öffnen für eine absonderliche Schau. Nämlich: wie ein gestandener Professor sich leibhaftig im Hörsaal gebärdet vor seinen – so heißts mitunter väterlich oder auch sklavenhalterisch – vor seinen Studentinnen und Studenten.*

Sollten Sie, liebe Anwesende, dabei weniger Bewunderung als Verwunderung heraushören samt etwas Hohn und Wut, dann hören sie richtig. Denn die besagten gut dreißig Jahre in diesem Milieu haben mir immer noch kein Verständnis abzwingen können für eine schlimme Diskrepanz. Für das lachhafte Mißverhältnis zwischen überragend kluger und wissensreicher, entdeckerfreudiger und hartnäckig konsequenter Forschungstätigkeit einerseits – der kann man mitunter tatsächlich begegnen – und andrerseits, bei den gleichen Leuten, dümmlich eifersüchtelnden, griesgrämlich ehrpusseligen, kindlich eitlen Verkehrsformen. Solches Mißverhältnis hat seinesgleichen nirgends in den allerschlichtesten Berufsständen.

FUSS NOTA BENE
Aus dem akademischen Innenleben der Literaturwissenschaft

I. Die akademische Vertikale

Hochverehrte Hörerschaft,
mit dieser Anrede bin ich schon mitten im Thema. Denn: die heutige Vorlesung, Hochverehrte, gilt dem Verhältnis von Hoch und Niedrig. Sie gilt dem senkrechten Verhältnis zwischen uns, die wir solche Vorlesungen halten, und Ihnen, die solche Vorlesungen auszuhalten haben. Unsre Haltungsschäden – wie auch die Ihrigen – rühren daher, daß wir normalerweise von oben herab auf Sie einreden. Normalerweise, im Hörsaal der Universität, ist unser Standort der Katheder. Deutlich überragt er die niedrige Hörerschaft.

Während droben der Professor aufrecht steht und dabei, wie ein Luther, ebenso aufrecht einsteht für die Gedanken, die er den Schriften seiner Kollegen entnommen hat, notfalls auch den altbewährten eigenen Schriften; während er diese Gedanken mit schwungvollen Gebärden in den Raum knetet oder sie verbissen in die Kathederplatte einkrallt –: Währenddes beugt drunten die Hörerschaft den Rücken über die Hochschulbänke und schreibt und schreibt, was sie vielleicht niemals mehr lesen wird. Treffend heißt es daher in Österreich von den höchsten jener hochragenden Professoren, sie haben eine Lehrkanzel. Sakral, doch unbehelligt von kirchlicher Weisung oder vom höheren Auswurf der Heiligen Taube, läßt sich dort oben wirksam hinunterpredigen auf die akademische Gemeinde.

Was aber tut der Lehrkanzler, wenn er gerade nicht aufrecht steht und gerade nicht den Hörsaal mit seiner Stimme beherrscht? Er sitzt. Dazu hat er – und hier erst trifft die andere Bezeichnung zu – seinen Lehrstuhl.

Beide Möbel also, die österreichische Kanzel wie der deutsche Stuhl, sind ihm, dem vornehmsten – mit Verlaub – Glied des akademischen Lehrkörpers, angemessen auf den Leib getischlert. Beide Möbel dienen den beiden fundamentalen Pflichten des ordentlichen Professors, Lehre und Forschung. Stehend lehrt er, sitzend forscht er. Und wenn der Professor, wie in unsrem Fall, Literaturwissenschaft betreibt, dann sitzt er, um zu lesen und hernach zu schreiben über das, was er gelesen hat. Ein weiteres zukömmliches Möbel, als Unterlage beim wissenschaftlichen Lesen und Schreiben, bleibt amtlicherseits unbedacht, weil unbenannt. Es waltet da akademische Freiheit. Sie stellt es jedem Forscher frei, ob er seine Schriften etwa auf einem Lehr-Tisch ausbreitet, oder ob er sie lieber über das eine oder andre Lehr-Knie bricht.

Wie steht es dann aber – so werden Sie, hochverehrte Hörerschaft, gewiß nun fragen – mit jenem räumlichen Verhältnis zwischen Hoch und Niedrig? Wie steht es damit, wenn der Forscher immer nur liest und schreibt? Setzt er nicht, sobald er sitzt, die akademische Vertikale außer Kraft?

Immerhin liest und schreibt er ja auf waagerechter Unterlage und dabei immerzu von links nach rechts in der Horizontalen. Und: Sind vielleicht gerade deshalb den unsrigen die forschenden Japaner so weit voraus? Eben darum, weil sie schon längst, wie bei ihren steten senkrechten Verneigungen, ebenso senkrecht von oben nach unten schreiben und lesen?

Gemach! Solcher Vermutung fehlt es zwar nicht an Scharfsinn, doch sie ist allzu vorschnell. Denn sie läßt ein entscheidendes Phänomen außer Acht. Ich meine das markante Kennzeichen des wissenschaftlichen Schrifttums –: die Fußnote. Wie ihr Name schon sagt, ist die Fußnote das Gegenteil von handlich. Nicht nur dadurch verweist sie gebieterisch auf Grundlagenforschung; auch dadurch, daß sie an allerunterster Stelle der jeweiligen Druckseite angebracht ist. Mit ihr nun also, mit der Fußnote, stößt die akademische Vertikale in die Tiefe. Just hier, hochverehrte Hörerschaft, formt sich die Einheit von Lehre und Forschung zum eindrucksvollen Sinnbild.

Wer Augen hat zu denken, wird die vielsagende Linie erkennen. Diese Linie führt vom aufgereckten Zeigefinger des Professors droben auf der Kanzel senkrecht hinab bis zur untersten Fußnote. Ein vertikales Sinnbild aus Fleisch und Blut, Knochen und Druckerschwärze. Eine Epiphanie des hochragenden Lehrgebäudes, auf dem Dach der Blitzableiter, der, gut geerdet, die donnernden Entladungen des Weltgeists auf sich zieht und ableitet.

II. Streit-Kul-tur in der Ge-lehrten-Re-publik

Hochverehrte Hörerschaft,
unsre erste Vorlesung galt der akademischen Vertikale. Ich darf Sie erinnern an die sinnbildliche Figur des Literaturwissenschaftlers auf der Lehrkanzel, senkrecht ragend vom hochweisenden Zeigefinger bis hinab zur untersten seiner gelehrten Fußnoten. Zugegeben, dieses Sinnbild mag etwas gewagt gewesen sein. Doch treffend war es zweifellos. Dennoch hat es mancherlei gereizte Reaktionen ausgelöst. Zur leidigen Überraschung des Vortragenden, dem nichts ferner lag als mutwillige Provokation. Die teilweise sogar heftigen Einwände sind, bezeichnenderweise, gerade nicht von der eigentlich angesprochenen Hörerschaft gekommen. Gekom-

men sind sie vielmehr – wenn ich so sagen darf – aus den inneren Organen der Alma mater, aus akademischen Fachkreisen.

Nun gehört es seit je zu den Tugenden jener Elite, die immer noch Gelehrten-Republik heißen darf, unverzagt sich dem produktiven Streit der wissenschaftlichen Anschauungen zu stellen. So kann es denn auch hier von Nutzen sein, daß Sie, verehrte Hörerschaft, eine solche Auseinandersetzung miterleben, wenn auch nur hörerschaftlich. Deshalb seien die Einsprüche nicht verschwiegen, die uns erreichten. Auch kritische Bedenken, jawohl, sind dabei abzuwägen und nötigenfalls aufzugreifen. Freilich nur, soweit sie konstruktiv sind. So verlangt es nach wie vor der akademische Stil.

Alles andre als konstruktiv – damit bin ich bereits beim ersten Einspruch – ist die Unterstellung aus einem gewissen, nur zu bekannten Lager feministischer Sprach- und Literaturwissenschaft. Ich referiere. Schon aus meiner Anrede des Auditoriums spreche der gleiche phallokratische Dünkel wie aus dem ganzen Gedankenbild, eben jenem der aufgerichteten akademischen Vertikale. Verstockt vermeide der Vortragende die einzig richtige Formulierung mit dem hochgereckten ‚I', also ‚HörerInnen'. Stattdessen suggeriere seine Anrede ‚Hörer*schaft*' eine – so wörtlich – „weder bio- noch soziogenetisch stichhaltige Geschlechtsneutralität". Selbst linguistisch Halbgebildete wüßten sehr wohl, was tatsächlich stecke in dem abgefeimten Suffix ‚-schaft': mindestens der Schaft einer erigierten Lanze.

Was Sie, verehrte Hörerschaft, hier vernehmen, ist ein pseudoetymologischer Schlag unter die Gürtellinie der akademischen Vertikale. Wissenschaftlich darauf einzugehen, würde heißen, sich selbst auf dem gleichen niedrigen, ja unanständigen Niveau zu bewegen. Ernster zu nehmen sind indes zwei andersartige Einwände der Fachwelt. Sie kommen aus diametral gegensätzlichen Richtungen. Aus einem – im besten Sinne – konservativen und aus einem – in ebenso bestem Sinne – fortschrittlichem Lager. Auch diesmal seien keine Namen genannt. Denn akademische Disputatio, will sie diesen Namen verdienen, sieht grundsätzlich ab von persönlichen Befangenheiten.

Der konservative Kollege – übrigens ein international anerkannter Hölderlin- und Handkeforscher – äußert durchaus bemerkenswerte Befürchtungen. Ich referiere. Aus meiner prinzipiell triftigen Beschreibung des Lehrkanzelredners könnte eine doch wohl ungeschulte Hörerschaft irrigerweise ironische Untertöne heraushören. Und wenn dem so wäre, dann dürfte das öffentliche Bild des deutschen Ordinarius Schaden nehmen. Zumal in den ohnehin wissenschaftlich verwilderten neuen Ent- und Abwicklungsländern. Immerhin seien die Erschütterungen aus den fatalen 68er Jahren noch keineswegs verebbt.

Und weiter fragt der besorgte Kollege: Was wäre, wenn nun ein Böswilliger meine durchaus wohlmeinende allegorische Darstellungsweise zum Vorwand nähme, um bewährte akademische Formen seinerseits höhnisch herabzuwürdigen? Wer kenne sie nicht, die immer noch eifernden Reformertypen voller Ressentiment, weil ihnen selber das Format zum Ordinarius fehlt? Man male sich aus, wie gehässig so ein verklemmter Außenseiter herfallen könnte über althergebrachte Gepflogenheiten. Etwa über die anmutige Kleinform der Miszelle; oder über den reizvoll hintersinnigen Austausch von wissenschaftlichen Sonderdrucken; oder über die gebotene Diskretion von Gutachten! Oder gar über den gleichsam adventlichen Charme einer entstehenden akademischen Festschrift: Wenn da regelmäßig der werdende Jubilar sich total überraschen läßt von der unverhofften publizistischen Krönung seiner Vita academica. Gehörten denn nicht gerade solche Feinheiten zum unverzichtbaren Klima, in dem allein die überragenden wissenschaftlichen Hochleistungen gedeihen? So weit die Einwände.

Nun, ich wüßte niemanden in unsrer Fachzunft, der nicht grundsätzlich den Standpunkt des besorgten Kollegen teilt. Im gegebenen Fall jedoch lassen sich seine Bedenken ohne weiteres zerstreuen. Mit zwei Feststellungen. Erstens: Die Hörerschaft dieser Vorlesung ist, dank eben dieser Vorlesung, bestens sensibilisiert, um Formen eigentlichen Redens von Formen uneigentlichen Redens zu unterscheiden. Mithin hat sie zweifelsfrei erkennen können, daß unser Sinnbild der akademischen Vertikale keinerlei ironische Untertöne enthält. Zweitens: Gerade jenes fruchtbare Klima, das der Kollege so überzeugend schildert, hat sich immer und überall nur positiv ausgewirkt: in den Werken der Forscher, aber auch in ihrer Gesinnung. Mithin konnten negative Haltungen wie die befürchteten Ressentiments nirgends aufkommen, weder aufwärts noch abwärts in der literaturwissenschaftlichen Gelehrten-Hierarchie.

Nun zum letzten Einwand, dem aus fortschrittlicher Richtung. Er scheint, auf den ersten Blick, unser Sinnbild der akademischen Vertikale schlechterdings zu durchkreuzen. Ich referiere. Den senkrechten Gelehrten habe die Elektronik widerlegt, indem sie ihn in die Waagerechte verlagere. Heutzutage vollzögen sich seine sichtbaren Tätigkeiten horizontal. Sitze der Gelehrte doch forschend vorm Bildschirm seines Computers, strikt visavis auf nämlicher Höhe. Nicht zufällig gleiche dieses eindrucksvolle Bild jenem des –

allerdings aus dem Stand – zelebrierenden katholischen Priesters: im steten und hörigen Blickkontakt mit dem strukturell ähnlich geformten und ähnlich wertigen Tabernakel. Vollends beim heiligen Akt der Wandlung, jenem Austausch von metaphysischem Input und Output, offenbare sich die Wahlverwandtschaft zwischen Priester und heutigem Forscher. Nicht zuletzt dann, wenn sie beide der profanen Gemeinde mehr als nur rituell den Rücken kehren.

Es mag Sie, verehrte Hörerschaft, überraschen, wenn ich diesen in der Tat fundamentalen Einwand geradezu dankbar aufgreife. Genau genommen nämlich kann er unser Sinnbild mitnichten entkräften. Im Gegenteil. Er ergänzt es sogar und vollendet es. Denn was der opponierende Kollege da so einleuchtend als neue Horizontale beschreibt, verbindet sich zwanglos mit der immer schon gültigen akademischen Vertikalen. Das ergänzte Bild, das dabei entsteht, ist das des Kreuzes. Keines christlich priesterlichen, doch eines nicht minder sinnigen Koordinatenkreuzes. Die Abszisse kündet vom forschenden, die Ordinate vom lehrenden Ordinarius. Nichts also von seinem markant senkrechten Bild büßt ein heutiger Lehrkanzelredner ein, wenn er hoch aufragend die waagerecht gesäten und geernteten Computer-Früchte über das andächtige Auditorium ergehen läßt. Ungeachtet dessen, ob diese Früchte seiner eigenen Arbeit zu verdanken sind oder der seiner frohgemuten Drittmittelknechte.

III. Zwischen Sprach- und Gaumenkunst: Literaturwissenschaft

Hochverehrte Hörerschaft,
vielleicht kennen Sie aus Ihren Kindertagen die Bücher vom

freundlichen und rundköpfigen Doktor Doolittle mit seinen vielen Tieren. Darunter befindet sich auch eines, das ganz andersartig ist als die übrigen. Zwei Köpfe hat es, vorn und hinten, und darum es heißt „Stoß-mich-zieh-dich”. Nur schwer läßt es sich in eine Richtung bewegen, weil jeder Kopf nur der eigenen Nase nach gehen will. Zuständig für jenes Tier – das werden Sie einsehen – kann die Zoologie nicht sein. Zuständig ist vielmehr die Literaturwissenschaft.

Erstens, weil es sich beim „Stoß-mich-zieh-dich” um das Hirngespinst eines Dichters handelt. Zweitens, weil jenes Tier, so wie es ist und sich verhält, die Literaturwissenschaft geradezu verkörpert. Auch sie wird in zwei gegensätzliche Richtungen zugleich gestoßen und gezogen durch den Gegenstand, den sie traktiert. Denn: Literatur ist, einerseits, prinzipiell aus Sprache gemacht. Und hierfür gibt es eine eigene Wissenschaft, die Linguistik. Aus Sprache aber, andrerseits, macht die Literatur belletristische Köstlichkeiten, die dem Wohlgeschmack der Sinne entgegenkommen. Und hierfür gibt es ebenfalls eine eigene Wissenschaft, die philosophische Kulinaristik.

Wie es zugeht, wenn die Literaturwissenschaft gleichermaßen stößt und zieht, gestoßen und gezogen wird von jenen beiden Disziplinen, davon soll unsre heutige Vorlesung einen ersten Eindruck vermitteln. Beginnen wir, verehrte Hörerschaft, mit der schmackhaften Dimension von poetischer Literatur und ihrer Erforschung. Im Nachlaß des Dichters Richard Dehmel wurde jüngst ein sensationeller Fund gemacht. Wie kein zweiter in deutscher Sprache vereinigt dieser bislang unbekannte Text alle entscheidenden Momente, die uns hier interessieren. Zunächst: es ist ein Kinderlied aus dem Volksmund, welcher von jeher nicht nur gesungen, sondern auch geschmaust hat, deftig und anonym.

Weiter: dieses namenlose Kinderlied wurde literarisch umgestaltet durch den namhaften Dichter Dehmel, der seinerseits stiller Teilhaber der gleichnamigen Wiener Konditorei war. Schließlich: Die Speise-Trank-Thematik dieses literarisierten Kinderlieds verweist selbstreferentiell auf den Status von Poesie als ästhetisch kulinarischem Gegenstand.

Abends, wenn ich schmausen geh,
Vierzehn Englein bei mir stehn,
Zwei zu meiner Rechten: mit gebratnen Hechten,
Zwei zu meiner Linken: mit Bratislawer Schinken,
Zwei zu meinem Häupten: mit Guglhupf, zuckerbestäubtem,
Zwei zu meinen Füßen: mit chocolat au Moüssen,
Zwei, die mich decken: mit orthodoxen Körnerwecken,
Zwei, die mich weisen: mit Milch-und Apfelreisen
Ins Speise-Paradeis'chen.

Richard Dehmels weitergedichtetes Kinderlied ist ein beachtliches Paradigma der literarischen Moderne mit zukunftsweisenden Zügen: Man bedenke – im Jahr 1892 – den ingeniösen Vorgriff auf späteren Nahrungskult wie „Körnerwecken"! Daß dies Gedicht zum Bruch einer bislang engen Künstlerfreundschaft geführt hat, sagt etwas aus über die ästhetischen Diskrepanzen jener Zeit. Der Dichter hatte es beigesteuert zur Hänsel und Gretel-Oper seines Freundes Humperdinck. Der jedoch wies es schroff zurück mit der engstirnigen Begründung, es verletze die Harmonie einer Märchenoper, die von zwei hungrig ausgesetzten Kindern handle. Ein derart zynischer Stilbruch, so Humperdinck, sei zudem Wasser auf die Mühle der staatsgefährdenden Sozialdemokratie. Kein Zweifel, dem politisch und ästhetisch konservativen Komponisten mußte Dehmels modernistischer Ansatz widerstreben. Dieser Ansatz war ja auch in der Tat radikal: noch vor Strindbergs avantgardistischer Traumspiel-Dramaturgie, ex negativo, eine Schlemmer-Vision an die gemeinsamen Magenwände eines kryptoinzestuösen Geschwisterpaares, eben Hänsel und Gretel, zu projizieren.

So viel, hochverehrte Hörerschaft, zur kulinarischen Dimension von Dichtung und ihrer Erforschung. Wie aber verhält sich dazu nun deren linguistische Dimension? Wir spüren sie auf, wenn wir drei prekäre sprachliche Erscheinungen bedenken. Sie bilden untereinander ein ebenso prekäres Dreiecksverhältnis. *Erstens:* der grammatische Modus des sogenannten Irrealis der Vergangenheit (Beispiel: „Ich wäre Anthroposoph geworden, wenn die Wetterverhältnisse im Kosmos nicht so unwirtlich wären"). *Zweitens:* das unpersönliche Fürwort „Man", das mannhaft angefochten wurde von Heidegger und andern Feministen. *Drittens:* der Redegestus von Kochrezepten „Man nehme".

Wir wissen: Heidegger und andere Feministen, sie verurteilen besagten Man, weil und obwohl das Kochen just den Frauen, namentlich den Schwarzwälderinnen aus Heideggers Heimat, zugeschoben wird. Noch dazu das Kochen von Ochsen- und nicht von Kuhfleisch. Vollends problematisch müßte es werden, wenn der ohnehin sexistisch verschrobene Man auch noch mit dem schiefen grammatischen Modus fremdginge. Was also würde aus einem Kochrezept – und gar aus einer Speise, die daraus hervorzugehen hätte –, wenn das Rezept statt im bewährten präsentischen Konjunktiv I nun im Konjunktiv II, dem Irrealis der Vergangenheit, daherkäme?

Also statt „Man nehme": „Man hätte nehmen sollen". Statt „Man lasse den Teig zwei Stunden lang gehen": „Man hätte den Teig zwei Stunden lang gehen lassen sollen". Läßt sich – so werden Sie, verehrte Hörerschaft, gewißlich fragen – jener Man, in einer solchermaßen gerade nicht real geschehenen Vergangenheit, überhaupt Weisungen geben? Kann, nein muß nicht jener Man solche Weisungen strikt zurückweisen, weil er in jener so nicht geschehenen Vergangenheit womöglich gar nicht zugegen war? Und nun gar (und erst recht un-gar) all die Zutaten zur geplanten Speise: wären sie jenem Man, der vielleicht gar nicht zugegen war, überhaupt zuhanden und zu Willen gewesen? Und, falls ja, wären sie nicht inzwischen – heute, am Tag dieser Vorlesung – womöglich längst verdorben?

Schon allein deshalb verdorben, weil der vielleicht abwesende oder auch nur kochunwillige Man sie entweder nicht gesehen oder nicht gerochen oder nicht gegriffen hätte. Oder auch: es wäre zwar eventuell jener Man vorhanden und handlungsfähig und sogar dem Kochen leidenschaftlich zugetan gewesen; es hätten ihm aber die Zutaten ihrerseits ihr Zutun schlicht verweigert?

Fragen über Fragen, hochverehrte Zuhörerschaft. Dabei haben wir noch nicht einmal erwogen, wie denn wohl geschmeckt hätte, was solchermaßen wohl ungekocht geblieben wäre. Womöglich schlechterdings geschmacklos, weil jene kulinarische Weisung „Man hätte nehmen sollen!" grammatisch viel zu heiklig und zu schnäkig ist.

Ahnen läßt sich jetzt immerhin, wie das literaturwissenschaftliche Stoß-mich-zieh-dich zuwege geht. Schon die etymologische Verwandtschaft der beiden beteiligten Disziplinen weist darauf hin. Verräterisch genug verbirgt sie sich nur halbwegs hinter einer Metathese, einer Konsonantenvertauschung von ‚l' und ‚n'. Jeder kann es heraushören: Kulinaristik – Cunnilinguistik. Der Lingua verpflichtet, der leckenden Zunge wie dem leckeren Sprachgebilde, ziehen und stoßen sie beide an erdichteten Ereignissen herum. An Ereignissen, die tatsächlich sich nie schmecken lassen, aber sich hätten schmecken lassen, wäre nur jener Man ernsthaft am Werk gewesen.

Stiftung Brückner-Kühner

Otto Heinrich Kühner

BEFREIUNG VON DER DIKTATUR DER FAKTEN
Versuch über den grotesken Humor

> Und jeden Morgen, wenn ich ins Geschäft gehe, da schaue ich auf die Rathausuhr hinauf, wieviel Uhr es ist; und da merke ich's mir gleich für den ganzen Tag und nütze meine Uhr nicht ab.

Es ist anzunehmen, daß Sie, wenn Sie diese Sätze von Karl Valentin lesen, lachen müssen. Der Eindruck solcher Torheit zieht einen lustbetonten Affekt nach sich, der seinerseits zu einer befreienden Entladung drängt und damit zu einer Steigerung des Lebensgefühls. Die Mediziner haben herausgefunden, daß das Lachen die Blutsenkung günstig beeinflußt, wie schon Hippokrates herausgefunden hat, daß das gute Befinden des Menschen, folglich seine Stimmung, von dem richtigen Verhältnis der Körperflüssigkeiten abhängt, also von Blut, Lymphe oder Galle; von den Hormonen wußte er noch nichts, etwa den Absonderungen der Nebenniere, die das seelische Verhalten bestimmen, wie die heutige Humoralmedizin entdeckte. Und da haben wir das Wort, lateinisch humor, zu deutsch: Flüssigkeit. Humor ist also in seiner ursprünglichen Bedeutung ein Gemütszustand, und zwar ein heiterer, ein Lustgefühl, das mit der inneren Sekretion des Menschen zusammenhängt.

Was ist es nun, das dieses Lustgefühl, den Humor, bewirkt? Das uns lachen macht? Es ist das Gegenteil von Tragik, die uns weinen macht: die Komik. Und diese beruht auf einem Widerspruch oder Mißverhältnis, etwa zwischen dem, was als richtig, und dem, was als falsch gilt, also zwischen einer Torheit und der Regel; oder zwischen dem, was einer sein will, und dem, was er ist: ein kleiner Büroangestellter, der sich mit seinem allgewaltigen Chef anlegt; oder, neben solcher Charakterkomik, die Situationskomik: Schneider Wibbel beobachtet den Trauerzug, der seine vermeintliche Leiche zu Grabe trägt. Unfreiwillige Komik entsteht, wenn jemand mit unvollkommenen Mitteln vollkommene Texte zu gestalten sucht, wenn also Ehrgeiz und Vermögen im Widerspruch zueinander stehen, wie etwa bei Friederike Kempner: „Willst gelangen du zum Ziele, / Wohlverdienten Preis gewinnen, / Muß der Schweiß herunterrinnen / Von der Decke bis zur Diele!" Der Widerspruch kann auch „zwischen Gedachtem zum Angeschauten, zur Wirklichkeit" bestehen (Schopenhauer) oder zwischen Inhalt und Form, wie bei der Parodie und der Travestie, bei der einen zwischen der ernsten Textvorlage zu dem scherzhaften Inhalt, der ihr untergeschoben wird, bei der anderen zwischen der ernsten Textvorlage zu der scherzhaften Form, die ihr gegeben wird.

Je nach Temperament oder je nachdem, wie groß die Spannung innerhalb des Mißverhältnisses oder Widerspruchs ist, lachen oder lächeln wir. In der Komödie hat sich das Komische schon früh seine eigene Form geschaffen. Die gedrängteste Gestaltung hat es im Witz, seine reinste Verkörperung ist der Clown und dessen Vorgänger, der Hanswurst, die Lustige Person, der Harlekin oder Pierrot: der Clown, dem alles mißlingt, weil er mehr leisten will, als er vermag, der, arglos, immer im Unrecht ist und für die anderen die Ohrfeigen einsteckt, der Sündenbock, der mit seinem aufgemalten Lachmund zu alledem lächelt, der, unschuldig, die Schuld der anderen trägt, der das Paradoxe, das Widersinnige, tut und den Nächsten liebt wie sich selbst, ein Menschenfreund, eine Christusgestalt.

Die höchste Freiheit des Geistes erreicht der Humor im Unsinn, im Nonsense. Einem natürlichen Bedürfnis folgend, lehnt sich der Mensch gegen das Diktat der Vernunft auf, gegen den Druck von Zweck und Logik, und treibt mit diesen sein skeptisches Spiel. Laut Sigmund Freud ist „die Lust des Menschen am Unsinn eine Befreiung vom Denk- und Realitätszwang". Wenn die Kunst einem zweckfreien Spiel entspringt, dann hat sie im Unsinn ihre höchste Stufe erreicht, die eigentliche, wahre Poesie, die nichts meint als sich selber, niemandem dient, keinem Sinn, nichts Praktischem; der homo ludens, der spielende Mensch, triumphiert über den homo sapiens, den denkenden, und den homo faber, den schaffenden Menschen ...

Begehe ich nun nicht selber unfreiwillige Komik, ja, Paradoxes, indem ich – da haben wir ihn wieder, den Widerspruch! – ernst über Unernstes spreche, oder anders, indem ich Unernstes ernst nehme. Der Versuch, den Humor zu definieren, ist ja selber, nach einem bekannten Paradox (Saul Steinberg), eine Definition von Humor. Aber stellen wir uns wohlerwogen dem Paradox, der unfreiwilligen Komik, und bilden derart selber ein Stück Definition von Humor! Nehmen wir den Humor ernst!

Was Humor sei, darüber haben wir versucht, einen Überblick zu erlangen. Er entsteht durch Komik, ist zunächst ein Gemütszustand, eine Stimmung, und wurde erst in der Folge zu einer literarischen Form. „Jede poetische Darstellung einer komischen, ja sogar possenhaften Szene, als deren verdeckter Hintergrund jedoch ein ernster Gedanke durchschimmert", so definiert Schopenhauer den Humor. Und da ist der neue Begriff: „possenhaft", ein anderes Wort für skurril oder grotesk.

Wird die Komik nämlich übertrieben, dann wird sie grotesk, im Sinne von verzerrt oder skurril, d. h. possenhaft.

Robert Petsch grenzt denn auch in einer Untersuchung über Christian Morgenstern die „bloße Komik" gegen den „grotesken Humor" ab. Die Übertreibung kann bis zu einem Grad gehen, wo Unvereinbares in Verbindung gebracht wird, dem Paradox, dem Widersinnigen, wie etwa dem „Hinweisschild", auf dem steht, daß man es nicht beachten soll, dem „Galgen mit Blitzableiter" von Georg Christoph Lichtenberg, dem Meister des Paradoxes, oder jenem von Sigmund Freud überlieferten: der Delinquent, der am Montagmorgen zur Exekution geführt wird und sagt: „Na, diese Woche fängt ja gut an!" Das älteste und bekannteste Beispiel eines Paradoxes ist das von dem griechischen Philosophen Eubulides überlieferte: „Epimenides, der Kreter, sagt, daß alle Kreter Lügner sind." Daß unsere Untersuchung ebenfalls ein Paradox darstellt, wurde schon konstatiert.

Grotesker Humor wird nicht nur mittels der Sprache transportiert, er findet auch in der Sprache selber statt. Dabei gibt es zahlreiche Möglichkeiten: Wenn man mit ihr spielt, wie es in der Konkreten Poesie geschieht, etwa in Ernst Jandls *etüde in f:* „eile mit feile..."; auch der ‚Deut', der durch Stimulierung der Wachstumsdrüse zu einem ‚Deutschen' wird; oder wenn man – wie es Eulenspiegel mit Vorliebe getan hat – die Wörter wörtlich nimmt und aus dem ‚Rad der Geschichte', syntaktisch richtig, in der Mehrzahl die ‚Räder der Geschichte' macht, unter die man so leicht gerät; oder wenn man den Doppelsinn der Wörter aufspießt, den ‚Lebenslauf' trainiert, mit ‚Vorstellungsvermögen' ausgestattet, sich zu den ‚vermögenden Kreisen' zählt; oder wenn man die Worte auf ihre Ungenauigkeiten abklopft: das ‚schlechte Gutachten', die ‚Freiheit der Ellenbogen', sich mit ‚Stehvermögen durchsetzen'; oder wenn man Worte in neue ungewohnte Zusammenhänge bringt und ein emporgekommener Arbeiterdichter sich ‚Vorarbeiterdichter' nennt und bei ihm die Kunst nicht nach ‚Brot', sondern nach ‚Toast' geht.

Gewöhnlich erschafft sich der Verfasser von groteskem Humor eine Kunstfigur, einen tumben Toren wie Simplicius, einen Schildbürger, einen Eulenspiegel oder, in neuerer Zeit, einen Palmström, Doktor Enzian, Korff oder den von mir erschaffenen Pummerer. (Peter Härtling hat vor Jahren einige davon in einem Buch, *Palmström grüßt Anna Blume*, versammelt.) Eine solche Kunstfigur zu erschaffen, entspringt einer Not des Verfassers. In seiner vernünftigen Umwelt entgeht er damit dem Verdacht, er sei ein Geisteskranker, ein Narr oder Vagabund, mithin ein Abweichler von der Norm. Er kann auch, ohne selbst dafür zu gelten, mit der Einfalt des Kindes Wahrheiten aussprechen und kann seine Kunstfigur, stellvertretend für sich, Groteskes denken und verrichten lassen, kann sie von dem „zwei Zentner schweren Schicksal" oder von der „Nützlichkeit der Haaresbreiten" sprechen lassen, oder er läßt sie eine Gedenktafel anbringen für eine Schlacht, die nicht stattgefunden und somit 12364 Mann vor dem Tod bewahrt hat.

Ein sinnvoller Unsinn, ein Scheinparadox! Die Begriffe, die sich widersprechen, werden in sinnreicher Pointierung vereint. Denn es gibt beim Paradox auch die zugleich falsche und wahre Aussage, die Logik des Widerspruchs. Die Aussagen sind nur scheinbar widersinnig, leuchten zunächst nicht ein, aber nur, weil sie der allgemeinen Auffassung widersprechen; bei näherer Betrachtung erweisen sie sich als richtig: „Keine Regel ohne Ausnahme", „Eile mit Weile", „Nichts ist dauerhafter als der Wechsel", „Liebe deinen Nächsten wie dich selbst", „Je mehr man weiß, desto weniger weiß man". Für die Lustspieldichter sind solche

Paradoxa oftmals Wahrheiten, die nur deshalb auf den Kopf gestellt werden, damit sie mehr Aufmerksamkeit erwecken.

Der Humor in seiner ursprünglichen Bedeutung ist nicht nur ein Gemütszustand, er ist auch angeborenes Temperament. Und im Humor geht der Intellekt eine hilfreiche Verbindung mit dem Gemüt ein; denn das Komische wird vom Verstand erfaßt, der Humor kommt aus dem Herzen. Und der Humor ist von Grund auf human. Er will ja lachen machen.

Die Satire beispielsweise, die ebenfalls mit den Mitteln des Grotesken arbeitet, will – falls es sich nicht um die seltenere Abart der „heiteren Satire" mit ihrem liebevollen Spott handelt – lächerlich machen. Sie will, indem sie kritisiert, vernichten. Ihre beißende Ironie ist im Grunde menschenverachtend. Der Humor dagegen will heilen, nicht vernichten, er ist versöhnlich. Und indem der Humor, der Bruder der Weisheit, am Großen das Kleine, am Ernsten das Heitere, am Schlimmen das Belanglose zeigt, verleiht er dem Menschen die ungeheure Macht des Lächelns, gegen die nichts ankommt, auch nicht das Unglück. Im Humor behauptet man sich gegen die Welt, erhebt man sich gelassen über ihre Unzulänglichkeiten. Das Lachen ist noch der Hoffnung letzte Waffe. „Das Lachen, gerade das des grotesken Humors", sagt Odo Marquard, „ist die kleine Subversion, die uns die große Subversion erspart".

Man hält dem Humor deshalb oft vor, er verharmlose die Unzulänglichkeiten der Welt durch Lachen, täusche über sie hinweg, statt sie kritisch der Lächerlichkeit preiszugeben. Die Heiterkeit, zumal die vom Unsinn hervorgerufene, wird als überflüssig verketzert, weil sie nicht moralisch ist, nicht verändern will. Allenfalls die Heiterkeit bei Thomas Mann läßt man gelten, weil sie ironisch ist und etwas für die Gesellschaft tut.

„Das Überflüssige" ist, so kann man dem entgegenhalten, nach einem Paradox von Voltaire, „eine höchstnotwendige Sache". Meist verbirgt der Unsinn ja einen hintergründigen Sinn, einen doppelten Boden. Er provoziert auch Sinn und verunsichert das Sichere. Auch „verändert" Ironie den Verspotteten keineswegs; im Gegenteil, der Spott verhärtet ihn durch Trotz oder Verletztheit nur noch mehr. Der Dadaist Kurt Schwitters hielt sich deshalb von den übrigen Dadaisten fern; ihrer Gesellschaftskritik stellte er seine Poesie gegenüber. Und wenn schon Gesellschaftskritik, so äußerte er sich dann in Form des Humors, nicht der Satire; und wenn schon Satire, dann ins Grotesk-Komische übertrieben, so daß sie, eben durch die Übertreibung, als Poesie, als Literatur kenntlich ist und auch den Angegriffenen zum Lachen bringt. „Man lacht die Wirklichkeit nicht aus, sondern lacht ihr zu, lacht sie an und lacht sie sich an", sagt Odo Marquard; mit jener „großen Subversion", die uns durch das Lachen erspart bleibt, meinte er den „absoluten alternativen Gestus, bei dem man nichts mehr zu lachen hat", und deshalb sei der groteske Humor so wichtig.

Und während die ernste Literatur mit ihren Standpunkten die Menschen gewöhnlich trennt, in Fortschrittliche und Konservative, in Gläubige und Ungläubige, in Niedrig- und Hochgestellte, verbindet sie der Humor im Lachen, unabhängig von Alter, Geschlecht, Glauben und gesellschaftlicher Herkunft, erst recht mit seiner ansteckenden Wirkung. Und die Heiterkeit macht den Menschen menschlicher, macht, nach Wilhelm von Humboldt, „den Menschen zu allem Guten aufgelegter und gibt dem Gemüt Kraft, sich selbst mehr aufzuerlegen und mehr für andere zu leisten". Ein brauchbares Sozialprogramm!

Lachenmachen ist also eine gemeinnützige Tätigkeit. Humor ist nie privat, „er ist immer auf den anderen berechnet" (Schopenhauer). Er setzt immer einen anderen voraus, an den er sich wendet. Er will ja wirken, will lachen machen. Und Lachen ist, so haben wir festgestellt, dem Wohlbefinden des Menschen dienlich, ein notwendiger Ausgleich zum Ernst des Alltags, wie schon Aristoteles im Zusammenhang mit Kunst von „Ergötzen und Erholen" spricht, oder Benedetto Croce: man müsse sich von Zeit zu Zeit in irgendeinem Unsinn ausruhen. Über den Dichter der Galgenlieder schreibt Richard Alewyn, er verdiene es, zu den größten Befreiern gezählt zu werden, zu den öffentlichen Wohltätern. „Er hat uns erlöst vom Alpdruck der bloßen Wirklichkeit und der Vernünftigkeit."

Und jeder Mensch hat das Verlangen zu lachen. Es gehört zu seinem Glückstrieb. Man denke nur an die Kundgebungen der Lust an Fastnacht, in der „Närrischen Zeit", an die grotesken Inszenierungen der Maskeraden, an die mittelalterlichen Fastnachtsspiele! Noch heute entlädt sich, sozusagen mit Duldung durch die Polizei, alljährlich der Drang, die Welt auf den Kopf zu stellen, die Vernunft durch Unsinn zu ersetzen, das Normale durch Paradoxes, die Macht durch ausgelassene Anarchie. Der Mangel schafft das Bedürfnis.

Das müßte auch für die deutsche Literatur gelten. Denn in ihr hatte und hat der Humor nie eine rechte Heimstatt. Der Lachende hat hierzulande nicht den Rang des Ernstgestimmten, im Gegensatz etwa zu England, wo nicht nur Lewis Carroll, der Dichter komischer Kindertraumgeschichten wie *Alice im Wunderland,* sondern auch Edward Lear, der Vater des Limericks, zu den Klassikern zählt. Auch in der Dramatik haben wir der Lustspieltradition eines Shakespeare – Wilde – Shaw nichts Gleichwertiges gegenüberzustellen. Im Zeitalter der Aufklärung wurde in Deutschland unter dem Einfluß Gottscheds die „Lustige Person" im Namen der Vernunft sogar von der Bühne verbannt. Der Deutsche hat bei seiner schwerblütigen Veranlagung, seinem Bildungsdünkel und überfeinerten Kunstsinn nie eine rechte Begabung für das Heitere gehabt. Das ging bis zu der törichten Unterteilung in sogenannte E- und U-Literatur, in „Ernste" und „Unterhaltende", ja, bis zu der schizophrenen Redewendung „unter seinem Niveau lachen". „Die deutsche Mühsal mit dem Leichten" hat es einmal Joachim Kaiser genannt. Allerdings, die meisten deutschen Kritiker haben auf irgendeine Weise schon solche Grundsatzerklärungen für das Heitere abgegeben, aber eben nur in der Theorie.

Auch Goethe sagt zwar vom Humor, er sei eine Art Poesie, und der Deutsche habe bei seiner Philisterhaftigkeit wenig Sinn dafür, aber aus *Romeo und Julia* strich auch er die zwei komischen Figuren; sie würden den tragischen Gehalt stören, meinte er. Irrt hier Goethe? Bedingen sich Tragik und Komik nicht gegenseitig? Von dem völlig humorlosen Schiller ganz zu schweigen; er schämte sich des heiteren Teils an Shakespeare und ersetzte die heitere Pförtnerszene in *Macbeth* durch ein frommes Wächterlied.

Warum wird in der deutschen Literatur dem Bedürfnis nach Lachen so wenig Rechnung getragen, wo doch Spontaneität, also Lachen und Weinen, so wesentlich ist? Heiter sei die Kunst! Sollte das Heitere eine zusätzliche Kreativität erfordern, die dem Deutschen bei seinem Hang zum Tiefsinn nicht zu Gebote steht? Es ist doch nicht anzunehmen, daß sich die deutschen Dichter – wann hätten sie sich jemals einer Beschränkung unterworfen! – durch das „Bildungsphilistertum" davon hätten abhalten lassen.

Um diesem Mißstand abzuhelfen und dem Humor, besonders dem grotesken, hierzulande eine Existenz- und zumindest Gleichberechtigung mit entsprechender Beihilfe zu verschaffen, hat die Stadt Kassel im Jahr 1984 einen Literaturpreis für grotesken Humor gestiftet, der im Wechsel einem Literaten und einem Wissenschaftler verliehen wird. In seiner Laudatio auf den ersten Preisträger, Bernhard Viktor von Bülow (Loriot), hat Odo Marquard, zu diesem Zeitpunkt Präsident der Allgemeinen Gesellschaft für Philosophie in Deutschland, eine kurzgefaßte Philosophie des grotesken Humors, selbst ein Muster dieser Gattung, geliefert. Das Lachen sei ein Denken, sagte er, und Denken sei die Fortsetzung des Lachens unter Verwendung des Lachmuskels Gehirn als Mittel; und an anderer Stelle: „Je moderner die moderne Welt wird, desto nötiger wird der groteske Humor." Friedrich Dürrenmatt sagt Ähnliches, nur sarkastischer: Uns komme nur noch die Komödie bei, und unsere Welt habe ebenso zur Groteske geführt wie zur Atombombe. Ist, in der Tat, unsere heutige Welt nicht voller grotesker Sachverhalte? Eulenspiegel hätte jedenfalls seine helle Freude an ihr gehabt und in ihr ein noch größeres Betätigungsfeld gefunden als im Mittelalter: Daß die Menschen mit ihren gehorteten Waffen im Ernstfall sich gegenseitig nicht nur ein einziges Mal, sondern gleich viele Male töten könnten; daß man mit einem ungeheuren Aufwand an Geld und Material Kriegsgerät herstellt, von dem man annimmt, daß man es, eben weil man es herstellt, nie gebrauchen wird; daß Bauern vom Staat dafür bezahlt werden, wenn sie Felder nicht bebauen; daß man auf demselben Plakat für den Konsum von Zigaretten wirbt und gleichzeitig vor dessen Schäden für die Gesundheit warnt ...

Immerhin traten auch in der deutschen Literatur nach anderthalb Jahrhunderten, in abgewandelten Formen, die „Lustigen Personen" wieder auf; schon Justus Möser, der Zeitgenosse Goethes, hatte gegen Gottsched die Streitschrift „Harlekin oder Verteidigung des Grotesk-Komischen" geschrieben. Der Humor fand wieder Eingang in die deutsche Dichtung, zuerst in der Romantik, E. T. A. Hoffmann und Jean Paul, dann Friedrich Theodor Vischer, Fritz Reuter, Gottfried Keller, Wilhelm Raabe, Wilhelm Busch, Ludwig Thoma, Thomas Mann und Erich Kästner; dann speziell die Vertreter des grotesken Humors, Paul Scheerbart, der „groteske Humorist" (Eckhard Heftrich), Christian Morgenstern, Ringelnatz und Peter Paul Althaus; die Dadaisten und Nonsenselyriker Hans Arp, Kurt Schwitters und Ernst Jandl; ferner Karl Valentin, Wolfgang Hildesheimer, Kurt Kusenberg und Wolfdietrich Schnurre, auch Elias Canetti mit seinem Ohrenzeugen, ein neuer Theophrast skurril-surrealistischer Prägung in der alten Wiener Tradition, „Gesellschaftskritik durch Groteske". Nicht nur, daß der Humor wieder Eingang in die deutsche Literatur gefunden hat, in unseren Tagen ist man sogar an maßgeblicher Stelle, der Deutschen Akademie für Sprache und Dichtung, um seine Ehrenrettung bemüht, um eine Rehabilitierung des Vergnügens an Literatur und ihres Unterhaltungswertes, fern jener Einteilung in E- und U-Literatur.

Große Geister unserer Zeit, unter ihnen Herbert Marcuse und Konrad Lorenz, haben die Welt wissen lassen, daß sie sich gegen die Katastrophen wenig von rationalen, also technischen und administrativen, Maßnahmen versprechen – das hieße, den Teufel mit dem Beelzebub austreiben; sie setzen vielmehr auf die Wiederbelebung nicht-rationaler Leistungen, also auf die Phantasie und das Schöpferische, auf das Gefühlsmäßig-Intuitive, auch auf Utopie und Paradox. Denn die Wesenseigenschaften des Menschen, die die Welt noch retten können, sind, gemessen an den allgemein geltenden Auffassungen und Maßstäben, töricht und närrisch, ja paradox: Selbstlosigkeit, Opfersinn, Verzicht, Nachgiebigkeit, Reue, Demut und Duldung. Sie kommen, wenn schon nicht mehr aus der Religion, aus dem Geist des Humors, des Clowns, des Menschenfreundes, und, wie es Robert Petsch im Hinblick auf Christian Morgenstern sagt, aus dem „großen lächelnden Weltgefühl des Grotesken".

Christine Brückner

REDE ANLÄßLICH DER STIFTUNGSGRÜNDUNG
Kassel, Palais Bellevue, 05.12.1984

Geburtsort Kassel, das wird immer als ein besonderes Verdienst angesehen, obwohl an jenem Tage doch allenfalls ein zukünftiger Wissenschaftler oder Künstler geboren wurde, der womöglich bereits im Kindesalter mitsamt den Eltern wegzieht – aber: freiwillig nach Kassel ziehen, sich dort umsehen, sich allmählich dort einarbeiten und einschreiben, seine Erfahrungen machen, mit der Stadt, mit der Umgebung, mit den Menschen: Das ist ein Entschluß. Das ist auch ein Bekenntnis. Dieses eine Leben! Und das hier!

Als ich bereits 10 Jahre in Kassel ansässig und auch im Katasteramt aktenkundig war, die Sache aber noch unentschieden stand, habe ich mich über mein Verhältnis zu Kassel unter der Überschrift „Ständiger Wohnsitz Kassel" ausführlich geäußert. Ich zitiere den letzten Absatz: „Habe ich Wurzeln geschlagen in dieser Stadt, frage ich mich. Ich bin kein Baum. Ich könnte diese Stadt verlassen, aber ich will es nicht. Wir sind schon einmal über den Wehlheider Friedhof gegangen, ein Spaziergang, nichts weiter, aber wir überlegen nun doch: Möchten wir hier begraben sein?"

Während der Bundesgartenschau, die nun schon wieder einige Jahre zurückliegt, sind wir als „Dichter unter der Buche" (so hieß das) aufgetreten, ich habe damals diese Sätze gelesen. Anschließend ist ein Bürger, ein Besucher, ein Leser zu mir gekommen und hat gefragt: „Wissen Sie es jetzt? Wollen Sie hier begraben sein?"

Was wir heute vorhaben, ist die Antwort auf diese Frage. Die Stadt hat uns mit dem Wappenring ausgezeichnet und für unsere Treue belohnt. Jetzt stiften *wir* einen Preis, der den Namen der Stadt tragen soll. Das ist ein fröhliches Geben und Nehmen zwischen Regierenden und Regierten. Von heute an sind wir enger miteinander verbunden, unser bisher platonisches, auf Freiwilligkeit beruhendes Bündnis wird legalisiert, erhält eine ernstzunehmende finanzielle Grundlage, die für keinen der Beteiligten zur finanziellen Belastung werden soll.

Der Erbauer des Herkules und der Kaskaden, ein Architekt italienischer Herkunft, ging, nachdem er die Brüchigkeit des hessischen Basalttuffs erkannt hatte – stiften. Seit wir den Plan ‚Kasseler Literatur-Preis' in unseren Köpfen und Herzen bewegen, sagen wir: wir gehen stiften! Im Sinne unseres Vorhabens: grotesker Humor. Die Welt so ernst wie nötig und so heiter wie möglich nehmen – das ist beim Leben und beim Schreiben meine Maxime.

Jakob Grimm sagt den Hessen und demnach auch seinen Kasseler Mitbürgern einen Mangel an Zierlichkeit und Bequemlichkeit nach, lobt aber auch den gewissen Ernst einer gesunden, tüchtigen Lebensweise. An Heiterkeit fehlt es hier – (das darf ich doch einmal sagen?). Und wenn es uns gelingen sollte, den Namen der Stadt mit einer gewissen Art von Heiterkeit zu verbinden – ? Wenn ein Lächeln über die Gesichter ginge, wenn das Wort Kassel fällt – die Stadt, in der man den grotesken Humor preist! – Was für eine Vision! Ich lebe wohl doch schon zu lange im Zeichen des Herkules, ein bißchen Wahnsinn – ohne den kommt man nicht durch.

Klaus Müller-Crepon

ZUR STIFTUNG DES KASSELER LITERATURPREISES AM 5. DEZEMBER 1984

Um Sie noch weiter einzustimmen auf das Thema des Tages, „grotesker Humor", führe ich Ihnen die folgende gefundene Rede vor. Sie enthält das wesentliche einer Festrede als Rahmen und kann je nach vorhandener Kreativität auf- und ausgefüllt werden.

Meine Damen und Herren!
Im Namen, willkommen heißen, Ausdruck verleih'n,
Echtes Bedürfnis, bedanken und Meilenstein;
Prioritäten setzen, sich aufdrängende Fragen,
Denkanstöße, wesentlich dazu beigetragen;
Suche nach der Identität, ins Auge fassen,
Stellung beziehen und Pläne reifen lassen;
Optimale Lösung, Position und Transparenz,
Plattform, Entschiedenheit und Konsequenz,
Fragenkomplex, Problematik und Kriterium,
Zu erkennen geben, Anliegen und Wissen um;
Unverzichtbar, weitgehend und beispielhaft,
Wichtige Impulse, Initiative, Errungenschaft,
Spielraum, dringende Bitte, der Sache dienen,
Gegenwärtige Situation. Ich danke Ihnen.

Wir danken Ihnen für die Idee zu dieser Stiftung, die so zeitgemäß ist wie nur möglich: Ressourcen schonen und Recycling – das sind sicher Wege, die wir lernen müssen, noch viel häufiger zu gehen. Und wenn das Produkt von Poesie – nicht das Hauptprodukt, doch diese wichtigste Nebensache der Welt – wieder dazu verwandt wird, um

Poesie hervorzubringen oder zu pflegen: Das nenne ich den Zeitgeist erfassen und realisieren.

Wenn man in der Verfassung der Stiftung liest, daß die Namen von Ringelnatz, Morgenstern, Althaus und Kühner als Beispiele dieser Literatur stehen, die die Stifter fördern wollen, dann fällt einem dazu gleich der Titel eines Lustspiels von Christian Dietrich Grabbe ein: Scherz, Satire, Ironie und tiefere Bedeutung. Und da ich von dem Stück nicht mehr präsent hatte als den Titel, habe ich das Buch aus dem Regal genommen und gelesen. Das Wort, mit dem es beginnt, hat mich auch im Zusammenhang mit dem Anlaß des Lesens fasziniert: „utile cum dulci", sagt der Schulmeister, quasi als Kommentar zu seiner Lieblingsbeschäftigung. Utile cum dulci: Das Angenehme mit dem Nützlichen verbinden. Was tun die hochherzigen Stifter anderes. Sie verbinden die Annehmlichkeit, sich von dem Druck und Anspruch zu befreien, der aus Besitz entsteht, mit dem Nützlichen einer Tat für die Allgemeinheit der Poesie – oder sie verbinden die Nützlichkeit eines Beispiels von Selbstlosigkeit mit der Annehmlichkeit, freier schalten und walten zu können.

Sonst habe ich bei Grabbe zu dem heutigen Anlaß nichts weiter gefunden, wohl aber ein Beispiel für den vielfachen Nutzen der Literatur, das ich eben erzählen möchte.

Der Schulmeister bekommt von einem ehemaligen Schüler als Dank für die gute Nachricht, daß seine Angebetete noch lebt und unverheiratet ist, eine vierbändige Ausgabe der Casanova-Memoiren geschenkt, die der Schüler nun nicht mehr braucht. Der Schulmeister weiß auch damit nichts anzufangen und schenkt sie der Frau des Gerichthalters als Dank für einen Topf Erbsen, den sie ihm, der offensichtlich Junggeselle ist, hat zukommen lassen. Die

Frau des Dorfrichters läßt durch ihre Magd dem Schulmeister diese Bücher als Ausdruck ihres Protestes wieder an den Kopf werfen, nachdem sie sie ein paar Tage gehabt hat, und als der Schulmeister sie aufsammelt und feststellt, daß es nur drei der vier Bände sind, erzählt die Magd, den vierten Band hätte die Frau Gerichthalter in ihren Nähbeutel gesteckt. Für die übrigen drei Bände findet der Schulmeister doch noch eine Verwendung. Er benutzt sie als Köder für den Teufel, der sich auf die Erde begeben hat, weil in der Hölle geschrubbt wird, und der nun hier Unheil stiftet, bis er mit den Büchern in den Käfig mit den kreuzweise verschmiedeten Streben gelockt wird. Man sieht, Literatur kann zu vielerlei nützlich sein.

Aber zurück zu dem Schulmeister und utile cum dulci. Er sagt das, indem er sich aus einer großen Flasche ein Glas nach dem anderen einschenkt, und fährt dann fort: „Schnaps mit Zucker". Wer weiß, worüber er sich damit tröstet. – Von dort ist es nicht weit bis zu Kuttel-Daddeldu, der Whisky über alles liebte, und zu seinem Autor-Vater Ringelnatz, der in einem Gedicht von sich sagt, er sei ein „herzbetrunkenes Kind".

So wie ich mit Otto Heinrich Kühner begonnen habe, denn von ihm stammt die Ansprache, die ich zitierte, so möchte ich mit Ringelnatz schließen, von dem es ein paar Zeilen unter der Überschrift „Was Du erwirbst an Geist und Gut" gibt, die lauten:

Erwirb Dir viel und gib das meiste fort.
Viel zu behalten, hat den Wert von Sport.
Behalte Dinge, die Du innig liebst,
Bis Du sie gern an Freunde weitergibst.
Liebe, und halte frei Dein Eigentum,
Besitz macht ruhelos und bringt nicht Ruhm.

Karl Fritz Heise

STIFTEN GEHEN

Pummerer oder auch OHK begegnete mir im Feuilleton der Süddeutschen. Pummerer setzt ein Wort gegen hundert Schweigen. Er blickt erstaunt und betroffen in einen Spiegel. Der Spiegel ist zerborsten. In vielen Splittern widerruft er eine heile Welt, eine zerspiegelte Welt. Doch Pummerers Lächeln, das das Bersten längst begriff, bindet ihn etwas hilflos wieder ein.

Otto Heinrich Kühner, dessen Generation unerwartet für jeden einzelnen die Lasten des Krieges bis in den Tod, in das Krüppelsein und in die Gefangenschaft trug, lernte, über seine strapazierten Gefühle, über seine angestrengten Gedanken und über die zersprungenen Ketten zu lächeln. Der Abstand zum Geschehenen, zur eindeutigen Ordnung des protestantischen Elternhauses bis zu den unerbittlichen Abläufen des Krieges wurden ihm zum Geschenk des Ringens mit dem Widerwärtigen des Lebens. Der Abstand heißt Humor, heißt Lächeln zum Grotesken.

In Gestalt eines Schmetterlings stieg aus dem berstenden Kokon einer Fakultät die spät rebellierende Frau eines Ordinarius – für mich die Autorin des gleichnamigen Romans der Christine Brückner. Als ich sie beide in Kassel kennenlernte, schien allein die Tatsache schon grotesk zu sein, daß OHK und c.b. als ein Schriftstellerehepaar richtig miteinander verheiratet waren. Bei näherer Bekanntschaft stellte sich der gemeinsame, gleiche, protestantisch spröde geordnete Hintergrund zum besseren Verstehen ein, wobei bei beiden wie bei vielen ihrer Generation die ungeliebten Zwänge, Abstand gewinnen zu müssen, wirkten.

Bei c.b. gerinnen ihre Erlebnisse zunächst zur Beobachtung und letztlich zu deutenden Bildern ihrer Zeit. So trat der alte Quindt in mein Bewußtsein und in das vieler Leser. Er wurde als Ordnungszentrum eines Bestsellers letzlich der materielle Großvater einer Stiftung, die den Namen trägt *Kasseler Literaturpreis für grotesken Humor* – Stiftung Brückner-Kühner.

Der Gedanke zur Stiftung entstieg beinahe wörtlich dem See, den die Bundesgartenschau der Fulda zugesellte. In ihm schwammen des öfteren das sonst schreibende Ehepaar und meine Frau. Zur gleichen Zeit saß ich bei einem griechischen Weine in der Seglergaststätte und wartete auf die redefrohen Schwimmer, die nach dem Bade heiterer als zuvor vom See kommend sich auf der Terrasse einstellten.

„Die Christine", sagte der Pummerer, „ärgert sich, daß das Bestsellergeld zum Finanzamt wandert, ohne daß sie darüber bestimmen kann, was mit dem Geld geschehen soll. Christine sieht nicht ein, daß das Geld letzlich an Leute vererbt werden soll, die ‚meine Bücher nicht einmal gelesen haben.'"

So ging es zwei Sommer lang, dann war aus vielen Gedanken einer geworden: eine Stiftung für grotesken Humor! Jener literarischen Provinz, deren Dichter kaum jemals großen Gewinn aus ihren Werken erzielten und deren Leser der Zahl nach sich stets in Grenzen hielten. Die Dichter, aber auch jene Wissenschaftler, die selten genug sich in dieser literarischen Provinz bewegen, durch Preise zu loben und durch Lob zu preisen, das war es, was c.b. und OKH hieß ‚stiften zu gehen'. Ich stand nur ‚Schmiere' bei dem löblichen Werk und schrieb alles auf, was uns eine Stiftung begründen helfen sollte.

Die Umsetzung in absicherndes geltendes Recht geriet fast zur eigenen Groteske. Wir wollten die Stiftung vertrauensvoll in die Hände der Stadt Kassel geben. „Wieviel Tee müssen wir dann trinken?", klagte c.b. schon im voraus, und „wer will wohl alles in den Stiftungsrat?"

So wandte ich mich ebenfalls, Fallstricke und Tapetentüren fürchtend, an meinen Kollegen in der Verwaltung: Dr. Werner Wienbeck, Leiter des Rechtsamtes. Der war nicht nur Jurist, er war und ist auch noch gebildet. Und so verstand er auch die Angst vor dem Zuviel am Tee. Außerhalb der Ordnung feilte er die Satzung der Stiftung zu. Die beiden Stifter nahmen erfreut den Text aus seinen Händen entgegen und ich als Kulturreferent beichtete dem OB Hans Eichel das Komplott. Der lächelte, wie nur hintersinnige, Gespinste durchschauende Intellektuelle lächeln können und wartete auf den Brief der Stifter, nahm ihn mit in die nächste Sitzung des Magistrats, dessen Mitglieder mit zustimmendem Beschluß am Ende alles segneten: Die Stadt Kassel hatte eine neue Stiftung!

Liegt die Stadt nun in der gefeierten spröden Provinz? Jährlich schreiten die Stifter zum Preise, und heiter gestimmte Bürger sind des Lobens voll.

Hans Eichel

REDE ZUR VERLEIHUNG DES KASSELER LITERATURPREISES AN DR. ERNST KRETSCHMER

8. November 1990, Kasseler Rathaus

Guten Abend, meine Damen und Herren,
ich begrüße Sie alle, die Sie in Sachen ‚grotesker Humor' in seiner Kasseler Spielart hier erschienen sind.

In der Tat hat der hier bei uns gepflegte Humor eigenständigen Charakter. Bezeichnend für die Kasseler Spielart des Humors ist, daß der Humor zunächst einmal hier gar nicht als existent vermutet wird. Viele meinen: Es gibt ihn nicht. Oft erwecken sie den Eindruck, daß er nicht zu existieren hat. Da ist die Rede von ‚hessisch Sibirien', vom ‚zugeknöpften Nordhessen'. Sind wir selbstkritisch, geben wir zu: Ja, da ist etwas dran. Wir poltern in der Regel nicht drauf los, hauen nicht rein. Wir reißen beim Lachen den Mund nicht weit auf. Wir könnten uns im relativ kalten Nordhessen verkühlen. Und eh wir den obersten Kragenknopf öffnen, krempeln wir lieber die Ärmel hoch. Und allemal haben wir gelernt: „Humor ist, wenn man trotzdem lacht!"

Nordhessen, Kasseläner zumal, sind aber dennoch aktive Humoristen. Nur stellt sich die humoristische Absicht eben erst verspätet, sozusagen als Spätzünder heraus. Wir verfügen über eine Art von Witz, deren Witzhaftigkeit sich häufig erst im Nachhinein erschließt. Auch meine Begrüßungsworte werden Sie, meine sehr verehrten Damen und Herren, erst im Nachhinein als humoristische Rede werten können. Jedenfalls den Kasselänern, Kasselanern, Kasselern und den entsprechenden weiblichen Gegenstücken unter Ihnen wird das so ergehen. Ich muß das wissen: Erstens bin ich Kasseläner, zweitens bin ich einem Journalisten gar als „nordhessischer Kühlschrank" aufgefallen. Vielleicht hätte er die Tür öffnen sollen. Dann wäre ihm vielleicht selbst einiges auf- oder gar entgegengefallen.

Kurz und gut: Gerade darum, weil wir in Kassel oder Nordhessen so spezifisch humorvoll sind, haben wir den *Kasseler Literaturpreis für grotesken Humor* erfunden. (Dank an die eigentlichen Erfinder und Stifter: Christine Brückner und Otto Heinrich Kühner.) Wir haben den Literaturpreis für grotesken Humor geradezu erfinden müssen. Denn: Er ist unsere Geheimwaffe in Sachen Witz und Humor – eine Waffe, die die einfängt, die guten Willens sind und Muße haben, und diejenigen abschreckt, die hastvoll wie rastlos einen vermeintlichen schnellen Effekt erheischen, beziehungsweise ohne Mühe, Muße und Plage auf den lauten Lacher aus sind, der nichts weiter ist als Schall und Rauch. So jagen wir eifrig einher, sind uns des nachhaltigen Erfolges gewiß.

Und es bestätigt unsere Konzeption, wenn der diesjährige Preiswürdige die Tatsache, daß er vom heutigen Tage an Preisträger sein soll, zunächst für einen Scherz hielt. Wie ernst wir das nehmen, wird eben erst später klar. Der Spaß, aus dem Ernst wird, der Ernst, der aus Spaß gezeugt wurde, löst dann Freude aus. *Kassel kulturell* muß und soll es wissen: Sie, Herr Kretschmer, haben sich, als Ihnen klar wurde, die meinen das mit ihrem Witz ernst ‚wahnsinnig gefreut'. Und ich wünsche uns und Ihnen, daß die Freude von Dauer ist.

Was anders könnte abschließend helfen, diesen Wunsch auf spezifisch nordhessische Weise zu bekräftigen, als ein Gedicht von Christian Morgenstern, zu und an dessen Werk

Sie, Herr Kretschmer, arbeiten:

Korf erfindet
eine Art von Witzen –

Korf erfindet eine Art von Witzen,
die erst viele Stunden später wirken.
Jeder hört sie an mit Langeweile.

Doch als hätt ein Zunder still geglommen,
wird man nachts im Bette plötzlich munter,
selig lächelnd wie ein satter Säugling.

Herr Kretschmer, ich wünsche Ihnen, uns allen und der spezifischen Art unseres Humors weiteren Fortbestand, alles Erdenkliche, vor allem Gutes.

Walter Pape

DER STIFTUNGSRAT – EIN TRAUM MIT FUßNOTEN

Er wußte überhaupt nicht mehr, wo er war, was er war und was er machen sollte. Wahrscheinlich hatte er es einfach vergessen, aber damit gab er sich nicht zufrieden wie sonst, wo er die Sache auf sich beruhen ließ und an der nächsten Bushaltestelle aus den Richtungsangaben einen Anhaltspunkt für seinen Weg suchte, sondern diesmal wollte er es genau wissen, und so begab er sich, indem er[1] dennoch widerwillig seine Gedanken zu ordnen versuchte, in die Gegend der Großstadt, die ihm vertrauter war. Obwohl es noch früh am Abend war, schienen ihm die Leuchtreklamen heller als sonst, die hinter den Häusern zu ahnende Sonne dunkler denn je. Langsam, aber offenbar zielsicher stieg er eine Treppe nach oben[2], die ihm heute völlig unbekannt vorkam. Die Stufen dehnten sich, und so machte ihm jeder Schritt größere Mühe als der vorangegangene, sofern man, dachte er beim Aufwärtssteigen bei sich, bei Schritten als gegangenen sprechen konnte. Da er aber nicht sprach, sondern eigentlich in diesem Augenblick nur gedacht wurde,

---

1 Auch nach diesem zehnten ‚er' glaubt der Autor sich berechtigt, nicht zu sagen, wer ‚er' ist. Der Leser wird ohnehin entweder bald im Labyrinth des Traumes verloren gehen, und da wird er froh sein, wenn er noch weiß wer er ist, ohne danach zu fragen, wer denn nun ‚er' sei.

2 Auch hier läßt der Autor den Leser im Stich, indem er verschweigt, was hier mit ‚oben' gemeint sei. Allerdings verbietet er sich, hier symbolische oder allegorische Deutungen. Die Treppe führt einfach nach oben, obwohl, wie bereits Karl Valentin wußte, jede Treppe (er sprach, da er von einer innerhäuslichen Treppe sprach, von einer Stiege) auch hinabführt. Der Autor aber läßt ihn (nicht Karl Valentin) nach oben gehen, weil er (‚er') schon unten war, hinabzugehen also unmöglich war.

ließ er Gang Schritt und Schritt Gang sein und schritt oder ging weiter. Die Luft schien dünner zu werden, oder er kam einfach außer Atem, setzte nun Fuß vor Fuß mit großer Mühe, bis er merkte, daß er überhaupt nicht mehr ging, sondern bemüht war, seine Füße aus einer schlammigen Masse herauszuziehen, die, jetzt sah er näher hin, aus lauter aufgeweichten Buchstaben oder vielmehr aus lauter buchstäblich in Auflösung begriffenen Texten bestand[3]. Er hielt sich krampfhaft am Geländer der Treppe fest, oder er glaubte, er könne sich am Geländer festhalten, da Treppen naturgemäß, oder besser kunstgemäß ein Geländer besaßen, doch auch hier sah er sich getäuscht, anstatt eines Geländers griff er in lauter Flederwische, ein Wort, das ihn seit frühester Kindheit fasziniert hatte, weil er es stets als Feder-Wische gelesen hatte[4], denn davon reden hören hatte er noch nie,

---

3 Auch hier könnte man eine symbolische Bedeutung annehmen, doch läßt der Autor wieder offen, um was für Texte und was für Textweichmacher es sich handeln könnte. Letztlich werden Texte nur von Wissenschaftlern weichgemacht, damit sie sich den Denk- und Theorieformen der Wissenschaftler anpassen und die Strukturen annehmen, welche die Theorie anbietet. Das Bild von den weichgetretenen Texten könnte allerdings auch an das Keltern von Trauben erinnern, in dessen Gefolge ja der köstlichste Wein entstehen kann. Das Bild vom Text als Wein des Wissenschaftlers auszuspinnen, verbietet allerdings das wissenschaftliche Ethos des Autors (nicht des Autors im allgemeinen, sondern des Autors dieses Textes, der zur Zunft der Wissenschaftler zu gehören scheint), da sonst allzu leicht der Verdacht entstehen könnte, der Wissenschaftler, und hier der Literaturwissenschaftler berausche sich an den Texten, die er untersucht. Das ist nicht der Fall, er bleibt dabei stets nüchtern. Eine Berauschung findet nur angesichts eigener Texte und angesichts der eigenen Bedeutung statt. Sonst macht nichts den Wissenschaftler besoffen.

4 Würde der Autor diesen Text in gewohnter Umgebung mit allen seinen Hilfsmitteln und Geisteskrücken schreiben können, so würde hier eine

obwohl in der Zeit des Flieders er des öfteren gewisse Wische flederte. Er erwischte eine Feder und wischte damit entlang der Spur, die seine Füße hinterließen, wischte, bis er merkte, daß die Buchstaben sich dem Flederwisch fügten und vor ihm zu tanzen begannen, ihm schwindelte, und plötzlich sah er den ganzen Rat vor sich, wie er stiften ging, langsam aber doch zielsicherer als er je gegangen war, gingen da vor ihm Schriftsteller und Kulturamtsbeflissene, Professoren und Lektoren, Verleger und Politiker, die alle nur ein Ziel zu haben schienen. Obwohl er diese Leute nie gesehen hatte, wußte er plötzlich, wer sie waren, doch verwirrten sich die klaren Physiognomien[5], die er zu erkennen glaubte: War das Professor Zeichner, der sich die schönsten

---

Fußnote stehen, die über die psychoanalytischen Implikationen ebenso Auskunft geben könnte wie über die Etymologie des Wortes Flederwisch. Da er aber ins stille Tal hinabschaut, über Weinberge und Obstgärten hinweg, stehe hier nur eine völlig naturnahe und textferne Fußnote, die sich gern an den Busen der Natur völlig ganz und gar hinwürfe, wenn nicht ein Rasenmäher zwischen beiden hin- und herführe. So kehrt der Autor zum Text zurück, indem er hofft, bald sein Thema zu finden.

5 Der Autor beginnt hier mit der Satire. Er sagt das ganz offen und erwartet von den Lesern auch keine Nachsicht. Er wird die Mitglieder des Stiftungsrates des Kasseler Literaturpreises für grotesken Humor erbarmungslos humoristisch darstellen. Allerdings verzichtet der Autor von nun an auf erklärende Fußnoten. Nur wenn er glaubt, sein Witz werde gar zu fein und dünn wie die Seidengewänder schöner junger Damen, die sich im Abendlicht auf einer Schloßterrasse mit alten beleibten Herren über Börsennachrichten unterhalten müssen und dabei so entsetzlich gähnen, daß die beleibten Herren noch älter werden und schließlich die Unterhaltung zwischen ihnen und den seidengewänderten Damen stockt, was er allerdings nicht befürchtet (er befürchtet aber, der Leser könne den syntaktischen Faden verloren haben), da er weiß wie grobschlächtig sein Humor ist, würde er sich erkühnen, dem Leser durch Wink, Miene und leichte Andeutung fußnotenweise einen Hinweis zu geben.

Dinge stets nur ausmalte? War das Mutiger, der kühne Reimer und hintersinnige Poet? War das Kulturamtschef Kallte, der seine heißersehnten Wünsche leichten Herzens vergaß? Hieß er jetzt nicht Müller, Meyer oder Schmidt, ganz schlicht und einfach so oder so und war eine Frau geworden, hatte sozusagen seinen Mädchennamen wieder angenommen? Mondieu! War das Tsebeh, die kluge Sphinx? War das Grehtell, der junghherzige Alte? War das dort, norddeutschen Schrittes freundschaftlich neben ihm Meyer-Kupong? Und dort, neben dem asketischen Fels, blockierte da nicht schon wieder Professor Colonius die forschen Schritte von Frau Neinhalstochter? Und verwirrte dort nicht der dritte Professor im Bunde, der Puck aus dem Sommernachtstraum der Germanistik mit vernünftigen Vorschlägen die Gruppe? Von Ferne schien eine Frau über den großen Teich zu winken, und mit Ernst in Bausch und Bogen die humorigen Frauen anzumahnen. Der Name fiel ihm nicht ein, vielleicht weil eine Schriftstellerin, die einen Namen zu haben schien, für kurze Zeit in der Gruppe ihren Namen verloren hatte: Sie bestand nur aus entschuldigtem Fernbleiben.

Eine groteske Gruppe, die seltsam tänzelnd durcheinander lief, bald klebten dem einen, bald der anderen die Ziffern Eins bis Neun an den Füßen, bald merkten sie es gar nicht, daß sich ein Mitglied der Gruppe schnell bückte und sich eine Eins unter den Nagel riß. Dadurch entstand eine plötzliche Verwirrung, die sich erst löste, als alle die Hände hoben und durcheinander mehr oder weniger bestimmt, mehr oder weniger klar verschiedene Namen riefen, die ihn, der mühselig mit den anderen Treppenhinansteigenden Schritt halten wollte von fern an Schriftsteller oder Dichter, wie man schon lange nicht mehr sagte, erinnerten. Plötzlich wirbelten aus dem Buchstabenmorast, der trocken geworden zu sein schien, lauter Nullen nach oben. Alle schrien entsetzt auf, Nullen, das hätten sie noch nie gehabt, Nullen, das durfte es auch nicht geben, es gab eigentlich nur allererste Einsen, vielleicht auch allererste Zweien. Die Schreie wurden lauter, es wurde Kaffee gereicht und auch Wasser, auch einige Flaschen Orangensaft standen auf dem Tisch, und allmählich erwachte er aus einer tiefen Betäubung. Allerdings, daran konnte kein Zweifel sein, da saß er wieder, der Stiftungsrat des Kasseler Literaturpreises für grotesken Humor, und die wenigen Sekunden, die er während der Begründung dafür, daß Botho Strauß nicht den diesjährigen Preis erhalten sollte, schlief, hatten ausgereicht, ihn in diesen grotesken Traum zu versetzen. Nun aber war er wach, und nichts hätte ihn abhalten können, seinen Kandidaten durchzusetzen, hätte er nur nicht vergessen, für wen er sich entschieden hatte. Loriot? Das war doch schon. 1985. Ernst Jandl? Jaaaaaaaaaa nnnnnnnnnn dlllllllllllll? Oder war etwa wieder ein Wissenschaftler an der Reihe, eines von jenen Wesen, bei denen man sich unwillkürlich fragt, wobei sie zu kurz gekommen waren. Dem Rat gehörten ja Schriftsteller an, sogar namhafte, die für ihren Namen haftbar gemacht wurden, wenn etwa fehlgeurteilt wurde. Weder Christine Brückner noch Otto Heinrich Kühner könnten sich eine Fehlentscheidung leisten, und was würde man gar von den Wissenschaftlern sagen, entpuppte sich einer der Gekürten als gar nicht humorig und gar nicht grotesk? Oder nur grotesk und gar kein Wissenschaftler? Oder wenn nun gar von Verlegerseite jemand ins Spiel gebracht würde, der nur Schriftsteller war und nicht humorig? Von Lektorenseite jemand, der nur humorig und gar kein Schriftsteller? Von städtischer Seite jemand, der nur unterschreiben konnte, aber nie recht wußte was und warum? Niemand stellt sich die Qualen vor, unter denen stets die Geburten des Rates vor sich gingen. Grotesk, einfach grotesk.

Er war mitten in diesen Angstvorstellungen begriffen, als er plötzlich im schönsten französischen Schwäbisch von seinem Tischnachbarn gefragt wurde: „Wissen Sie eigentlich, was grotesker Humor ischt?" Den Kopf zwischen Wissen und kundigem Zweifel hin- und herwiegend, Nasale und Labiale sonor aus dem Fluß der Vokale heraushebend antwortete, weil er sich immer gefragt fühlte, Professor Maler, der sich aus dem traumhaften Zeichner wieder in sich selbst rückverwandelt hatte, dieser also sagte, man müsse da eigentlich weit ausholen, von Aristophanes bis Kieseritzky reiche da die Spannweite, und überhaupt sei (und hier versucht der Autor dieser Zeilen exakt zu sein) die Frage, lieber Theo (er duzte den Fragesteller), das müßtest Du doch selbst wissen, aber ich will hier nicht, obwohl grundsätzlich ein ganz hervorragender, und hier hob er die Augenbrauen, Vertreter des Humors, und hier lachte Colonius, der wieder untraumhaft zum Pape geworden war, eine Spur zu ironisch, weil neben ihm die Lektorin der Autorin ihm einen Zettel hinschob, auf dem nichts stand als: „Ihr Stuhlbein steht auf meiner Handtasche." Theo Bucks Frage ging in dem längeren Vortrag Anselm Malers, in den er noch Reminiszenzen wissenschaftsgeschichtlicher Art und Unart zu flechten sich befleißigte, unter und blieb noch immer unbeantwortet, stattdessen warf jemand einen Namen ins Spiel. Bei dem könne sie nun aber gar nicht lachen, warf die Stifterin ein. Das habe sie aber, entgegnete in seiner trockenen Art ohk, wie ihn alle zärtlich nannten. Über ihn, meine sie wohl, warf Pape ein, aber nicht gelegentlich seiner Werke, wobei sein Redebeitrag wieder nur in einer ironischen Abwehr bestand. Aufgefordert, doch selbst einen Kandidaten zu benennen, erhob er sich, flog eine kleine Runde über den Erstaunten, setzte sich auf den Kronleuchter des Beratungszimmers und forderte nun seinerseits die Kulturreferentin der Stadt auf, städtischerseits ihre Vorstellungen eines Preisträgers zu nennen. Das sei, antwortete die Gefragte, recht einfach, blätterte in den Statuten der Stiftung, während ohk ihr mit einer Kurzfassung seiner programmatischen Erklärung zum grotesken Humor die Suche erleichterte.

In einer knappen halben Stunde war sie mit dem Suchen und er mit seiner Hilfestellung fertig, so daß nun einer begrifflich-personellen Schärfung sowohl des Begriffs als des Kandidaten nichts mehr im Wege stand, wären in diesem Augenblick vom Kronleuchter nicht zwei schwere Perlentränentropfen auf die Satzung gefallen. Da war es mit der vornehmen Zurückhaltung der beiden Verleger vorbei; Henssel, der geistig jüngste von allen, obwohl hoch in die Siebzig, obwohl seit ein paar Jahren durch Müller-Crepon ersetzt, verbot sich die Krokodilstränen des mittlerweile in eine nordamerikanische Echsenart verwandelten Professor Pape, während diesem unterhalb des Kronleuchters plötzlich alles sehr verzerrt erschien: Anselmus, genannt der Maler, schien auf seiner Rosinante durch spanische Gärten zu reiten, Mösjöh le Professeur Buck hielt die Zügel, Renate Jakobson ließ sie schießen, Frau Mondon schoß sich, kulturell lächelnd, auf alles ein, was Kunst hieß, das Stifterpaar schien auf dem Rücken von Müller-Crepon zu sitzen und sich nach einer Stunde des Rebhuhns zu sehnen, alle aber riefen laut Namen durcheinander – Elfriede Grünbein, Könntensiediekeksejadanke, Hans Dieter Wolf, Ror Hüsch, Rolf Leutheuser-Schnarrenberger, Durs Jelinek, Wolf Kinkel, Fürmichnocheinmineralwasser, Klaus Biermann, Verzeihungdaswarmeineschuldaberderfleckgehtsicherbeiderreinigungraus, Sabine Hochhuth, W. G. Exner, Dankefürmichnichtabereinetassekaffeejamilchundzuckerdanke, Gregor Schädlich, Hans-Joachim Gysi, Günter Reich-Ranicki, Marcel Grass, Richard Sebald, der Dings-Professor aus Dingsda, der hat doch auch mal was über, ich weiß nicht, war es Busch oder Valentin, jedenfalls über so was Komisches, hat er nicht! hat er wohl, genau wie der Dings, der Dings, der da, Sie wissen schon, neulich den Vortrag, der war ja eminent, war der, und so leicht, so muß Wissenschaft sein, leicht, ganz leicht und heiter; mein Gott, heiter? kein Gedanke, albern war der, albern da möchte ich aber wissen wie der Dings, der Dings auf sie wirken würde; überhaupt, einen Wissenschaftler als Kandidaten für den Preis für grotesken Humor überhaupt in Erwägung, sage ich Erwääääägung zu ziehen; grotesk einfach grotesk. Eben.

Backen wir uns doch einen Kandidaten, rief ohk, und Müller-Crepon verlangte über seinen Kneifer hinweg nach seiner ehemaligen Lektorin und nach einer Kuchenform. Über die Form wurde schnell Einigkeit erzielt; um Kritikern und Publikum zu gefallen, sollte sie ein Mittelding zwischen dem Äußeren von Botho Strauß und Peter Handke darstellen, sozusagen die Gestalt eines intellektuellen Trappisten annehmen, oben sehr, sehr ausgeprägt, wallendes Prophetenhaar, das die randlose Brille nur halb bedeckt, unten könnte die Form, warf vom Kronleuchter Pape ein, ja etwas sinnlicher werden, später Grass mit ein klein bißchen Jelinek. Nachdem man sich mühsam über die Kuchenform geeinigt hatte, mußte man an die Zutaten denken; die Innereien also, das Wesentliche, warf Heise ein, sich an seine Studentenzeit in Tübingen erinnernd, worauf sofort die Diskussion für Stunden abschweifte und die Preisrichter vergaßen, wozu Sie versammelt waren. Jeder gab eine Erinnerung an eine Erinnerung an eine Erinnerung an eine Erinnerung an eine Erinnerung preis, bis Frau Jakobson sich erhob und sich zu Pape auf den Kronleuchter begab, der nun, unter dem neuerlichen Gewicht, nur umso heller strahlte. Als er in Afrika das Schlößchen Schönfeld aus dem Morast heraus in eine Stätte des gegenseitigen Begegnens, fuhr Heise fort, umgewandelt hatte, da – nun fiel ihm energisch aus einer nicht ganz leeren Kaffeetasse heraus redend Sigrid Bauschinger ins Wort, indem sie die Arme weit über den Rand der Tasse hinausbeugte und mahnte, man solle die Ingredienzen der zu backenden Kandidatin oder des zu backenden Kandidaten nicht vergessen. Da beugte sich Müller-Crepon zur Stifterin, und Christine Brückner warf als erstes etwas Jauche und Levkojen in die große Teigschüssel, die inzwischen Friedrich Block aus der Küche des Hauses besorgt hatte. Theo Buck meinte, es wäre nicht schädlich, für einen großen Knethaken zu sorgen, während der alte Verleger Henssel vergebens das einzig Richtige tat, sich die Haare raufte und kübelweise junge Talente in den Trog warf, in dem währenddessen auch die gesammelten humoristischen Werke der deutschsprachigen Gegenwartsautorinnen gelandet waren, weil die Dame von der Stadt meinte, wenn man diese zwei Werke dazutäte, könne das dem oder der zu Backenden nicht schaden. Der Professor aus Kassel und der aus Köln wollten am liebsten die klassischen Werke der komischen und humoristischen Literatur einrühren, doch begannen sie sich zu streiten, ob Jean Paul der Vorzug vor Wilhelm Busch, diesem der Vorzug vor Christian Morgenstern, diesem der Vorzug vor Joachim Ringelnatz, diesem der Vorzug vor Otto Heinrich Kühner, diesem der Vorzug vor Lessing, diesem der Vorzug vor Karl Valentin, diesem der Vorzug vor Nestroy, diesem der Vorzug vor Jean

Paul zu geben war. Im Eifer des Wortgefechtes merkten sie nicht, daß sie alle Werke dieser Autoren in den Kandidatenteigtrog geworfen hatten. Dabei hatte sich Pape so sehr ereifert, daß er samt dem Kronleuchter und Frau Jakobson hinunterfiel. Übereifrig halfen beide, den Teig aus dem Trog in die Form zu füllen, oben Handke und Strauß, unten Grass und Jelinek, und siehe es paßte alles hinein. Alle Stiftungsräte setzten sich jetzt auf die Backform, erhitzten sie durch die Wärme ihrer Hinterteile und die erhitzten Debatten, die sie während der Backzeit führten, bis sich der Gebackene von selbst meldete und nach dem Preis schrie, was ihm allerdings strikt zum Verderben gereichte, da Selbstbewerbungen laut Satzung ausgeschlossen sind. Enttäuscht kippte die Jury den Brei auf die Treppe vor dem Schlößchen, direkt vor die Füße eines Spaziergängers, der bemüht war, seine Füße aus einer schlammigen Masse herauszuziehen, die aus lauter aufgeweichten Buchstaben oder vielmehr aus lauter buchstäblich in Auflösung begriffenen Texten bestand. Er hielt sich krampfhaft am Geländer der Treppe fest, oder er glaubte, er könne sich am Geländer festhalten, da Treppen naturgemäß, oder besser kunstgemäß ein Geländer besaßen, doch auch hier sah er sich getäuscht, anstatt eines Geländers griff er in lauter Flederwische[6], ein

6 Flederwisch m. Mhd. stand vëderwisch, „Gänseflügel zum Abwischen", dafür mit Beziehung auf vlëdern, „flattern" frühnhd. flederwisch, „Wisch zum Abfächeln", das Goethe (Faust 3706) verächtlich für „Degen" setzt – Friedrich Kluge: Etymologisches Wörterbuch der deutschen Sprache. 21., unveränderte Aufl. Berlin, New York: de Gruyter 1975, S. 204. Der Autor ist heilfroh, daß er wenigstens eine wissenschaftliche Fußnote noch nachtragen konnte, wobei ihm, wie der aufmerksame Leser gemerkt haben wird, die Struktur des von ihm verfaßten Textes entgegen kam. Vielleicht hat auch die Sehnsucht nach einer wissenschaftlichen Fußnote die Struktur bedingt.

Wort, das ihn seit frühester Kindheit fasziniert hatte, weil er es stets als Feder-Wische gelesen hatte, denn davon reden hören hatte er noch nie, obwohl in der Zeit des Flieders er des öfteren gewisse Wische flederte. Er erwischte eine Feder und wischte damit entlang der Spur, die seine Füße hinterließen, wischte, bis er merkte, daß die Buchstaben sich dem Flederwisch fügten und vor ihm zu tanzen begannen, ihm schwindelte, und plötzlich sah er den ganzen Rat vor sich, wie er stiften ging...

Anhang

BIOGRAPHISCHE ANGABEN ZU DEN MITGLIEDERN DER STIFTUNG

QUELLEN- UND BILDNACHWEISE

Biographische Angaben zu den Mitgliedern der Stiftung

DIE STIFTER

Christine Brückner
1921 in einem waldeckischen Pfarrhaus geboren; Abitur, Kriegseinsatz, Studium. Häufiger Berufs- und Ortswechsel. 1954 erhielt sie für ihren ersten Roman einen Preis, seither ist sie hauptberufliche Schriftstellerin und lebt, verheiratet mit Otto Heinrich Kühner, in Kassel. Von 1980 – 1984 war sie Vizepräsidentin des deutschen P.E.N. 1982 wurde sie mit der Goethe-Plakette des Landes Hessen ausgezeichnet, 1990 mit dem Hessischen Verdienstorden, 1991 mit dem Bundesverdienstkreuz 1. Klasse. Sie ist Ehrenbürgerin der Stadt Kassel.

Veröffentlichungen u.a.:
Ehe die Spuren verwehen. Roman, 1954; Katharina und der Zaungast. Roman, 1957; Die Zeit danach. Roman, 1961; Letztes Jahr auf Ischia. Roman, 1964; Der Kokon. Roman, 1966; Das glückliche Buch der a.p. Roman, 1970; Die Poenichen-Romane, 1975 – 1985; Wenn du geredet hättest, Desdemona. Ungehaltene Reden ungehaltener Frauen, 1983; Deine Bilder – meine Worte, 1987 (gemeinsam mit Otto Henrich Kühner); Die letzte Strophe. Roman, 1989; Die Stunde des Rebhuhns. Aufzeichnungen, 1991; Früher oder später. Roman, 1994. Außerdem: Theaterstücke, Texte für Bilderbücher, Hörspiele sowie Beiträge in Sammelwerken u.a. Seit 1994 erscheinen die Gesammelten Werke in 20 Bänden.

Otto Heinrich Kühner
1921 in Nimburg/Baden geboren. Von 1940 bis 1945 Soldat. Nach seiner Rückkehr aus russischer Kriegsgefangenschaft studierte er Literaturwissenschaft, Philosophie und Musikwissenschaft in Heidelberg und Erlangen. Von 1950 bis 1965 war er Dramaturg und Lektor in der Hörspielabteilung des Süddeutschen Rundfunks. Gleichzeitig begann mit dem Hörspiel „Die Übungspatrone" sein Erfolg als Autor. 1953 veröffentlichte er seinen ersten Gedichtband „Am Rande der Großstadt". Er arbeitet als freier Schriftsteller und Maler und ist langjähriges Mitglied des deutschen P.E.N. 1953 erhielt er den Förderpreis zum Immermannpreis, 1977 den Deutschen Kurzgeschichtenpreis und wurde 1982 mit dem Wappenring der Stadt Kassel ausgezeichnet.

Veröffentlichungen u.a.:
Am Rande der Großstadt. Gedichte, 1953; Nikolskoje. Roman, 1953; Mein Zimmer grenzt an Babylon. Hörspiele, 1954; Wahn und Untergang. Geschichte des zweiten Weltkrieges, Berlin 1957; Die Verläßlichkeit der Ereignisse. Erzählungen, 1958; Das Loch in der Jacke des Grafen Bock von Bockenburg. Roman, 1959; Aschermittwoch. Roman, 1962; Die Heiratsannonce. Roman, 1966; Pummerer. Gedichte, 1969; Narrensicher. Gedichte, 1972; Der Freiheit eine Allee. Gedichte, 1974; Lebenslauf eines Ungeborenen. Roman, 1975; Die Übungspatrone. Hörspiele, 1981; Der Pappkamerad und die Strohpuppe. Satiren, 1984; Der Traum von einem schöneren Land, 1985; Pummerers rastloser Müßiggang. Gedichte, 1988; Mein Eulenspiegel. Neue Historien, 1991; Ein Lächeln zum Weiterreichen. Das Beste von Otto Heinrich Kühner gen. Pummerer, 1992.

DIE PATRONE DER STIFTUNG

Hans Eichel
geb. 1941, Studium der Philosophie und Erziehungswissenschaften in Marburg und Berlin, erstes und zweites Staatsexamen, 1970 bis1975 Studienrat, 1975 bis 1991 Oberbürgermeister der Stadt Kassel, seit 1991 Hessischer Ministerpräsident, 1969 Mitglied des Bundesvorstandes der Jusos, seit 1989 Landesvorsitzender der SPD Hessen, bis 1990 Präsdident des Hessischen Städtetages und Präsidiumsmitglied des Deutschen Städtetages.

Karl H. Henssel
geb. 1917, nach Abbruch der Schule im Oktober 1933 intensive Ausbildung im technischen Bereich bei Meisenbach, Riffarth & Co., anschließend für den Verlag Ernst Rowohlt und im Sortiment bei Karl Buchholz – alle in Berlin. 1938 Gründer und alleiniger Inhaber des Henssel Verlages bis zur Aufgabe des Berufes 1994. Der Verlag wurde von Diogenes in Zürich übernommen. Aktives Mitglied des Stiftungsrates von 1985 bis 1991.

DIE MITGLIEDER DES STIFTUNGSRATES

Neben den Stiftern und Patronen gehören bzw. gehörten dem Stiftungsrat an:

Dr. Sigrid Bauschinger (Mitgliedschaft 1985-1990)
geb. 1934, Professorin für Germanistik an der University of Massachusetts. Veröffentlichungen u.a.: Else Lasker-Schüler. Ihr Werk und ihre Zeit, 1980; Hermann Hesse: politische und wirkungsgeschichtliche Aspekte, 1986 (Mithg.);

Nietzsche heute: die Rezeption seines Werks nach 1968, 1988 (Mithg.); Die Posaune der Reform. Deutsche Literatur im Neuengland des 19. Jahrhunderts, 1989; Else Lasker-Schüler: Werke: Lyrik, Prosa, Dramatisches, 1991 (Hg.); Vom Wort zum Bild: das neue Theater in Deutschland und den USA, 1992 (Mithg.).

Dr. Theo Buck (seit 1991)
geb. 1939, Professor für Deutsche Philologie und Neuere deutsche Literaturwissenschaft an der Universität Aachen. Veröffentlichungen u.a.: Brecht und Diderot oder über die Schwierigkeit der Rationalität in Deutschland, 1971; Franz Mehring: Anfänge der materialistischen Literaturbetrachtung in Deutschland, 1973; Konstellationen um Brecht, 1979; Grammatik einer neuen Liebe. Anmerkungen zu Georg Büchners Marion-Figur, 1986; Charaktere, Gestalten. Büchner-Studien 1, 1990. Celan-Studien I und II, 1993; Immanuel Weissglas: Gesammelte Gedichte, 1994 (Hg.).

Eva Demski (1991-1992)
geb. 1944, freie Autorin und Publizistin, Studium der Germanistik, Kunstgeschichte und Philosophie, nach dem Studium Arbeit als Dramaturgieassistentin, freie Lektorin, Übersetzerin und als Mitarbeiterin des Hessischen Rundfunks, Fernsehfilme und -essays, zahlreiche Preise und Auszeichnungen. Buchveröffentlichungen u. a.: Goldkind. Roman, 1978; Karneval. Roman, 1981; Scheintod. Roman, 1984; Hotel Hölle, guten Tag... Roman, 1987; Unterwegs. Erzählungen, Reportagen, Aufsätze, 1988; Afra. Roman in fünf Bildern, 1992; Land & Leute. 1994.

Dr. Karl Fritz Heise (seit 1985)
geb. 1925, Studium (Theaterwissenschaft, Germanistik, Geschichte und Psychologie) und Promotion in Göttingen, bis 1966 Journalist (Hochschulpolitik), seit 1960 engagiert in der Kommunalpolitik als Mitglied des Kreistages Göttingen sowie des Rates der Stadt Göttingen, in dieser Funktion Vorsitzender des Aufsichtsrates des Deutschen Theaters Heinz Hilpert GmbH, 1968-1990 (Pensionierung) Kulturreferent der Stadt Kassel, in dieser Funktion Geschäftsführer der 5. documenta, 1959 Mitbegründer der Afrikanisch-Asiatischen Studentenförderung e.V. und bis heute deren Geschäftsführer.

Dr. Renate Jakobson (seit 1985)
geb. 1943 in Berlin, Studium der Theaterwissenschaft, Germanistik und Publizistik, Promotion 1969, 1970 bis 1973 Lektoratsassistentin im Cecilie Dressler-Verlag, seit 1973 Lektorin im Verlag Ullstein.

Dr. Anselm Maler (seit 1985)
geb. 1935, Professor für Neuere deutsche Literaturwissenschaft und Komparatistik an der Universität Kassel. Veröffentlichungen u.a.: Der Held im Salon, 1973; Der exotische Roman. 1975; Rainer Maria Rilke. Werk und Legende, 1982; J. W. Goethe. Fünf Studien zum Werk, 1983 (Hg.); Literatur als Thema zeitgenössischer Erzähler, 1984; Weltliteratur und Spätromantik, 1986; Galerie der Welt. Ethnographisches Erzählen im 19. Jahrhundert, 1988 (Hg.); Exotische Welt in populären Lektüren, 1990 (Hg.); Fray Bartholome de Las Casas an Philipp II. Der Widmungsbrief zu den Traktaten „Von den Schätzen in Peru" und „Von den zwölf Bedenken", 1992 (Hg.). Diverse literarische Übersetzungen aus dem Spanischen.

Roswitha Mondon (seit 1993)
geb. 1936 in Kassel, Buchhändlerin, nach Lehr- und Wanderjahren in Hessen, Baden und Spanien Redakteurin der Zeitschrift Kassel Kulturell.

Klaus Müller-Crepon (seit 1993)
geb. 1929, nach humanistischem Abitur Lehre als Buchhändler und Verlagsbuchhändler, danach in verschiedenen Verlagen in unterschiedlichen Funktionen tätig, ab 1980 beim Ullstein-Verlag und dort Verlagsleitung bis 1993, anschließend Wechsel zur Dornier-Mediengruppe als Berater und Verlagsgeschäftsführer.

Dr. Walter Pape (seit 1985)
geb. 1945, Professor für Neuere deutsche Literaturwissenschaft an der Unversität zu Köln. Publikationen u.a.: Joachim Ringelnatz. Parodie und Selbstparodie in Leben und Werk, 1974; Wilhelm Busch, 1977; Das literarische Kinderbuch. Studien zur Entstehung und Typologie, 1981; Für Kinder geschrieben. Formen und Typen der Kinderliteratur, 1985; Joachim Ringelnatz: Das Gesamtwerk, 1985 (Hg.); Alfred Liede: Dichtung als Spiel. Studien zur Unsinnspoesie an den Grenzen der Sprache, 1992 (Hg.); 1870/71 – 1989/90 – German Unifications und the Change of Literary Discourse, 1993 (Hg.).

Dr. Vera Rüdiger (1985 - 1987)
geb. 1935, Promotion 1965, 1972-74 Gründungspräsidentin der Gesamthochschule Kassel, zwischen 1974 und 1991 zunächst Staatssekretärin im Hess. Bildungsministerium, dann Hess. Ministerin für Bundesangelegenheiten, danach für Wissenschaft und Kunst sowie Bevollmächtigte für Frau-

enangelegenheiten, schließlich Senatorin für Gesundheit und Bundesangelegenheiten des Landes Bremen.

DIE HERAUSGEBER DIESES BUCHES

Friedrich W. Block
geb. 1960, seit 1992 wiss. Mitarbeiter am Fachbereich Germanistik der Universität Kassel, seit 1991 Geschäftsführer der Stiftung Brückner-Kühner, Autor und Kunstvermittler, zahlreiche Ausstellungen. Buchpublikationen: Die beflügelte Schnecke. Grotesker Humor aus sechs Jahrhunderten, 1988 (Hg.); Transfutur. Visuelle Poesie aus der Sowjetunion, Brasilien und deutschsprachigen Ländern, 1990 (Hg.); Kunst – Sprache – Vermittlung. Zum Zusammenhang von Kunst und Sprache in Vermittlungsprozessen, 1995 (Hg.).

Maria Rehborn
geb. 1962, Studium Kunsterziehung und Germanistik, 1989 bis 1992 dramaturgische Hospitanz und Assistenz an den Staatstheatern Kassel und Stuttgart sowie der Schaubühne Berlin, danach freischaffend tätig.

Quellennachweise

Sofern nicht anders ausgezeichnet (©) liegen die Rechte bei den Autoren.

Robert Gernhardt
„Deutung eines allegorischen Gemäldes" in: R. Gernhardt, Wörtersee. Copyright © 1981 by R. Gernhardt / Zweitausendeins, Postfach, D-60381 Frankfurt/M., S. 169; „Stunde der Wahrheit" ebd., S. 218; „Was ich heut sah" ebd., S. 61; „Osterballade" in: R. Gernhardt, Körper in Cafés. Gedichte. Copyright © 1987 by Haffmans Verlag Zürich , S. 91 f.; „Katz und Maus" ebd., S. 139; „Siebenmal mein Körper" ebd., S. 62; „Noch einmal mein Körper" ebd., S. 63;. „Schreiben heute" in: Wörtersee, a.a.O., S. 93.
Ernst Jandl
Alle Gedichte in: E. Jandl, Gesammelte Werke in drei Bänden. Verlag Luchterhand, Darmstadt und Neuwied 1985 („wo bleibb da" in: Bd. I, S. 237; „epoche der zahlreichen veränderungen" in: Bd. II, S.802; „etüde in f" in: Bd. I, S. 94; „text aufgefunden" in: Bd. II, S. 144; „der wahre vogel" in: Bd. II, S. 566; „hans der geiger" in: Bd. II, S. 736; „hut" in: Bd. I, S. 645; „ernst jandls weihnachtslied" in: Bd. I, S. 220; „der spaß" in: Bd. II, S. 411; „die morgenfeier, 8. sept. 1977" in: Bd. II, S. 309; „spruch mit kurzem o" in: Bd. I, S. 305. Copyright © 1985 by Luchterhand-Literaturverlag München).
Walter Jens
„Die Tausendsassa Irmtraud Morgner"veröffentlicht in: Marlies Gerhardt (Hg.): Irmtraud Morgner. Texte, Daten, Bilder. Luchterhand-Literaturverlag Frankfurt/M. 1990, S. 100-108, sowie unter dem Titel „Über Irmtraud Morgner" in: Kassel Kulturell 12/89, S. 16 – 19.
Otto Heinrich Kühner
„Befreiung von der Diktatur der Fakten. Versuch über den grotesken Humor" in: Friedrich Block (Hg.): Die beflügelte Schnecke. Grotesker Humor aus sechs Jahrhunderten. Ullstein-Verlag Berlin 1988, S. 9 – 17 (leicht veränderte Fassung).
Loriot
„Farbfernsehen" in: Loriots heile Welt. Copyright © 1983 by Diogenes Verlag AG Zürich, S. 237 f.; „Hasch" ebd., S. 202; „Kaninchen" ebd., S. 138 ff.; „Advent" ebd., S. 30 f.; „Humor und Wirtschaftskrise" ebd., S. 75 f.

Odo Marquard
„Loriot lauréat" in: O. Marquard, Skepsis und Zustimmung. Philosophische Studien. Copyright © 1994 by Verlag Philipp Reclam jun. Stuttgart, S. 93 – 98.
Christoph Meckel
„Eine unangenehme Geschichte" in: C. Meckel, Werkauswahl. Copyright © 1971 by nymphenburger in der F.A. Herbig Verlagshandlung GmbH München, 2. Aufl. 1981, S. 218 – 220; „nachdenklich ist die Maus" in: C. Meckel, Das Buch Jubal. Gedicht-Zyklus. Copyright © 1987 by Eremitenpresse Düsseldorf, S. 30; „stachelig" ebd. S. 22 f.; „Brief an den Propheten Halalujal" in: Klaus Isele und Franz Loquai (Hgg.): Christoph Meckel. Porträt. Edition Klaus Isele, Eggingen 1993, S. 30; „Goldfisch" in: Werkauswahl, a.a.O., S. 8; „Da draussen hinkt ein Schmerz und schreit": Erstveröffentlichung; Textauszug aus der Erzählung „Trillnas" in: C. Meckel, Ein roter Faden. Gesammelte Erzählungen. Copyright 1983 © by Carl HanserVerlag München Wien, S. 275 – 277.
Irmtraud Morgner
Textauszug aus: Leben und Abenteuer der Trobadora Beatriz nach Zeugnissen ihrer Spielfrau Laura. Verlag Luchterhand, Darmstadt und Neuwied 1977, S. 87 f. und S. 148 ff.
Textauszug aus: Die wundersamen Reisen Gustavs des Weltfahrers. Lügenhafter Roman mit Kommentaren. Aufbau-Verlag, Berlin Ost und Weimar 1983, S.63 ff. (für beide Texte Copyright © by Luchterhand-Literaturverlag, München.)
Alle übrigen Texte sind Erstveröffentlichungen.

Fotonachweise

Robert Gernhardt: Haffmans
Walter Hinck: privat
Eike Christian Hirsch: Fred Fechtner
Ernst Jandl: Heidi Heide
Volker Klotz: Thomas Rosenthal
Ernst Kretschmer: Hans-Joachim Thienemann
Loriot: Isolde Ohlbaum
Christoph Meckel: Isolde Ohlbaum
Irmtraud Morgner: Isolde Ohlbaum
Wolfgang Preisendanz: Jochen Herzog